PROBLÉMATIQUES ET SOLUTIONS AUX DIFFÉRENTES QUESTIONS JURIDIQUES, FISCALES ET SOCIALES : CAS PRATIQUES

ACTE UNIFORME OHADA
CODE GÉNÉRAL DES IMPÔTS CONGOLAIS

Brice-Voltaire ETOU OBAMI

PROBLÉMATIQUES ET SOLUTIONS AUX DIFFÉRENTES QUESTIONS JURIDIQUES, FISCALES ET SOCIALES : CAS PRATIQUES

ACTE UNIFORME OHADA
CODE GÉNÉRAL DES IMPÔTS CONGOLAIS

L'Harmattan

5-7, rue de l'École-Polytechnique, 75005 Paris

http://www.editions-harmattan.fr

ISBN : 978-2-343-17703-8
EAN : 9782343177038

DROIT FISCAL

VOTRE ENTREPRISE EST LOCATAIRE D'IMMEUBLE ? LE RÉGIME FISCAL

La présente étude a pour objet de présenter les impôts, taxes et obligations auxquelles sont tenues les entreprises qui versent des loyers pour des locaux professionnels ou d'habitation qu'elles utilisent en tant que locataires.

Pour être plus pratique, nous proposons de vous présenter le régime fiscal appliqué à ces baux à travers cet exemple :

La société EXCO SA a signé le 1er janvier 2017 deux contrats de location avec l'agence immobilière Reich : un contrat pour ses bureaux pour un loyer mensuel de 800 000 FCFA et un autre pour le logement non meublé (quatre pièces) de son Directeur général pour un loyer mensuel de 600 000 FCFA. Le premier contrat a été conclu pour une durée de six années et le second d'une année renouvelable par tacite reconduction.

Le fiscaliste de la société EXCOSA devra opérer comme suit :

1. EN MATIÈRE D'IMPÔT SUR LES SOCIÉTÉS (IS)

1.1. CONCERNANT LES LOYERS DES LOCAUX PROFESSIONNELS

En application des dispositions de l'article 112 du Code général des impôts, tome I, les loyers versés par RENT SA à l'agence Reich constituent des frais généraux et viennent à ce titre en déduction qu'ils ne soient pas exagérés en comparaison des loyers habituellement pratiqués pour des immeubles.

1.2. CONCERNANT LES LOYERS DES LOCAUX D'HABITATION

Les loyers payés par l'entreprise à titre de logement du personnel ne sont déductibles qu'à condition qu'ils constituent des avantages en nature pour ledit personnel à comprendre dans l'assiette imposable à l'impôt sur le revenu du personnel bénéficiaire de l'avantage. À défaut, ils doivent être réintégrés dans le bénéfice imposable.

2. EN MATIÈRE DE TVA

2.1. CONCERNANT LES LOYERS DES LOCAUX PROFESSIONNELS

Les loyers facturés par l'agence IMMODA à RET SA sont soumis à la TVA et aux centimes additionnels, au taux global de 18,9 %.

Conformément aux dispositions de l'article 18 de la loi du 12 mai 1997, la TVA grevant les loyers commerciaux est en principe, récupérable au niveau de EXCO SA dans la mesure où elle se rapporte à des services nécessaires à l'exploitation.

2.2. CONCERNANT LES LOYERS DU LOCAL D'HABITATION

En vertu des dispositions de l'article 7 alinéa 12 de la Loi portant sur la TVA, les locations d'immeubles nus à usage exclusif d'habitation ne sont pas soumises à la TVA. En conséquence, l'agence Reich ne facturera pas les loyers avec de la TVA.

À noter : les locations de locaux meublés sont soumises à la TVA. Cette TVA n'est pas récupérable conformément aux dispositions de l'article 20 de la loi n° 12-97 du 12 mai 1997 portant sur la TVA, qui excluent du droit à déduction les dépenses de logement.

3. EN MATIÈRE DE DROIT D'ENREGISTREMENT ET DE TIMBRE

3.1. DROIT D'ENREGISTREMENT

Les contrats de location signés par la société EXCO SA doivent être soumis à la formalité d'enregistrement dans le délai de trois (3) mois à compter de leur date de signature.

En vertu des dispositions de l'article 18.1 du tome II du Code général des impôts, ils sont assujettis au droit de 5 % assis sur le montant annuel des loyers, augmenté des charges imposées au locataire.

Lorsque les baux sont à périodes, le montant des droits d'enregistrement peut être fractionné en autant de périodes que le bail comporte de périodes ou de périodes triennales s'il s'agit d'un bail à longue durée fixe. Les droits d'enregistrement seront payés pour la première période du bail lors de l'enregistrement et pour les autres périodes dans les trois mois du commencement de la nouvelle période.

Important : *S'agissant des baux qui sont à durée illimitée, la loi prévoit que l'assiette est égale à vingt fois le prix annuel auquel s'ajoutent les charges annuelles. Conformément aux dispositions de l'article 217 du tome II du CGI, le taux d'enregistrement est de 10 %.*

En l'espèce, la société de EXCO SA paiera les droits d'enregistrement comme suit :

- Cas des locaux professionnels

Pour un loyer annuel de 9 600 000 FCFA, les droits d'enregistrement à payer s'élèvent à 2 880 000 FCFA (960 000 × 3 ans) pour la première période triennale allant du 1er janvier 2007 au 31 décembre 2009.

- Cas du local d'habitation

Pour un loyer annuel de 7 200 000 FCFA, les droits d'enregistrement à payer s'élèvent à 360 000 FCFA (7 200 000 × 5 %) pour la période du bail allant du 1er janvier au 31 décembre de chaque année.

Lorsqu'il s'agit des contrats qui se renouvellent par tacite reconduction, le locataire doit chaque année acquitter les droits d'enregistrement au moyen d'une déclaration à transmettre aux services fiscaux au plus tard le 31 mars qui suit l'expiration de chaque période annuelle.

Tout retard constaté lors de l'enregistrement de ces contrats est passible d'une amende égale aux droits réclamés ; il en est de même pour le défaut de paiement des droits d'enregistrement afférents aux périodes de renouvellement.

Remarque : *Les droits d'enregistrement sont augmentés de centimes additionnels. En vertu des dispositions de l'article 216 bis du tome II du Code général des impôts, le taux des centimes additionnels sur les baux est de 5 % des droits d'enregistrement.*

Le redevable des droits d'enregistrement est, selon l'usage, le locataire. Cependant, en cas de non-paiement, le propriétaire est tenu solidairement au versement des droits.

À noter : Lors de la formalité de l'enregistrement, il devra être apposé sur chaque feuille d'un exemplaire original du contrat, un timbre fiscal de 1 000 FCFA à la charge du locataire, c'est-à-dire de la société EXCO SA.

4. EN MATIÈRE DE TAXE IMMOBILIÈRE

Le locataire est tenu au paiement de la taxe immobilière (encore appelée taxe sur les loyers) pour le compte du propriétaire au plus tard le 28 février de chaque année au titre de laquelle elle est due.

La taxe est égale au 1/12e des loyers échus pendant l'année. Elle peut être payée en 4 échéances.

Article 5 nouveau

La taxe sur les loyers est payée par les locataires pour le compte des propriétaires ou usufruitiers et par les sous-locataires pour le compte des locataires, qu'il s'agisse des personnes physiques ou morales, dans la période du 10 au 20 des mois de mars, juin, septembre, et décembre pour les anciens contribuables.

Au cas d'espèce, pour le local professionnel, la taxe immobilière est de 800 000, et 600 000 FCFA pour le local d'habitation.

Toutefois, le locataire qui paie les loyers à une agence immobilière (à un gérant de biens ou à une société civile immobilière) est dispensé du paiement de la taxe, car celui-ci est effectué par l'agence immobilière (le gérant de biens ou la société civile immobilière) si les immeubles appartiennent à un particulier.

À noter : *Pour les baux nouvellement signés, la taxe est exigible dans les trois (3) mois qui suivent la date d'entrée en jouissance à raison des loyers à échoir au 31 décembre de ladite année.*

Le locataire déduit la taxe en une seule fois à l'occasion du règlement des loyers relatifs à la période allant du 1er janvier au 30 avril de l'année.

Tout retard dans le paiement de la taxe immobilière sur les loyers donne lieu à l'application d'une majoration de 50 % du montant de la cotisation qui n'aurait pas été acquitté dans le délai légal.

5. EN MATIÈRE DE TAXE SUR LA VALEUR LOCATIVE DES LOCAUX PROFESSIONNELS

La Taxe sur la valeur locative des locaux professionnels est perçue sur les locaux servant à l'exercice des professions soumises à la contribution des patentes.

L'assiette de la taxe est la valeur locative des locaux professionnels imposables, évaluée par l'Inspecteur divisionnaire des Contributions directes et indirectes.

Elle est due pour l'année entière au nom des occupants des locaux imposables.

Elle est calculée au taux maximum de 15 %. Le taux applicable au cours d'un exercice donné est fixé par les autorités locales compétentes. Il est, par exemple, de 12 % à Brazzaville et 14 % à Pointe-Noire.

La taxe sur la valeur locative des locaux professionnels est comprise dans la contribution des patentes de la société EXCO SA et est liquidée en même temps que la patente.

La taxe est déductible des résultats de la société EXCO SA.

LE RÉGIME FISCAL DE L'ABANDON DE CRÉANCE À CARACTÈRE COMMERCIAL

L'abandon de créance, également appelé « **remise de dette** », est souvent utilisé par des parties en relation d'affaires : *il consiste simplement pour un créancier à renoncer à recevoir paiement de la créance qu'il détient sur son débiteur.*

Le présent article a pour objet de présenter le régime fiscal de l'abandon de créance à caractère commercial entre entreprises[1].

Définition : est commercial l'abandon de créance qui trouve son origine dans les relations d'affaires de deux entreprises et qui est consenti soit pour maintenir des débouchés, soit pour préserver des sources d'approvisionnement. L'abandon de créance peut intervenir entre deux entreprises qui sont *juridiquement indépendantes* l'une de l'autre ; c'est ainsi que, par exemple, une entreprise de biens d'équipement peut venir en aide à son distributeur congolais en situation financière difficile. Il peut également exister entre *sociétés d'un même groupe* lorsque, par exemple, la société mère renonce à la créance qu'elle détient sur sa filiale qui commercialise ses produits au Congo.

Il n'existe pas de texte régissant l'abandon de créance : l'opération peut résulter de l'accord des parties (remise de dette), écrit ou verbal, ou d'une situation étrangère à leur volonté (insolvabilité du débiteur).

Nous présentons succinctement ci-après le régime fiscal applicable à cet abandon de créance, notamment en matière d'impôt sur les sociétés et de taxe sur la valeur ajoutée (TVA).

---

[1] L'abandon de créance à caractère financier existant entre sociétés de même groupe fera l'objet d'une étude particulière dans une prochaine circulaire.

1. AU PLAN DE L'IMPÔT SUR LES SOCIÉTÉS

1.1. DU CÔTÉ DU BÉNÉFICIAIRE DE L'OPÉRATION (LE DÉBITEUR)

L'opération se traduit au plan comptable par *la comptabilisation de la créance abandonnée en produit* par le débit du compte fournisseur.

Par conséquent, cette opération génère, en principe, un profit exceptionnel imposable à l'impôt sur les sociétés au titre de produits divers et exceptionnels (ou à l'impôt sur le revenu selon le cas).

Cette imposition devient toutefois théorique si le montant de l'abandon de créance consenti est totalement imputé sur les déficits de l'entreprise bénéficiaire de l'opération.

1.2. DU CÔTÉ DU CRÉANCIER

L'abandon de créance constitue en principe, pour le créancier qui le consent, **une perte qui doit venir en déduction de ses résultats** imposables.

Toutefois, nous estimons qu'en l'absence de position claire de l'Administration fiscale sur la question, l'abandon de créance ne peut être admis en déduction que **si l'entreprise créancière a effectué toutes les diligences nécessaires au recouvrement de sa créance**.

Dans la pratique, ces diligences s'entendent de la production d'un dossier circonstancié indiquant que toutes les voies de recours contentieuses pour aboutir au recouvrement de la créance sont épuisées : mise en demeure, exploit d'huissier, conclusions d'avocat, décisions de justice, etc. L'envoi d'une simple lettre de rappel ou de mise en demeure ne suffit donc pas pour comptabiliser l'opération en perte déductible.

À noter : l'entreprise créancière a la possibilité de **constituer une provision pour créances douteuses qu'elle peut déduire de son résultat imposable** si celle-ci remplit les conditions fiscales de déductibilité. Pour être déductibles, les provisions pour créances douteuses doivent notamment porter sur des créances nettement précisées dans leur *montant dont le non-recouvrement est probable* (et non simplement éventuel) et se rattacher à l'exercice au cours duquel l'évènement qui les motive est survenu.

2. AU PLAN DE LA TVA

La loi n° 12-97 du 12 mai 1997 sur la taxe sur la valeur ajoutée (TVA) au Congo soumet les abandons de créance à caractère commercial à la taxe sur la valeur ajoutée.

En application des articles 2 et 3.8 de ladite loi, les remises de prêts et les abandons de créances constituent des opérations comprises dans le champ d'application de la TVA congolaise.

Au regard de la législation applicable, l'abandon de créance consenti à une autre société en relation d'affaires constitue donc une opération imposable à la TVA (ainsi qu'aux centimes additionnels), car il est motivé par un objet commercial. Partant du principe qu'il n'existe pas de service gratuit entre deux entreprises en relations commerciales, l'Administration fiscale présume que l'avantage consenti à l'entreprise débitrice serait justifié par les relations commerciales existant entre elles.

Par conséquent, la TVA est due en rémunération d'un service particulier « innomé » (utilisé au Congo) fourni par l'entreprise débitrice de la créance.

En principe, la TVA est due lors de l'enregistrement comptable de l'opération par le bénéficiaire.

La TVA exigible sera calculée au taux de 18 % sur le montant de la créance abandonnée.

Il convient de noter que les abandons de créance sont destinés à **compléter le prix d'une opération imposable** à la ***TVA***. Dans cette hypothèse, l'abandon de créance est souvent accordé au débiteur qui réalise en même temps des opérations imposables à la TVA avec son client créancier pour compléter (voire se substituer totalement) le prix que lui doit ce dernier.

L'exercice du droit à déduction de la TVA sur les abandons de créance s'opère conformément aux règles du droit commun.

À noter : L'abandon de créance peut également résulter de l'impossibilité pour le débiteur de régler une facture de son fournisseur. Dans ce cas, le créancier (fournisseur) peut avoir déjà acquitté la TVA facturée sur cette opération, s'il s'agit, par exemple, d'une vente, dans la mesure où la TVA y afférente est en principe exigible dans le mois suivant celui du fait générateur, constitué en l'occurrence par la livraison du bien, objet de sa créance.

L'article 26 de la loi sur la TVA prévoit la possibilité de récupérer la taxe acquittée à l'occasion des ventes ou des services qui sont par la suite résiliés ou annulés ou restent impayés **par voie d'imputation sur l'impôt dû pour les opérations faites ultérieurement**. Toutefois, le même article précise que la récupération de la taxe acquittée à raison de ces opérations annulées ou résiliées est subordonnée à l'établissement et à l'envoi au client d'une facture nouvelle annulant et remplaçant la facture initiale.

*L'article 26 in fine de ladite loi ajoute que pour les **opérations impayées, lorsque la créance est réellement et définitivement irrécouvrable**, la rectification de la facture consiste dans l'envoi d'un duplicata de la facture initiale avec des indications réglementaires surchargées de la mention « facture demeurée impayée pour la somme de… **FCFA** prix hors **TVA** et pour la somme de… **FCFA** représentant la **TVA** correspondante qui ne peut faire l'objet d'une déduction ».*

LE REMBOURSEMENT DE CRÉDIT DE TVA

Il existe un crédit de TVA lorsque, la TVA collectée est inférieure à la TVA déductible. Ainsi, il se dégage un crédit d'impôt imputable sur les déclarations des mois à venir sans limitation jusqu'à apurement total, c'est ce qui ressort des dispositions de **l'article 36 de la loi n° 12-97 du 12 mai 1997, portant institution de la TVA** en République du Congo. En application de cette disposition, le crédit de TVA ne peut faire l'objet d'un remboursement.

Cependant, dans certains cas limitativement prévus par les textes, les contribuables peuvent bénéficier d'un remboursement de crédit de TVA.

Il s'agit notamment de la TVA acquittée par d'une part, les assujettis qui réalisent des opérations soumises aux taux zéro en conformité avec les dispositions dudit article 36 et, d'autre part, par les sociétés pétrolières et les sous-traitants pétroliers en application du décret n° 2001-522 du 19 octobre 2001, portant modalités d'application de la TVA au secteur pétrolier.

Lorsqu'elle est possible, la restitution des crédits de déduction de TVA intervient donc quand l'excédent des taxes supportées déductibles ne peut pas être résorbé par voie d'imputation sur le montant de TVA à reverser au Trésor.

Dans tous les cas, **le redevable doit justifier du crédit de taxes existant au moment de la demande**.

Nous présentons ci-après les procédures à suivre par les contribuables qui réalisent des opérations d'exportation (**1**) et les entreprises du secteur pétrolier (**2**).

À noter : l'article 36 alinéa 2 de la loi n° 12-97 suscitée réserve la possibilité d'obtenir le remboursement du crédit de TVA aux exportateurs, aux industriels ayant réalisé des investissements consécutifs à une convention d'établissement dont le montant est fixé par Décret et aux entreprises en cessation d'activité.

1. PROCÉDURE DE REMBOURSEMENT APPLICABLE AUX EXPORTATEURS

1.1. COMMENT EFFECTUER SA DEMANDE ?

Selon la réglementation en vigueur, le contribuable qui n'a pu déduire en totalité, sur ses déclarations mensuelles la TVA collectée, « malgré les reports successifs », peut en demander le remboursement.

La demande de restitution du crédit de TVA doit être adressée à l'administration des impôts accompagnée des pièces justificatives, notamment les originaux des factures fournisseurs, les références du paiement dédites factures (numéro du chèque, reçu de caisse, etc.), ainsi que les justificatifs d'exportations tels que les documents douaniers et les autorisations d'embarquement de la Marine Marchande et un relevé d'identité bancaire.

Rappel : l'article 18-3 de la loi sur la TVA précise que le droit à déduction est exercé jusqu'à la fin du premier exercice fiscal qui suit celui au cours duquel la TVA est devenue exigible. Après ce délai, la TVA non déduite est acquise au Trésor public.

1.2. COMMENT EST EFFECTUÉE LA RESTITUTION

Lorsque la demande de restitution est fondée, elle sera alors approuvée et les services fiscaux établiront un avis de remboursement qui permettra au Receveur de remplir un bon de virement libellé au nom du contribuable et à l'ordre de sa banque.

Important : Si les circonstances l'exigent, l'Administration a la possibilité d'opérer un contrôle plus approfondi dans les locaux de l'entreprise des pièces produites. Cet examen pouvant susciter un contrôle fiscal, il est fortement conseillé au contribuable qui entend solliciter un remboursement de crédit de TVA de s'assurer au préalable de la validité du montant de son crédit de TVA et également de la conformité du traitement fiscal de ses opérations au regard des règles fiscales en vigueur.

2. PROCÉDURE APPLICABLE AUX SOCIÉTÉS PÉTROLIÈRES ET À LEURS SOUS-TRAITANTS

2.1. MODALITÉS DE REMBOURSEMENT

Le régime de remboursement de crédit de TVA applicable aux sociétés pétrolières et à leurs sous-traitants est prévu et organisé par le décret n° 2001-522 du 19 octobre 2001.

Il ressort des dispositions de l'article 10 du décret suscité, que la restitution de crédit de TVA est soumise à l'établissement d'une demande de remboursement par la société auprès de l'administration fiscale avant le 20 du mois suivant la constatation du crédit.

Ce texte précise que le remboursement doit intervenir dans les trente (30) jours après la fin du mois au cours duquel la demande a été introduite auprès de l'Administration.

Toutefois, si des erreurs ou omissions ont été relevées dans la demande de remboursement, le requérant est autorisé à déposer des demandes rectificatives dans la limite du délai d'exercice du droit à déduction, soit un (1) an.

Par ailleurs, lorsque la société a obtenu le remboursement de la TVA par imputation à la source, elle est tenue de fournir à l'administration fiscale les documents ci-après :

- une déclaration mensuelle de TVA indiquant l'apurement partiel ou total du crédit de TVA correspondant au remboursement ;
- une copie de la déclaration complète des impôts, droits et taxes sur lesquels l'imputation a été effectuée ;
- toutes les pièces permettant à la comptabilité de l'État de régulariser ses écritures.

Au regard de l'imposition à la TVA, le décret distingue expressément deux (2) types d'opérations :

- les acquisitions de biens, services et des travaux directement[2] destinés aux études, à la recherche, à l'exploration, au développement, à l'exploitation, à la production, au transport et au stockage des hydrocarbures bruts qui sont facturés en franchise de TVA, et des centimes additionnels ;
- les biens et les services destinés à l'usage domestique ou privatif de la société, du personnel ou des tiers qui sont exclus du droit à déduction.

2.2. IMPUTATION DE LA TVA NON REMBOURSÉE

En application des dispositions de l'article 11 du décret n° 2001-522 cité ci-dessus, *le remboursement doit intervenir dans les trente jours*

[2] L'adjonction de ce terme qui ne figurait pas dans le texte initial adopté par toutes les parties, pose problème au niveau de son interprétation.

après la fin du mois au cours duquel la demande a été introduite auprès de l'administration fiscale.

Le même article précise que **la TVA non payée ne peut faire l'objet de remboursement.**

Toutefois, si le remboursement n'est pas intervenu dans ce délai, **la société est autorisée à imputer**, dès le mois suivant, le montant de la TVA non remboursée sur **tous impôts, droits et taxes de toutes natures**, y compris ceux qui sont précomptés pour le compte du Trésor public, jusqu'à la compensation effective et totale du montant de la TVA à rembourser.

Il ressort donc de cet article que cette possibilité d'imputation d'un impôt indirect sur des impôts directs est réservée aux seules sociétés pétrolières et à leurs sous-traitants, sous réserve de fournir tout justificatif et tout détail afférent à cette imputation.

À noter : FFA CONGO possède une large expérience pratique lui permettant, dans les meilleurs délais, de :

> Préparer, motiver et constituer un dossier de demande en remboursement de TVA ;

Cette opération nécessite un examen de l'ensemble des factures ayant conduit à un crédit de TVA (conditions de fond de leur déductibilité, respect des mentions obligatoires, etc.)

> Déposer le dossier et en assurer le suivi devant les autorités concernées *(indispensable si l'on veut que le dossier aboutisse rapidement)* jusqu'au remboursement complet du montant du crédit de TVA.

RÉGIME DE TAXATION DES PLUS-VALUES AU CONGO

Nous évoquons dans cet article le régime de taxation des plus-values afférentes aux éléments de l'actif immobilisé des entreprises exploitées au Congo.

En général, la plus-value est égale à la différence positive qui existe entre la valeur de cession et la valeur nette comptable des biens cédés.

La valeur nette comptable correspond, lorsqu'il s'agit d'un bien amortissable, à la valeur d'origine diminuée du montant des amortissements pratiqués. Pour un bien non amortissable, la valeur nette comptable s'identifie à la valeur d'origine inscrite en comptabilité.

Exemple 1 : une machine immobilisée et amortissable sur cinq ans est revendue au bout de trois ans (en FCFA) :

Valeur d'origine	500 000
Amortissements pratiqués (3 annuités)	300 000
	=======
Valeur nette comptable	200 000
Prix de revente	450 000
	=======
Plus-value réalisée	250 000

1. PRINCIPE GÉNÉRAL

Aux termes de l'article 109 du CGI, *« le bénéfice imposable est le bénéfice net déterminé d'après les résultats d'ensemble des opérations de toute nature effectuées par des entreprises au cours de la période servant de base à l'impôt, y compris notamment les cessions d'éléments quelconques de l'actif, soit en cours, soit en fin d'exploitation ».*

Les plus-values visées par cet article sont celles résultant de la cession d'éléments de l'actif. Selon l'article 116 A du CGI, est assimilé à une cession, le retrait par le contribuable d'un élément faisant partie de l'actif de son entreprise ou de celle dans laquelle il est associé.

Ainsi, la cession implique dans le sens juridique tout événement entraînant un transfert de propriété (exemple, en cas d'une vente, échange), et dans le sens comptable tout événement faisant sortir un élément de l'actif ou du bilan de l'entreprise (mise au rebut, apport partiel d'actif, fusion, etc.).

Les plus-values réalisées sont des produits imposables au titre de l'impôt sur les sociétés. Elles sont incluses dans le bénéfice imposable de l'exercice au cours duquel elles ont été réalisées.

Le régime d'imposition varie selon que les plus-values sont constatées à la suite d'une opération d'exploitation normale, ordinaire de l'entreprise, d'une opération de fusion ou autre opération assimilée, ou encore suite à une opération entraînant une cessation totale de toute activité au Congo.

2. LE REMPLOI DES PLUS-VALUES

Par dérogation au principe d'imposition des plus-values, l'article 118 du CGI prévoit un régime d'exonération des plus-values sous condition de remploi.

Ainsi, *« les plus-values provenant de la cession en cours d'exploitation des éléments de l'actif immobilisé ne sont pas comprises dans le bénéfice imposable de l'exercice au cours duquel elles ont été réalisées, si le contribuable les porte à un compte spécial plus-values à réemployer et prend l'engagement de réinvestir en immobilisations nouvelles dans son entreprise dans un délai de trois ans à partir de l'exercice au cours duquel elles ont été réalisées, une somme égale au montant de ces plus-values ajoutées au prix de revient des éléments cédés… ».*

Cet article pose le principe d'exonération des plus-values réemployées, et définit les caractéristiques des plus-values concernées par ce régime. Il doit donc s'agir de :

- plus-values provenant d'une cession, c'est-à-dire les plus-values réalisées à la suite d'une aliénation volontaire ou involontaire. Exemples : cas de vente, d'apports en société, d'expropriation ou d'éviction ;

- plus-values réalisées en cours d'exploitation : la cession à l'origine de la plus-value ne doit pas avoir pour conséquence la cessation des activités de l'entreprise. Sont donc exclues du régime de remploi, les plus-values constatées en fin d'exploitation ;
- plus-values portant sur des éléments de l'actif immobilisé[3] : le terme « actif immobilisé » englobe les éléments stables de l'actif conservés dans l'entreprise comme moyens d'exploitation.

2.1. CONDITIONS REQUISES POUR L'EXONÉRATION PRÉVUE À L'ARTICLE 118 DU CGI

Cet article donne au contribuable la possibilité de déduire les plus-values réalisées du bénéfice imposable de l'exercice au cours duquel elles ont été réalisées. Cette option est envisageable uniquement sous réserve du respect par le contribuable, de certaines conditions énumérées par le texte :

- *L'engagement de réinvestir les plus-values en immobilisations nouvelles*

Toute entreprise souhaitant bénéficier de ce régime de faveur, doit prendre l'engagement de réinvestir les plus-values réalisées en immobilisations nouvelles.

Cet engagement doit être annexé à la déclaration des résultats de l'exercice au cours duquel les plus-values ont été réalisées. L'article 118 du CGI ne précise pas sous quelle forme doit être présenté cet engagement. Sur un plan pratique, une simple lettre jointe à la liasse fiscale sera suffisante.

En ce qui concerne le montant du réinvestissement, la loi précise qu'il doit être égal au montant des plus-values réalisées ajoutées au prix de revient des éléments cédés.

---

[3] « Les valeurs constituant le portefeuille ne sont considérées comme faisant partie de l'actif immobilisé que si elles sont entrées dans le patrimoine de l'entreprise trois ans au moins avant la date de cession », art. 118 du CGI.

Exemple 2 : Soit un élément de l'actif acquis 1 000 000 FCFA, amorti à concurrence de 800 000 FCFA et revendu 400 000 FCFA.

Prix de revient 1 000 000

Amortissement.. 800 000

=======

Valeur nette comptable (VNC).. 200 000

Prix de vente (PV) 400 000

=======

Plus-value taxable (PV-VNC) 200 000

Le réinvestissement doit être au moins égal à 1 200 000 FCFA (soit 1 000 000 + 200 000).

Ainsi, la plus-value de 200 000 FCFA sera déduite du bénéfice imposable si l'entreprise concernée réinvestit en immobilisations nouvelles, une somme au moins égale à 1 200 000 FCFA[4].

- *L'inscription à un compte spécial « plus-values à réemployer »*

Il s'agit de la comptabilisation de la plus-value qui permet à l'entreprise et à l'administration fiscale d'assurer un suivi de la plus-value réalisée lors de la cession.

Aux termes de l'article 118 du CGI, le réemploi doit être effectué par l'acquisition d'immobilisations nouvelles.

Avant 2003, le CGI prévoyait que le remploi pouvait être effectué par l'acquisition d'actions ou de parts permettant à l'entreprise d'assurer la pleine propriété du tiers du capital d'une tierce entreprise. Cette possibilité a été supprimée par la loi de finances pour 2003.

Depuis 2003, et conformément à l'article 118 al. 3 du CGI, le remploi ne peut donc plus être effectué par l'achat ou la souscription d'actions de sociétés ou de titres de participations. En revanche, l'acquisition de toute autre immobilisation, corporelle ou incorporelle, amortissable ou non est éligible au régime du remploi.

- *Le remploi des plus-values dans un délai de trois ans*

Afin de pouvoir bénéficier du régime d'exonération des plus-values réemployées, le contribuable doit prendre l'engagement de réinvestir en immobilisations nouvelles dans son entreprise et dans un délai de

---

[4] Sous réserve du respect des autres conditions prévues à l'article 118 du CGI.

trois ans à compter de clôture de cet exercice, une somme égale au montant des plus-values ajoutées au revient des éléments cédés.

Ainsi, pour une plus-value réalisée au cours de l'exercice 2007, le remploi doit être effectué au plus tard le 31 décembre 2010.

Si ce délai de trois ans n'est pas respecté, c'est-à-dire dans le cas où la plus-value réalisée n'est pas réemployée dans les trois années suivant l'exercice de cession, cette plus-value est rapportée au bénéfice imposable de l'exercice de cession ou de cessation d'activité.

De ce fait, si la plus-value réalisée au cours de l'exercice 2007 n'a pas été réinvestie en immobilisations nouvelles le 31 décembre 2010, le montant de cette plus-value sera réintégré rétroactivement au bénéfice imposable de l'exercice 2007.

Une fois exonérées, les plus-values doivent selon les dispositions de l'alinéa 5 de l'article 118 du CGI, être affectées à l'amortissement des nouvelles immobilisations.

Leur montant vient en déduction du prix de revient pour le calcul des amortissements annuels et des plus-values réalisées ultérieurement lors de la cession de l'élément acquis en remploi.

Exemple 3 : Nous reprendrons l'exemple 2.

Dans le cadre du remploi des plus-values réalisées, l'entreprise achète deux ans après une machine à 1 700 000 FCA amortissable sur cinq ans. À titre de rappel, la plus-value taxable était de 200 000 FCFA, le réinvestissement devait être au moins égal à 1 200 000 FCA.

Les conditions du remploi étant remplies (délai et montant du réinvestissement), la plus-value de 200 000 FCFA sera déduite du prix de revient de la machine pour le calcul des amortissements fiscaux.

Ainsi, le calcul des amortissements se fera sur la valeur 1 500 000 FCFA (1 700 000 – 200 000 = 1 500 000).

Il importe de noter que sur le plan comptable, les amortissements seront calculés sur 1 700 000 FCFA. En revanche, sur le plan fiscal, l'amortissement se calculera sur 1 500 000 FCFA. Ce retraitement fiscal s'opère donc de manière extra-comptable au niveau du tableau de détermination du résultat fiscal de la déclaration statistique et fiscale.

2.2. UNE IMPOSITION DIFFÉRÉE DES PLUS-VALUES RÉEMPLOYÉES

Il convient de noter que, l'exonération des plus-values remployées prévue par l'article 118 du CGI est en réalité une exonération temporaire et s'analyse davantage comme un impôt différé puisque l'impôt ainsi « exonéré » au titre de l'exercice de cession est, en définitive, acquitté ultérieurement par le jeu de la réduction de la base fiscalement imposable du bien.

Exemple 4 : Une société soumise à l'impôt sur les sociétés cède un élément de son actif au cours de l'année N (en FCFA) :

Valeur d'origine 500 000

Amortissement 200 000

Valeur nette comptable 300 000

Prix de cession 400 000

======

Plus-value année N 100 000

La société réinvestit au 1er janvier n+1 une somme de 800 000 FCFA par acquisition d'un élément amortissable sur 5 ans.

Au 1er janvier n+5, elle revend cet élément pour un prix de 240 000 FCFA.

1er cas : La société décide de ne pas invoquer le régime d'exonération prévu à l'article 118 du CGI.

- Calcul de l'impôt dû l'année N

L'impôt sur la plus-value de cession de l'élément d'origine est immédiatement exigible : 100 000 × 38 % = 38 000

Soit **38 000 FCFA d'impôt à acquitter l'année N**

- Calcul de l'impôt dû l'année N+5

Total des amortissements à la fin de la quatrième année (annuité d'amortissement × 4 ans) :

(800 000 / 5) × 4 = 640 000 FCFA

Valeur nette comptable (valeur d'achat – somme des amortissements) :

800 000 – 640 000 = 160 000 FCFA

Plus-value de cession (valeur de cession – valeur nette comptable) :

240 000 – 160 000 = 80 000

Impôt dû : 80 000 × 38 % = 30 400

Soit **30 400 FCFA d'impôt à acquitter en n+5**

Soit un total imposable de 38 000 + 30 400 = **68 400 FCFA**

2e cas : Le contribuable décide d'invoquer le régime d'exonération prévu à l'article 118 du CGI

- Calcul de l'impôt dû l'année N

La plus-value de cession de l'élément d'origine, soit 100 000 FCFA, n'est pas imposée, soit 0 d'impôt à acquitter en n.

- Calcul de l'impôt dû l'année N+5

Il convient de noter ici que la plus-value exonérée en n sera déduite du prix de revient du bien acquis en réinvestissement, pour le calcul des amortissements.

La base de calcul des amortissements fiscaux de l'élément acquis en remploi est donc égale à la valeur d'origine – plus-value en report :

800 000 – 100 000 = 700 000 FCFA

Somme des amortissements à la fin de la quatrième année (Annuité d'amortissement × 4 ans) :

(700 000 / 5) × 4 = 560 000 FCFA

Valeur nette comptable (valeur d'achat – somme des amortissements) :

700 000 – 560 000 = 140 000 FCFA

Plus-value de cession (valeur de cession – valeur nette comptable) :

240 000 – 140 000 = 100 000 FCFA

Cette plus-value est imposée soit : 100 000 × 38 % = **38 000**

Pour une juste comparaison, il convient d'ajouter à ce montant la fraction des amortissements normaux dont la déduction n'a pu être effectuée puisque la base d'amortissement s'est retrouvée amputée du montant de la plus-value exonérée, soit :

(640 000 – 560 000) × 38 % = 80 000 × 38 % = **30 400 FCFA** correspondant, pour chaque année à 7 600 FCFA, soit [(100 000/5) × 38 %].

L'impôt acquitté au total dans le 2e cas est égal au total de celui acquitté dans le 1er cas, soit :

38 000 + 30 400 = **68 400 FCFA**

Récapitulatif : impôt dû par année d'imposition

Années	Cas n° 1	Cas n° 2
N	38 000	0
n + 1	0	7 600
n + 2	0	7 600
n + 3	0	7 600
n + 4	0	7 600
n + 5	30 400	38 000
Total	**68 400**	**68 400**

Il en résulte que l'exonération des plus-values réemployées prévue par le CGI correspond en réalité à une imposition différée, qui s'étale sur la durée d'amortissement du bien acquis en remploi.

3. LES PLUS-VALUES DE FUSION, SCISSION ET D'APPORTS PARTIELS

Le législateur congolais a prévu à l'article 118C du CGI, un régime de faveur des plus-values résultant des opérations de restructuration.

Cet article dispose :

« Les plus-values – autres que celles réalisées sur les marchandises – résultant de l'attribution gratuite d'actions, de parts sociales ou d'obligations à la suite de fusions, scissions ou apports partiels d'actifs, sont exonérées d'impôts sur les sociétés au moment de leur réalisation, à condition que les opérations profitent à des personnes morales passibles de l'impôt sur les sociétés et ayant leur siège social au Congo ».

À titre de rappel, l'Acte uniforme OHADA sur les sociétés commerciales donne les définitions suivantes de la fusion, scission et de l'apport partiel d'actifs :

La fusion est au terme de l'article 189 de l'Acte uniforme OHADA sur les sociétés commerciales et le GIE, ci-après AU, l'opération par laquelle deux sociétés se réunissent pour n'en former qu'une seule, soit par la création d'une nouvelle société, soit par l'absorption de l'une par l'autre.

L'article 261 du livre 1er, tome II du CGI précise que l'apport d'une branche complète d'activités par une société anonyme ou à responsabilité limitée à une autre société constituée sous l'une de ces formes, est assimilé à une fusion de sociétés.

La scission est selon l'article 190 de l'AU, l'opération par laquelle le patrimoine d'une société est partagé entre plusieurs sociétés existantes ou nouvelles.

L'apport partiel d'actifs est défini à l'article 195 de l'AU, comme l'opération par laquelle une société fait apport d'une branche autonome d'activité à une société préexistante ou à créer. La société apporteuse ne disparaît pas du fait de cet apport.

♦ *Les conditions d'exonération*

L'exonération des plus-values dégagées à l'occasion des restructurations est subordonnée, aux termes de l'article 118C du CGI, au respect de certaines conditions.

Les plus-values concernées sont celles réalisées sur les éléments de l'actif à la suite d'une opération de fusion, scission ou apport partiel d'actif. Sont exclues de ce régime les plus-values réalisées sur les marchandises, de même que celles résultant d'une remise de sommes en numéraire. Il doit s'agir d'une augmentation en capital de l'actif de la société bénéficiaire des apports.

Les opérations de restructuration doivent profiter aux personnes morales passibles de l'impôt sur les sociétés et ayant leur siège social au Congo. Ainsi, la société absorbante, scindée ou bénéficiaire des apports, doit être une société congolaise, soumise à l'impôt sur les sociétés.

Il en résulte que les sociétés de personnes n'ayant pas opté pour l'impôt sur les sociétés ne peuvent pas prétendre à une exonération des plus-values dégagées à l'occasion d'une fusion, scission ou apport partiel d'actifs.

♦ *Les conséquences de l'exonération*

L'application de ce régime de faveur entraîne pour les entreprises concernées des conséquences variées en fonction de l'origine des plus-values.

- Les plus-values constatées sur des <u>éléments immobilisés amortissables</u> doivent être réintégrées progressivement dans les bénéfices de la société absorbante pendant une durée de cinq ans, à hauteur de 1/5e par an. Il ne s'agit donc pas d'une véritable exonération, mais d'un différé d'imposition sur cinq années.

- La taxation de la plus-value sur les biens non amortissables est différée si la société absorbante s'engage à calculer les plus-values résultant de la cession ultérieure de ces biens, sur la base de la valeur comptable existante chez la société absorbée. Cet engagement implique obligatoirement pour l'entreprise concernée la tenue d'un registre spécial pour le suivi de ces immobilisations. Ici, l'exonération de la plus-value est bien réelle sauf lorsque la société cède, après la fusion, les biens non amortissables concernés.

Il semble toutefois que ces règles ne concernent en réalité que les opérations de fusions. En effet, et assez curieusement, l'article 118 C du CGI évoque par ailleurs deux autres cas, à savoir :

Les plus-values résultant de l'apport intégral des actifs d'une société à deux ou plusieurs sociétés de capitaux.

Et les plus-values résultant de l'apport partiel des éléments d'actifs constituant une branche complète d'activités d'une société à une autre société.

Ces deux cas concernent d'une part, les opérations de scission et d'autre part, les opérations d'apport partiel d'actif.

Pour ces deux hypothèses, un traitement fiscal spécifique est prévu. En effet, l'exonération est subordonnée à l'obligation pour les sociétés bénéficiaires à s'engager dans l'acte de fusion, scission et d'apports partiels, à calculer les amortissements annuels à prélever sur bénéfices, ainsi que les plus-values résultant des cessions ultérieures d'après le prix de revient qu'ils comportaient pour la société apporteuse, déduction faite des amortissements déjà réalisés.

Autrement dit, la ou les sociétés bénéficiaires des apports devront, pour bénéficier de l'exonération, calculer les amortissements fiscaux des biens reçus en apport, non pas sur les valeurs d'apport, mais sur les valeurs nettes comptables telles qu'elles figuraient dans les comptes de la ou des sociétés apporteuses. Il s'agit donc, là encore, non pas d'une véritable exonération, mais d'un différé d'imposition sur la durée d'amortissement des biens.

Il est assez difficile de comprendre pourquoi existe ainsi une différence de traitement entre le cas de fusion et ceux de scission et d'apport partiel d'actif.

En effet, la société bénéficiaire ou absorbante est tenue, du point de vue fiscal, de reprendre pour le calcul de son bénéfice imposable, des amortissements et des plus-values éventuelles de réalisation des immobilisations, leur valeur nette comptable telle qu'il ressort des écritures de la société apporteuse, absorbée.

4. IMPOSITION IMMÉDIATE DES PLUS-VALUES EN CAS DE CESSION OU CESSATION D'ACTIVITÉ

Aux termes des articles 63 et 118 B du CGI, les plus-values résultant d'une cessation d'activité, d'une cession totale ou partielle d'activité ou de clientèle supportent une taxation réduite.

- Sur la base de la moitié de leur montant, lorsque l'opération génératrice de plus-value intervient moins de cinq ans après la création ou l'achat du fonds ou de la clientèle.
- Sur la base du tiers de leur montant, si la cession intervient plus de cinq ans après l'achat du fonds ou de la clientèle.

Il convient de noter la différence entre la plus-value dégagée à l'occasion d'une cession partielle et celle résultant de la cession d'une immobilisation isolée en cours d'exploitation.

La première relève des dispositions de l'article 63 du CGI et implique une réduction de la base d'imposition, tandis que la seconde relève du principe général de taxation visé à l'article 109 du CGI et est de ce fait intégralement taxable.

5. COMPARAISON ENTRE LES ARTICLES 63,118 B et 118 C DU CODE GÉNÉRAL DES IMPÔTS

Le bénéfice du régime d'exonération prévu à l'article 118 C du CGI implique que la société bénéficiaire prenne l'engagement de calculer des amortissements ultérieurs, sur la valeur nette comptable constatée par la société absorbée ou bénéficiaire.

En l'absence de cet engagement, ce régime d'exonération ne pourrait pas être imposé aux sociétés concernées.

Ce régime peut être mis en compétition avec le régime d'imposition immédiate et atténuée prévu aux articles 63 et 118B, lorsque le régime d'exonération ne s'avère pas plus avantageux.

Ainsi, face aux contraintes liées aux opérations de restructuration, une société apporteuse peut trouver un intérêt à se soumettre au régime d'imposition immédiate mais réduite plutôt qu'au régime d'exonération ou plus exactement d'imposition étalée dans le temps. Ce peut être le cas, par exemple, lorsque les plus-values dégagées portent essentiellement sur les biens amortissables à court terme ou encore en cas d'existence de déficits reportables ou d'amortissements réputés différés.

Le régime de taxation immédiate implique, il est vrai, une taxation immédiate mais réduite, selon le cas à la moitié ou au tiers. Toutefois, cette imposition pourrait être totalement neutralisée par l'existence de reports déficitaires ou d'amortissements différés dont la législation congolaise ne permet pas le transfert à la société bénéficiaire des apports.

En outre, l'entreprise pourra amortir fiscalement les biens apportés sur les valeurs d'apport, c'est-à-dire, généralement, sur des valeurs réévaluées réduisant ainsi ses bases imposables au cours des exercices ultérieurs. Il en résulte que chaque opération de fusion, de scission ou d'apport partiel d'actif, doit faire l'objet d'une étude préalable afin d'en optimiser les incidences fiscales.

Exemple 5 : Cas d'apport partiel d'actif

Une société A apporteuse dont le fonds a été créé depuis plus de cinq ans (en FCFA) :

- Plus-value nette d'apport : 60 000 000
- déficitaires utilisables : 12 000 000
- Amortissements différés : 8 000 000

Dans ce cas, le choix de l'article 63 s'impose pour les raisons suivantes :

(i) Conformément à cet article, il sera intégré au résultat imposable le tiers de la plus-value dégagée, soit :

60 000 000 / 3 = **20 000 000 FCFA**

(ii) Cette plus-value est totalement « neutralisée » par les déficits reportables et les amortissements différés :

20 000 000 – (12 000 000 + 8 000 000) = **0**

(iii) En plus de la neutralisation de la plus-value dans cet exemple, la société bénéficiaire des apports pourra, du point de vue fiscal, calculer les amortissements des biens apportés sur la base des valeurs d'apport et non pas sur les anciennes valeurs nettes comptables figurant dans le compte de la société apporteuse.

En supposant ainsi que la plus-value porte sur des biens amortissables, l'économie que réalisera l'entreprise pendant la période d'amortissement sera, par rapport au régime des apports partiels d'actif de : 60 000 000 × 38 % = **22 800 000 FCFA**

6. LE REPORT D'IMPOSITION DES PLUS-VALUES EN CAS DE DÉCÈS DE L'EXPLOITANT OU DE CONSTITUTION D'UNE SOCIÉTÉ DE FAMILLE

L'article 22 du CGI prévoit un report d'imposition des plus-values de fonds de commerce en cas de décès de l'exploitant, lorsque l'activité est reprise par les héritiers en ligne directe ou par le conjoint.

L'imposition de la plus-value de fonds de commerce est donc reportée au moment de la cession ou de la cessation de l'exploitation par les nouveaux exploitants, à condition que ces derniers conservent toutes les évaluations d'éléments d'actif figurant au dernier bilan dressé par le défunt.

Ce régime d'imposition reste applicable et aux mêmes conditions en cas de partage de la succession, ou en cas de transformation de l'entreprise individuelle en société de personnes ou en société à responsabilité limitée par les héritiers en ligne directe et le conjoint.

Ainsi, en cas de vente par la société nouvelle d'éléments d'actifs provenant du fonds de commerce du défunt, l'imposition de la plus-value dégagée sera reportée au moment de la cession totale ou de la cessation de l'exploitation.

En revanche, la plus-value dégagée dans ce contexte sera immédiatement imposée si l'une des conditions prévues à l'article 22 n'est pas remplie. C'est le cas notamment en cas d'entrée d'un tiers dans la société, en cas de réévaluation des éléments de l'actif de l'ancienne société, ou en cas de dissolution de la société.

7. LA RÉÉVALUATION DES BILANS

La réévaluation des bilans a pour effet de corriger ou d'ajuster les valeurs comptables de certains éléments du patrimoine des entreprises afin de les mettre en harmonie avec les conditions économiques du moment en dégageant leurs valeurs actuelles.

On distingue deux types de réévaluations : la réévaluation légale et la réévaluation libre.

- *La réévaluation légale*

On parle de réévaluation légale, lorsqu'elle intervient à la suite des dispositions légales qui fixent le champ d'application, les conditions et la durée de la réévaluation.

Il n'existe, à ce jour, aucune disposition relative à la réévaluation dans la législation congolaise.

- *La réévaluation libre*

Cependant à défaut de dispositions légales, les entreprises sont libres de procéder à une réévaluation de tout ou partie des éléments de leur patrimoine.

Cette réévaluation des bilans peut être placée sous le contrôle du commissaire aux comptes dans le cadre des sociétés anonymes.

Dans le cadre de la gestion d'une entreprise, la réévaluation libre peut présenter de multiples intérêts en permettant l'adéquation de la structure bilancielle à la consistance du patrimoine de l'entreprise.

La réévaluation libre peut se révéler particulièrement importante pour une entreprise lorsqu'elle envisage, par exemple, une augmentation de capital par voie de souscription publique, une cession totale. La réévaluation des bilans dans ce cas permettrait de justifier clairement du prix d'émission des titres offerts.

ATTENTION À LA TAXATION DE VOS RÉSERVES LIBRES !

Après avoir traité dans notre précédente revue (*Revue FFA* n° 09/2007) le régime juridique des réserves, il nous a paru utile de rappeler les règles fiscales applicables en raison notamment de la tendance actuelle des services fiscaux à réclamer l'impôt sur les distributions portant sur les réserves libres.

Cependant, nous voulons souligner que l'objet du présent article n'est pas d'étudier ni d'analyser exhaustivement leur régime de taxation, mais plutôt de rappeler les modalités de leur taxation prévues par le Code général des impôts congolais.

1. RAPPEL DES DISPOSITIONS APPLICABLES

En principe, l'impôt sur le revenu des valeurs mobilières (IRVM) est un impôt de distribution et frappe les bénéfices distribués par l'entreprise.

La particularité du dispositif fiscal congolais réside dans l'imposition de réserves alors même qu'elles n'ont pas été distribuées.

Cette taxation trouve son fondement dans les dispositions de l'article 9 bis du livre III du tome II du Code général des impôts qui prévoit une présomption de distribution des réserves libres.

L'article 9 bis dispose que :

« Les bénéfices affectés à la réserve libre et pour lesquels la distribution n'est pas intervenue dans un délai de trois ans, sont considérés comme distribués et soumis à l'impôt sur le revenu des valeurs mobilières » (IRVM).

Cet article met donc en place une taxation des bénéfices réalisés par une entreprise et qui n'ont pas fait l'objet de décision de distribution.

Le taux de droit commun de l'impôt en cas de distribution de dividendes est de 20 %. L'impôt est payé par la société au nom et pour le compte de l'actionnaire bénéficiaire de la distribution qui en est le redevable réel.

L'article 9 bis a fait l'objet de correspondances tendant à le préciser, notamment l'instruction n° 0303/MEFB-DGI-DLC du 29 avril 1999 de la Direction générale des impôts.

Les précisions apportées concernent notamment :

- la nature des réserves visées par cette disposition ;

- la période de taxation visée à ce jour par cette disposition.

2. LA NATURE DES RÉSERVES VISÉES PAR LA TAXATION

La doctrine administrative fiscale de 199 a apporté des précisions à la notion de réserve :

« les réserves sont définies comme des bénéfices ou profits que la personne morale a réalisés et qu'elle a conservés au passif de son bilan ***sans les incorporer au capital****, quelle que soit la dénomination qu'ils prennent et sous quelque compte qu'ils se trouvent inscrits au bilan.*

La loi les regroupe en trois catégories :

- les réserves réglementaires ;

- les réserves libres ;

- le report à nouveau.

D'après le plan OCAM, *les réserves réglementaires, c'est-à-dire la réserve légale, les réserves statutaires, les réserves contractuelles obligatoires et les réserves fiscalement réglementées, ne peuvent être ni distribuées, ni incorporées au capital.*

Par contre, ***les réserves libres constituées à l'initiative de l'entreprise et utilisées selon ses besoins ainsi que les bénéfices non affectés laissés à sa disposition dans un compte "report à nouveau" peuvent faire l'objet d'une distribution****. »*

Il découle de cette doctrine que les réserves libres (ou réserves facultatives) sont les bénéfices susceptibles d'être distribués par l'entreprise, y compris les bénéfices inscrits au compte « report à nouveau ». Ce sont ces réserves qui sont visées par la taxation prévue par l'article 9 bis.

Ne sont pas donc concernées par l'imposition les réserves légales ou réglementaires selon le plan comptable en vigueur, qui ne peuvent être distribuées.

2. PÉRIODE VISÉE PAR CETTE TAXATION

En fait, l'article 9 bis oblige les entreprises qui constituent des réserves libres de les distribuer dans un délai de trois ans.

Autrement dit, ces dernières seront, trois ans après la réalisation du bénéfice et de leur inscription dans le compte des réserves libres, redevables de l'impôt dû normalement par les actionnaires, lesquels sont en réalité les débiteurs de l'impôt.

Pour l'appréciation de ce délai de trois ans et exiger le paiement de l'impôt sur les réserves qui sont « venues à maturité », l'administration fiscale a précisé qu'elle n'est pas tenue par les délais statutaires des entreprises pour l'approbation des comptes, ni par le délai de six mois prévu par l'Acte uniforme pour décider de l'affectation des résultats.

Pour des réserves afférentes à l'exercice N, elle indique que le délai de trois ans est réalisé (les réserves sont « venues à maturité ») à compter du premier jour suivant la date légale limite pour le dépôt auprès des services fiscaux des bilans de l'exercice clos le 31 décembre de l'année N+2.

Par exemple et compte tenu du fait que la date limite de dépôt des états financiers est fixée au 30 avril, les réserves libres constituées sur les résultats clos au 31 décembre 2004 seront en l'absence même de toute décision de distribution par les organes compétents de la société, imposées à partir du 1er mai 2007, celles constituées à partir du bénéfice de 2005 seront taxables à compter du 1er mai 2008 et ainsi de suite.

Remarque : l'article 9 bis est introduit par la loi de finances pour 1998 et est applicable depuis 1998, c'est-à-dire aux réserves libres constituées à partir des bilans de 1998. En conséquence, les réserves libres qui seraient constituées avant le 31 décembre 1998 ne seront pas taxées.

3. MODALITÉS PERMETTANT DE DIFFÉRER LA TAXATION

Il résulte de l'instruction précitée que la taxation à l'IRVM dans les conditions prévues à l'article 9 bis ne constitue pas une fatalité, mais seulement une éventualité. L'assemblée générale des actionnaires ou associés peut toujours en effet décider d'intégrer au capital les réserves concernées avant leur « arrivée à maturité ».

Il convient de préciser que la capitalisation des réserves au capital ne neutralise pas définitivement la taxation à l'IRVM, mais ne fait qu'en différer le paiement.

En effet, la taxation à l'IRVM après cette capitalisation devrait être envisagée en cas de réduction ultérieure du capital par voie de remboursement et non motivée par des pertes dans les dix ans qui suivent l'opération d'augmentation de capital. Il en irait de même en cas de liquidation et de remboursement du capital.

Hormis cette incidence à terme, il convient de préciser que l'opération de capitalisation des réserves facultatives comportera un coût fiscal (droits d'enregistrement de 3 % sur le montant de l'augmentation de capital et droits de timbre de dimension), ainsi que des coûts annexes (honoraires de conseils et de notaire, frais de publication légale, etc.).

À titre de rappel, les dispositions de l'Acte uniforme sur les sociétés commerciales et du GIE permettent de réaliser des augmentations de capital par incorporation de réserve dans le cadre d'une AGE statuant aux conditions de quorum et de majorité des AGO, sans intervention nécessaire d'un commissaire aux apports.

À noter : le Cabinet Juridique & Fiscal est disposé à prêter son assistance pour un bon suivi et une meilleure gestion fiscale de vos réserves et reports à nouveau.

COMMENT DÉDUIRE SES AMORTISSEMENTS EN PÉRIODE DÉFICITAIRE

Les amortissements réputés différés

Rappel : l'amortissement est la constatation dans la comptabilité de l'entreprise de l'amoindrissement de la valeur d'une immobilisation (bien acquis ou créé pour être utilisé de manière durable pour l'exploitation) du fait de son usage, de son ancienneté et/ou de son obsolescence.

L'amortissement se traduit par une déduction du résultat net de l'entreprise. Mais que faire lorsque ce résultat net est déjà négatif avant même la déduction des amortissements ? En un tel cas, la loi autorise à différer la comptabilisation de l'amortissement, selon les modalités ci-après exposées :

1. DÉFINITION DE L'AMORTISSEMENT RÉPUTÉ DIFFÉRÉ

L'amortissement réputé différé suppose que deux conditions soient réunies :

- Il faut un amortissement qui soit normalement **constaté dans la comptabilité** de l'entreprise ;
- Il faut que l'exercice de comptabilisation de l'amortissement soit caractérisé par un **résultat fiscal déficitaire**.

***ATTENTION : Sur le plan fiscal**, le caractère bénéficiaire ou déficitaire d'un exercice doit s'apprécier par référence au résultat comptable **augmenté des réintégrations extra-comptables et diminué des déductions extra-comptables**, non compris les déficits des exercices antérieurs.*

La comptabilisation de l'amortissement en période déficitaire ordinaire pourrait constituer un facteur pénalisant pour l'entreprise soumise à l'impôt sur les sociétés puisque cette comptabilisation contribue à aggraver le déficit fiscal de l'entreprise.

En matière d'impôt sur les sociétés, **le déficit fiscal d'un exercice ne peut être reporté sur les exercices bénéficiaires postérieurs que dans le délai maximal de 3 années**.

Il va sans dire que l'entreprise pourrait se heurter à ce délai de report des déficits et ainsi perdre définitivement le droit d'imputer les déficits datant de plus de 3 années.

C'est la raison pour laquelle le droit fiscal permet à l'entreprise, qui a comptabilisé des amortissements en période déficitaire, de **réputer différés ces amortissements et ainsi de pouvoir reporter de manière illimitée** la fraction du déficit fiscal provenant de la comptabilisation desdits amortissements.

2. EXEMPLES D'IMPUTATION DES AMORTISSEMENTS RÉPUTÉS DIFFÉRÉS

Il est important de rappeler que cette imputation s'opère de **manière extra-comptable**, lors de la détermination du **résultat fiscal** de la société.

Exemple 1 :

Une entreprise A réalise au titre de l'exercice 2005 un bénéfice comptable de 50 000 000 FCFA. Elle opère des réintégrations pour un montant de 30 000 000 FCFA et des déductions pour 200 000 000 FCFA.

L'entreprise a un déficit fiscal de 10 000 000 FCFA au titre de l'exercice 2003 et a comptabilisé au cours de l'exercice 2004 des amortissements pour un montant de 80 000 000 FCFA.

Le résultat fiscal doit être déterminé comme suit :

Résultat fiscal provisoire avant imputation des déficits antérieurs :

50 000 000 + 30 000 000 – 200 000 000 = - 120 000 000

Résultat fiscal définitif :

Déficit fiscal : - 120 000 000

Réintégration amortissements : 80 000 000

Résultat fiscal : - 40 000 000

En réserve, l'entreprise aura à la clôture de l'exercice 2005 :

Un déficit fiscal d'un montant de 40 000 000 qui est reportable jusqu'à la fin de l'exercice à clôturer le 31 décembre 2008 ;

Un déficit fiscal d'un montant de 10 000 000 reportable jusqu'à la fin de l'exercice à clôturer le 31 décembre 2006 ;

Des amortissements réputés différés de 80 000 000 reportables sans limitation de durée sur les exercices postérieurs.

Exemple 2 :

La même entreprise réalise les mêmes résultats sur les exercices susvisés mais avec des amortissements d'un montant de 140 000 000 FCFA.

La situation sera la suivante :

Résultat fiscal définitif :

Déficit fiscal : - 120 000 000

Réintégration amortissements : 120 000 000

(Dans ce cas, la réintégration des amortissements est plafonnée à hauteur du déficit fiscal)

Résultat fiscal 0.

En réserve, l'entreprise aura :

Un déficit fiscal d'un montant de 10 000 000 reportable jusqu'à la fin de l'exercice à clôturer le 31 décembre 2006 ;

Des amortissements réputés différés de 120 000 000 reportables sans limitation de durée sur les exercices postérieurs.

Exemple 3 :

Une entreprise B a réalisé au titre de l'exercice 2005 un bénéfice comptable de 300 000 000 FCFA. Elle a opéré extra-comptablement des réintégrations pour un montant de 60 000 000 FCFA et des déductions pour 40 000 000 FCFA.

L'entreprise B dispose d'un déficit fiscal datant de 2002 de 50 000 000 FCFA et d'un autre déficit fiscal datant de 2003 de 30 000 000 FCFA et d'amortissements réputés différés des exercices antérieurs de 300 000 000 FCFA. Le résultat fiscal est déterminé comme suit :

Résultat fiscal provisoire (avant imputation des déficits antérieurs) :

300 000 000 + 60 000 000 – 40 000 000 = 320 000 000

Résultat fiscal définitif :

Bénéfice fiscal : 320 000 000

Imputation déficit fiscal 2002 : - 50 000 000

Imputation déficit fiscal 2003 : - 30 000 000

Imputation partielle amortissements

Réputés différés : - 240 000 000

Résultat fiscal 0

En réserve, l'entreprise aura un reliquat d'amortissements réputés différés de :

60 000 000 (300 000 000 - 240 000 000) reportable sans limitation de durée sur les exercices postérieurs.

LA DÉCLARATION ANNUELLE DES SALAIRES ET AUTRES RÉMUNÉRATIONS

Le Code général des impôts, au travers des articles 176 et suivants, et le Code de la sécurité sociale à l'article 23, obligent les employeurs à souscrire auprès des Inspections des Contributions directes et indirectes et de la Caisse Nationale de Sécurité Sociale, au plus tard le 31 janvier d'une année, la déclaration annuelle des salaires et autres rémunérations dont ils ont assuré le paiement l'année précédente.

La déclaration annuelle des salaires se présente sous la forme de deux (2) imprimés (voir les annexes 1 et 2) :

- la déclaration des salaires et autres rémunérations versées par l'employeur à ses salariés au cours de l'année précédente (DAS 1) ;
- et la récapitulation des cotisations versées à la Caisse Nationale de Sécurité Sociale, des retenues d'IRPP sur les salaires, de taxe forfaitaire sur les salaires, de taxe régionale, ainsi que la liste de rémunérations non salariales supportées par l'employeur au cours de la même année (DAS 2).

Ces déclarations permettent à l'Administration fiscale et à la Caisse Nationale de Sécurité Sociale : de connaître la situation exacte des rémunérations versées au cours de chaque exercice, de procéder à des rapprochements avec les différentes déclarations souscrites par les contribuables au titre de la même année (document statistique et fiscal, déclarations d'IRPP et de cotisations sociales, déclaration mensuelle des salaires...) et d'effectuer, le cas échéant, les ajustements nécessaires.

Elles permettent également à l'Administration fiscale de faire des recoupements avec les situations des tiers afin de s'assurer de la réalité des déclarations mises à sa disposition.

Le défaut de production de ces déclarations dans le délai légal ou encore la production des déclarations comportant des omissions ou des inexactitudes expose les contribuables à de lourdes sanctions.

La déclaration annuelle des salaires permet à l'employeur de déterminer de manière globale les impôts, taxes et cotisations en fonction des salaires déclarés et le cas échéant ressortir des écarts notamment des cotisations à régulariser.

Suite aux contrôles que nous sommes amenés à effectuer, nous avons constaté que de nombreuses sociétés faisaient l'objet de redressements fiscaux pour défaut de déclaration annuelle des salaires et autres rémunérations.

En raison des lourdes conséquences pécuniaires que ce défaut de déclaration peut engendrer et au vu de la date butoir du 31 janvier, nous avons cru utile de rappeler à nos lecteurs les obligations concernant :

- la présentation de la déclaration annuelle des salaires et autres rémunérations, la DAS1 (1) ;
- la récapitulation des cotisations sociales, impôts et rémunérations non salariales, la DAS 2 (2) ;
- le délai de production et les destinataires des déclarations (3) ;
- les sanctions prévues en cas d'inobservation des prescriptions relatives aux déclarations en cause (4).

1. DÉCLARATION ANNUELLE DES SALAIRES ET AUTRES RÉMUNÉRATIONS (DAS)

Nous l'avons dit, les règles relatives à la présentation de la déclaration annuelle des salaires et autres rémunérations sont prévues par les articles 176 et suivants du Code général des impôts, tome I, et par l'article 23 du Code de la sécurité sociale.

Seront abordés dans cette partie les points suivants :

- les personnes tenues de souscrire la déclaration ;
- l'établissement de la déclaration ;
- les bulletins individuels.

1.1. LES PERSONNES TENUES DE SOUSCRIRE LA DÉCLARATION

La déclaration annuelle des salaires et autres rémunérations doit être en principe souscrite par tout particulier, toute administration et toute société et association occupant de façon permanente des employés, commis, ouvriers ou auxiliaires, moyennant traitement, salaire ou rétribution.

Ainsi, outre les personnes énumérées ci-dessus, nous sommes d'avis que les entreprises étrangères (alors même qu'elles sont soumises au régime d'imposition dérogatoire) évoluant sous une autorisation temporaire d'exercice, doivent également produire la déclaration annuelle des salaires et des rémunérations si elles emploient des salariés au Congo.

Par ailleurs, si la déclaration concerne de façon générale les employeurs, la substance de l'article 185 du Code général des impôts, tome I, nous indique qu'un salarié percevant son salaire de son employeur établi à l'étranger doit produire lui-même cette déclaration annuelle.

1.2. ÉTABLISSEMENT DE LA DÉCLARATION : DAS 1

La déclaration annuelle des salaires et autres rémunérations est établie sur un imprimé référencé OCI-001-A (annexe 1) que les contribuables peuvent demander aux Contributions directes ou à la Caisse Nationale de Sécurité Sociale de leur lieu de résidence.

Ces derniers admettent que la déclaration soit produite sur des états informatiques, à condition qu'ils contiennent les mêmes informations que le modèle OCI-001-A.

Cette déclaration annuelle des salaires et autres rémunérations (DAS 1) comprend trois (3) parties :

- **Colonnes 1 à 5** : renseignements sur le salarié ;
- **Colonnes 6 à 7** : renseignements destinés à la Caisse Nationale de Sécurité Sociale ;
- **Colonnes 8 à 15** : renseignements destinés aux Contributions directes.

1.2.1. Renseignements sur les salariés

L'employeur doit donner pour chacun de ses salariés, les renseignements suivants :

- **Colonnes 1** : le numéro d'ordre du salarié dans l'entreprise (déterminé en fonction de la date d'entrée de l'intéressé dans l'entreprise, mentionné en principe chronologiquement dans le registre de l'employeur), sa date d'embauche, la date de départ définitif, la durée de l'emploi au cours de l'année déterminée en mois et jours ;

NOTA : un mois est considéré comme complet s'il comporte au moins 20 jours ou 133 heures de travail.

La date d'embauche et/ou de départ définitif (en cas de licenciement ou démission) ne sont à mentionner dans la DAS 1 que si elles se situent au cours de l'année pour laquelle est faite la déclaration.

L'employeur est tenu de faire figurer sur la DAS 1 tous les noms des salariés ayant reçu pour une année, un salaire supérieur à 120 000 FCFA.

Les salaires n'excédant pas ce minimum, versés notamment aux salariés temporaires, sont reportés sur l'état récapitulatif (DAS 2) pour leur montant global.

- **Colonne 2** : le numéro du livret de travail et d'assurance sociale et le numéro de contribuable du salarié ;

Si celui-ci ne possède pas de numéro de livret, il conviendra de joindre une copie d'acte de naissance, une déclaration d'embauche et 2 photos d'identité dans le cas où ces pièces n'auraient jamais été fournies.

- **Colonne 3** : dans l'ordre, les noms (en lettres capitales) et prénoms, l'adresse, la profession, la catégorie et l'échelon de chaque salarié.
- **Colonne 4** : le sexe et la nationalité ;

Pour chacun des salariés, il convient d'indiquer le sexe, et la nationalité à l'aide des codes suivants :

- Nationaux 01
- Afrique de l'Ouest 02
- Autres pays de CEAC 03
- Autres Africains 04
- France (AT) 05
- France (non AT) 06
- Europe sauf France 07

- Moyen-Orient 08
- Libanais 09
- Amérique 10
- Asie 11
- Autres nationalités 12
- **Colonne 5** : la situation de famille en utilisant les codes ci-après :
- Célibataire 2
- Marié 1
- Veuf 3
- Divorcé 4
- Autres situations 9

REMARQUE : Aux termes de l'article 93 du Code général des impôts, tome I, sont considérés comme étant à la charge du contribuable, à condition de ne pas avoir de revenus distincts de ceux qui servent de base à l'imposition du contribuable :

- les enfants légitimes, légalement reconnus ou légalement adoptés, s'ils sont âgés de moins de 21 ans ou s'ils sont infirmes. La limite d'âge est reportée à 25 ans pour les enfants poursuivant leurs études, sous réserve de justification ;
- sous la même condition et sous réserve de justification, les enfants recueillis par le salarié dans son propre foyer et, dans la limite de deux, les enfants placés sous sa protection dans le cadre familial ;
- pour les femmes célibataires, divorcées ou veuves, la garde des enfants doit être justifiée par une décision du tribunal.

Enfin, la situation et les charges de famille dont il doit être tenu compte sont celles existant au 1er janvier de l'année d'imposition.

Toutefois, en cas de mariage du contribuable en cours d'année ou d'augmentation de ses charges de famille en cours d'année, il doit être tenu compte de la situation au 31 décembre de ladite année.

1.2.2. Renseignements destinés à la Caisse Nationale de Sécurité Sociale

Sont destinés à la Caisse Nationale de Sécurité Sociale, les renseignements suivants :

- **Colonne 6** : le total des salaires bruts augmentés des avantages en nature, retraite part employé non déduite ;
- **Colonne 7** : le montant du salaire plafonné, retraite non déduite.

REMARQUE : Si cette somme est supérieure ou égale à 7 200 000 FCFA représentant le plafond annuel soumis aux cotisations de prestations familiales, accidents de travail et fonds national de construction, n'indiquer dans la colonne 7 que le montant de 7 200 000 FCFA.

Si le salaire annuel est inférieur à 7 200 000 FCFA, reporter dans la colonne 7 la somme figurant dans la colonne 6.

Il convient de noter que les avantages en nature sont évalués comme suit :

- *Logement*

  20 % du salaire brut de présence
- *Domesticité, gardiennage*

  7 % du salaire brut de présence
- *Eau, électricité, gaz*

  5 % du salaire brut de présence
- *Nourriture*

  20 % du salaire brut de présence
- *Voiture*

  3 % du salaire brut de présence
- *Téléphone*

  1 % du salaire brut de présence

NOTA : Chaque avantage en nature est retenu pour son montant réel lorsque celui-ci est supérieur au forfait déterminé suivant les pourcentages ci-dessus.

Pour les biens et amortissements inscrits au bilan (ce qui est le cas de la voiture, par exemple), le montant de l'avantage correspond à l'annuité de l'amortissement.

1.2.3. Renseignements destinés aux contributions directes

Dans cette partie, doivent être indiqués les renseignements suivants :

- **Colonne 8** : les salaires de présence au Congo et les salaires de congés, retraite part employé déduite ;
- **Colonne 9** : les avantages en nature accordés au salarié (inscrire LGT pour le logement, E.E.G. pour eau-électricité-gaz, D.G. pour domesticité-gardiennage, N pour nourriture, V pour voiture, T pour téléphone) ;
- **Colonne 10** : l'évaluation des avantages en nature, retraite déduite ;
- **Colonne 11** : le salaire brut taxable, total des colonnes 8 et 10 ;
- **Colonne 12** : le salaire imposable à l'IRPP correspondant à 80 % du salaire brut taxable contenu dans la colonne 11 ;
- **Colonne 13** : les montants de l'IRPP et de la taxe régionale retenus et versés par l'employeur aux Contributions directes et indirectes au titre des salaires de l'année écoulée ;
- **Colonne 14** : la nature des indemnités non imposables ;
- **Colonne 15** : le montant des différentes indemnités non imposables perçues par le salarié au cours de l'année écoulée.

1.3. BULLETINS INDIVIDUELS

Conformément à l'alinéa 2 de l'article 176 du Code général des impôts, tome I, l'employeur est tenu de joindre à la DAS 1, un bulletin individuel au nom de chaque salarié reprenant les mêmes indications que celles données ci-dessus.

Un exemplaire du bulletin individuel doit être remis au salarié afin de lui permettre d'établir sa déclaration individuelle de revenus.

2. LA RÉCAPITULATION DES VERSEMENTS ET RÉMUNÉRATIONS NON SALARIALES (DAS)

L'obligation d'établir cette déclaration est prévue par les articles 179 nouveau et 180 du Code général des impôts, tome I.

Seront abordés successivement les points suivants :

- les personnes tenues de souscrire la déclaration ;
- l'établissement de la déclaration ;
- les bulletins individuels à joindre à la déclaration.

2.1. PERSONNES TENUES DE SOUSCRIRE LA DÉCLARATION

Aux termes de l'article 179 du Code général des impôts, sont tenues de souscrire cette déclaration, les personnes physiques soumises aux régimes fiscaux des bénéfices industriels et commerciaux, des bénéfices agricoles et des bénéfices non commerciaux, et les personnes morales passibles de l'impôt sur les sociétés.

De même que les entreprises étrangères évoluant au Congo dans des conditions de précarité telles qu'elles ne peuvent pas être soumises au régime d'imposition de droit commun doivent également déclarer la DAS 2.

2.2. ÉTABLISSEMENT DE LA DÉCLARATION

La récapitulation des versements et rémunérations non salariales, appelée couramment DAS 2, est établie sur un imprimé référencé OCI-002-A que les contribuables peuvent se procurer aux Inspections des Contributions directes et indirectes et à la Caisse Nationale de Sécurité Sociale de leur lieu de résidence.

Ce récapitulatif peut être produit sur les états informatiques à condition qu'ils contiennent les mêmes informations que le modèle OCI-002-A, et doit contenir :

- **Dans le cadre 1** : les versements faits au titre de la taxe forfaitaire sur les salaires, de l'impôt sur le revenu des personnes physiques, de la taxe régionale et des cotisations sociales ;
- **Dans le cadre 2** : les tantièmes, honoraires, commissions, loyers et autres rémunérations non salariales versées au cours de l'année.

NOTA : Sur ce point, il a été noté qu'à l'occasion de redressements, certains inspecteurs font une interprétation extensive des dispositions des articles de 179 et 180 du CGI tome I au point où l'obligation de déclaration revient quasiment à la production d'une balance fournisseurs.

En réalité, en dépit des termes généraux des dispositions notamment de l'article 179 du CGI tome I, il convient à notre avis de revenir à l'esprit des textes. La déclaration est destinée à permettre à l'administration d'opérer des recoupements dans ses contrôles auprès de certaines catégories pour lesquels il est relativement facile d'omettre des recettes, et qu'il n'est pas aisé de vérifier.

C'est en ce sens que sont particulièrement visées les professions non commerciales, les commissionnaires, les administrateurs, les propriétaires d'immeubles locatifs ; et depuis 1996, les sommes ciblées telles que celles versées aux sous-traitants pétroliers.

Par conséquent, l'obligation de déclaration ne saurait consister en la déclaration de tous les fournisseurs.

Rappelons enfin qu'en tout état de cause les dispositions des articles 179 et 180 sont sans équivoque sur un point : elles ne concernent pas les fournisseurs de biens.

Cette interprétation résulte également des dispositions de l'instruction administrative n° 551/MEFB-DGI-DLC du 3 juin 2003.

2.2.1. Versements aux contributions directes et à la Caisse Nationale de Sécurité Sociale

Dans le cadre 1 de la DAS 2, doivent être portés les renseignements suivants :

- **Colonne 1** : la date du versement de la taxe forfaitaire, de l'impôt sur le revenu des personnes et de la taxe régionale aux Contributions directes ;
- **Colonne 2** : le numéro de la quittance délivrée par le Trésor public ;
- **Colonne 3** : le montant de la taxe forfaitaire sur les salaires versée à l'occasion ;
- **Colonne 4** : le montant de l'IRPP ;
- **Colonne 5** : le montant de la taxe régionale ;
- **Colonne 6** : le mois de versement des cotisations sociales à la Caisse Nationale de Sécurité Sociale ;
- **Colonne 7** : la date de versement des cotisations sociales à la Caisse Nationale de Sécurité Sociale ;
- **Colonne 8** : le montant des cotisations sociales versées.

2.2.2. Rémunérations non salariales

Nous rappelons que dans le cadre 2 de la DAS 2, doivent être mentionnés les indemnités de fonctions (anciennement jetons de présence), honoraires, commissions, loyers et autres rémunérations non salariales supportés au cours de l'année dès lors qu'ils dépassent 5 000 FCFA par an pour un même bénéficiaire.

Les sommes à déclarer doivent être effectivement versées au cours de l'exercice.

Il ne peut donc s'agir de simples montants inscrits en comptes et dont les paiements ne sont pas intervenus au cours dudit exercice.

Pour chaque bénéficiaire des rémunérations en cause, le contribuable doit donner les renseignements suivants :

- **Colonne 9** : les noms et prénoms, raison sociale, adresse, NIU (Numéro d'Identification Unique) du bénéficiaire ;
- **Colonne 10** : la nature de la ou des rémunérations (honoraires, tantièmes, loyers…) ;
- **Colonne 11** : le montant total des rémunérations versées au bénéficiaire au cours de l'année précédente.

2.3. BULLETINS INDIVIDUELS DEVANT ÊTRE JOINTS À LA DAS 2

Pour chaque bénéficiaire des rémunérations non salariales, il convient d'établir un bulletin individuel reprenant les renseignements contenus dans le cadre 2 de la DAS 2 (remplir le cadre 3 du bulletin individuel).

3. DESTINATAIRES DES DÉCLARATIONS ET DÉLAI DE PRODUCTION DE CELLES-CI

Pour permettre aux destinataires d'identifier les souscripteurs des déclarations, les contribuables doivent soigneusement indiquer sur les déclarations les renseignements suivants :

- leurs nom et prénoms ou raison sociale ;
- le numéro sous lequel ils versent les cotisations sociales à la Caisse Nationale de Sécurité Sociale ;
- leur adresse ;
- leur numéro d'identification unique ;

- et le lieu, la date d'établissement, signer et enfin apposer le cachet sur les déclarations.

3.1. DESTINATAIRES DES DÉCLARATIONS

La date limite de dépôt des déclarations annuelles des salaires est fixée au 31 janvier de chaque année.

Les contribuables qui ne sont pas en mesure de produire les déclarations dans ce délai doivent demander un report ou délai aux Contributions directes et à la Caisse Nationale de Sécurité Sociale.

À notre avis, le report de délai donne lieu au paiement d'une amende de 100 000 FCFA lorsque celui-ci n'excède pas un (1) mois.

NOTA : L'article 182 du Code général des impôts, tome I, prévoit qu'en cas de cession ou cessation, en totalité ou en partie, de l'entreprise ou de cessation de l'exercice de la profession, les déclarations annuelles des salaires doivent être produites en ce qui concerne les rémunérations payées pendant l'année de cession ou de cessation, dans les dix (10) jours de l'événement.

4. SANCTIONS

Les sanctions sont prévues par le Code de la sécurité sociale et le Code général des impôts.

4.1. SANCTIONS PRÉVUES PAR LE CODE DE LA SÉCURITÉ SOCIALE

L'article 179 de la loi n° 004/86 du 25 février 1986, instituant le Code de la sécurité sociale en République populaire du Congo prévoit les sanctions suivantes pour inobservations des prescriptions relatives aux déclarations annuelles des salaires :

- le défaut de production des déclarations dans le délai légal donne lieu à l'application d'une amende de 500 FCFA par salarié ou assimilé figurant sur la dernière déclaration parvenue à la Caisse Nationale de Sécurité Sociale ;
- l'employeur qui s'abstient de produire les déclarations annuelles des salaires encourt une amende de 1 500 FCFA par salarié sans que le total des sanctions puisse excéder 150 000 FCFA ;
- une amende de 500 FCFA est applicable, dans la limite 50 000 FCFA pour inexactitude frauduleuse quant aux

montants des rémunérations et gains déclarés ou pour chaque omission de salarié constatée sur la déclaration produite par l'employeur.

Les amendes sont liquidées par le Directeur Général de la Caisse Nationale de Sécurité Sociale. Elles doivent être acquittées dans les quinze (15) jours de leur signification et sont recouvrées comme en matière de cotisations.

4.2. SANCTIONS PRÉVUES PAR LE CODE GÉNÉRAL DES IMPÔTS

L'inobservation des prescriptions relatives aux déclarations annuelles des salaires expose les employeurs à plusieurs sanctions fiscales.

L'article 374 du Code général des impôts, tome I, prévoit qu'en cas d'inexactitude, insuffisance ou omission dans les déclarations, relevés ou documents dont la production est obligatoire, les cotisations afférentes aux droits éludés sont majorées de 50 % lorsque la bonne foi du contribuable est admise, et de 200 % lorsque le contribuable n'établit pas sa bonne foi.

L'article 380 du Code général des impôts, tome I, prévoit que les omissions ou inexactitudes relevées dans les déclarations annuelles des salaires donnent lieu chacune à l'application d'une amende fiscale de 10 000 FCFA.

En outre, le contribuable qui ne produit pas les déclarations annuelles des salaires ou qui produit des déclarations comportant des omissions, perd le droit de déduire les sommes correspondantes pour l'établissement de ses impositions.

5. NATURE DE SOMMES À DÉCLARER DANS LE CADRE DE LA DAS 2

Conformément aux articles 179 nouveaux et 180 du Code général des impôts, tome I, doivent être obligatoirement déclarées dans la DAS 2 les rémunérations versées :

- aux administrateurs (il s'agit en l'occurrence de tantièmes et de jetons de présence de sociétés) ;
- aux membres ou secrétaires de comité ou conseil de direction, de gestion ou de surveillance (il s'agit de rémunérations qui n'ont pas le caractère de salaires, payées par des personnes morales, associations ou groupement notamment) ;

- aux commissaires aux comptes ;
- aux trésoriers d'association ou de groupement (notamment) ;
- en loyers, quel que soit le bénéficiaire des loyers payés ;
- en commissions et courtages (il s'agit notamment des sommes payées à des commissionnaires ou courtiers proprement dits, mais également à des courtiers de fret, etc., et d'une façon plus générale, toute personne percevant habituellement des commissions) ;
- en ristournes commerciales ou autres (il s'agit notamment des remises hors factures accordées par des entreprises de vente à des clients sous forme de paiement ; les réductions de prix sur factures ne sont pas concernées, des remises de fin d'année sous forme d'avoirs, etc.) ;
- en honoraires occasionnels ou non et vacations (il s'agit en général, des sommes payées à des personnes exerçant une profession libérale : médecin, chirurgien, dentiste, vétérinaire, laboratoire d'analyse, avocat, notaire, conseil juridique et fiscal, comptable, expert-comptable, architecte, géomètre, etc.) ;
- en gratifications et autres rémunérations ;
- en droits d'auteur ou d'inventeur ;
- en sommes payées à des personnes physiques ou morales fournissant des prestations de services de toute nature, c'est-à-dire des services matériels et immatériels.

Ce dernier point concerne notamment les sommes versées par les sociétés de recherche et de production d'hydrocarbures aux entrepreneurs et la chaîne des sous-traitants du secteur parapétrolier mais également, dans la mesure où elle n'est pas limitative, l'ensemble des personnes physiques et morales visées au §2.1 ci-dessus.

L'obligation déclarative vise ainsi les prestations, travaux inclus, sans limitation. Seuls les achats de biens, comme dit plus haut, ne doivent pas être considérés comme les prestations.

Cette obligation est donc très contraignante.

Les contribuables doivent, par exemple, ainsi déclarer les sommes payées en 2003 au titre des classes suivantes du plan comptable OHADA (liste non exhaustive) :

- **Classe 62** : transports,
- **Classe 62** : services extérieurs A,
- **Classe 63** : services extérieurs B,
- **Classe 67** : frais financiers et charges assimilées, etc.

Précisons enfin que les montants à déclarer sont, par bénéficiaire, les sommes globales payées (et non pas dues) au cours de l'exercice 2007 quelle que soit l'identité du bénéficiaire (personne physique ou personne morale), qu'il soit domicilié au Congo ou à l'étranger.

LE RÉGIME FISCAL DE L'AVANCE EN COMPTE COURANT

L'avance en compte courant est l'ensemble des sommes qui peuvent être versées, soit par un associé à sa société, soit, dans le cadre d'un groupement de sociétés, d'une mère à sa filiale. La problématique peut se poser lorsque, par exemple, la société mère est basée à l'étranger et la fille basée au Congo.

La présente circulaire a pour objet de souligner les aspects fiscaux liés à ce type de contrat.

Nous analyserons donc l'avance en compte courant d'un point de vue fiscal. Cette analyse sera divisée en 5 parties, respectivement :

1. L'impôt sur les sociétés (IS)
2. L'impôt sur les distributions (IRVM)
3. La TVA
4. La retenue à la source
5. La taxe de transfert

Nota : Il convient de vérifier si le contrat entre la société mère et sa filiale ne constitue pas une convention réglementée au regard du droit des sociétés. Aux termes de l'Acte uniforme de l'Ohada sur les sociétés commerciales, toute convention entre une société anonyme et l'un de ses administrateurs, directeurs généraux ou directeurs généraux adjoints, doit être soumise à l'autorisation préalable du conseil d'administration. Les exceptions à ce principe visent notamment les conventions portant sur des opérations courantes conclues à des conditions normales, lesquelles s'entendent des opérations effectuées par des sociétés d'une manière habituelle dans le cadre de leurs activités et pratiquées dans les mêmes conditions par d'autres sociétés évoluant dans le même secteur. Une convention réglementée doit être autorisée préalablement par le conseil d'administration, signalée au commissaire aux comptes pour rapport spécial de cette dernière et soumise pour approbation à la plus prochaine assemblée d'actionnaires.

1. EN MATIÈRE D'IMPÔTS SUR LES SOCIÉTÉS (IS)

1.1. AU REGARD DE L'ARTICLE 112 E DU CGI

Les dispositions de l'article 112 E du CGI prévoient que la déduction des intérêts versés par une société à ses associés ou actionnaires en rémunération des sommes qu'ils laissent ou mettent à sa disposition est, d'une part, limitée en fonction du taux des avances de la BEAC et, d'autre part, la déduction n'est admise que dans la mesure où les sommes n'excèdent pas, pour l'ensemble des associés ou actionnaires, la moitié du capital social.

En d'autres termes, les sommes versées en rémunération du compte courant ne peuvent être fiscalement déductibles que dans le respect des règles suivantes :

- Les intérêts ne doivent pas excéder le taux des avances de la Banque centrale des États de l'Afrique centrale (BEAC), majoré de deux points.
- Pour les intérêts versés aux actionnaires possédant en droit ou en fait la direction de l'entreprise, la déduction n'est admise que dans la mesure où les sommes n'excèdent pas, pour l'ensemble de ces actionnaires, la moitié du capital social. Cette restriction serait ainsi applicable à tout prêt ou avance en compte courant consenti par un actionnaire qui détiendrait un poste d'administrateur dans la société bénéficiaire ou qui en posséderait directement ou indirectement le contrôle.

En conséquence de cette règle, les intérêts afférents au taux supérieur à celui de la Banque centrale + 2 et/ou à la partie du montant du prêt supérieure à la moitié du capital de la société emprunteuse seront considérés comme « excédentaires » et devront être réintégrés dans son bénéfice imposable.

1.2. AU REGARD DE L'ARTICLE 111 DU LIVRE I DU CGI

Cet article admet comme charges déductibles du bénéfice imposable, les sommes et intérêts versés par une entreprise congolaise à des personnes physiques ou morales basées hors du Congo en rémunération des services effectifs, notamment les frais d'études, d'assistance technique, comptable ou financière.

L'article 111.2 du tome I du Code général des impôts limite la déductibilité pour l'ensemble de ces rémunérations à 20 % du bénéfice imposable avant déduction des frais en cause.

La quote-part des sommes ou intérêts versés qui excède la limite de 20 % doit faire l'objet de réintégration dans le bénéfice imposable.

Le même article ajoute qu'en cas de déficit, le taux est appliqué sur les résultats du dernier exercice bénéficiaire non prescrit. En l'absence de résultat bénéficiaire sur la période non prescrite, les sommes versées ne sont pas déductibles pour la détermination du bénéfice imposable.

Nota : Il convient de préciser que la doctrine fiscale en vigueur considère que cette limitation ne vise pas les sommes et intérêts versés à des personnes résidant dans des pays ayant signé une convention fiscale avec le Congo. Ce serait le cas, par exemple, d'une société basée en France car il existe une convention franco-congolaise : la limite de 20 % fixée ci-dessus ne devrait pas voir à s'appliquer.

1.3. AU REGARD DE L'ARTICLE 120 DU LIVRE I DU CGI

Cet article prévoit dans le cas de l'existence d'un lien de dépendance (appartenance à un même groupe, par exemple) une présomption de transfert de bénéfices à propos des sommes versées par une entreprise congolaise à une entreprise étrangère.

Dans ce cas, la déductibilité totale des intérêts versés à cette dernière ne sera admise que si la société congolaise démontre que les versements d'intérêts correspondent à une réelle justification et visent l'intérêt propre de l'entreprise congolaise.

En cas de taux excessif, l'administration fiscale congolaise pourra donc s'appuyer sur les dispositions de l'article susmentionné pour rejeter la déductibilité des intérêts afférents au prêt.

2. EN MATIÈRE D'IMPÔT SUR LES DISTRIBUTIONS (IRVM)

La règle est qu'en cas de réintégration dans le bénéfice taxable, les sommes concernées seront considérées comme distribuées et soumises à l'impôt sur le revenu des valeurs mobilières (IRVM).

En conséquence, la fraction excédentaire des intérêts qui doit être réintégrée dans les bénéfices imposables (c'est-à-dire les intérêts inhérents à la partie du montant du prêt supérieure à la moitié du capital) sera imposable à l'IRVM au taux de 20 %.

3. EN MATIÈRE DE TAXE SUR LA VALEUR AJOUTÉE (TVA)

3.1. EXIGIBILITÉ DE LA TVA

En matière de TVA, les intérêts servis au titre d'emprunts extérieurs sont imposables en vertu des dispositions de l'article 7 de la loi n° 12-97 du 12 mai 1997 sur la TVA.

La TVA sera donc exigible sur le montant des intérêts échus au taux de 18 % (ainsi que 5 % supplémentaire au titre des centimes additionnels basé sur le montant de la TVA).

Le redevable est en principe le prêteur ; cependant, lorsque ce dernier est non résident, il appartient à la société emprunteuse de déclarer et de payer la TVA sur lesdits intérêts pour le compte du prêteur domicilié à l'étranger.

3.2. DÉDUCTIBILITÉ DE LA TVA

La TVA (et non les centimes additionnels) acquittée pourra être récupérée dans les conditions de droit commun, si notamment les avances consenties sont utilisées pour des biens et services liés à l'exploitation et ouvrant droit à déduction.

4. EN MATIÈRE DE RETENUE À LA SOURCE

4.1. PRINCIPE D'IMPOSITION

L'article 185 ter du Code général des impôts institue une retenue à la source sur les sommes versées par une entreprise congolaise à une personne physique ou morale n'ayant ni domicile, ni résidence fiscale au Congo en rémunération de services de toute nature exécutés, fournis ou utilisés au Congo.

La loi prévoit que cette disposition n'est pas applicable aux intérêts d'emprunt payés aux banques et aux établissements de crédits n'ayant ni domicile, ni résidence fiscale au Congo par la société débitrice installée au Congo.

L'article 185 ter du Code général des impôts soumet donc à une retenue à la source de 20 %, les sommes payées par une entreprise congolaise à une personne physique ou morale non résidente au Congo.

4.2. MODALITÉS D'IMPOSITION

L'application de cette retenue suppose que les rémunérations (y compris les intérêts) soient payées par un débiteur établi au Congo à des bénéficiaires qui n'ont pas d'installation professionnelle permanente sur le territoire congolais.

La retenue est en principe à la charge du prestataire étranger. Lorsque le montant de la rémunération est fixé net d'impôt, il conviendra de déterminer le montant brut de la commission.

La retenue doit être reversée à l'Administration dans les 20 jours du mois suivant celui du paiement des sommes visées (l'inscription vaut paiement). À défaut, une pénalité égale au montant de l'impôt exigible peut être appliquée.

L'exigibilité de la retenue à la source est sujette à l'application des dispositions des conventions fiscales internationales signées par le Congo avec d'autres États. Le Congo a en effet signé avec certains pays des conventions fiscales, notamment avec la France.

Par exemple, la convention fiscale signée avec la France visant à éviter les doubles impositions prévoit que les rémunérations ayant le caractère de redevances au sens de son article 12 sont passibles de la retenue à la source, au taux de 15 % prévu par ladite convention.

5. EN MATIÈRE DE TAXE DE TRANSFERT

Depuis 2004, il existe aussi une taxe dite « de transfert » portant sur les transferts de fonds réalisés à partir du Congo. Cette taxe est de 1 % et serait donc applicable lors du remboursement des fonds.

Cette taxe est prélevée par les établissements financiers lors du transfert des sommes et reversée le 15 du mois suivant au bureau des impôts.

Toutefois, cette taxe n'est pas due s'il s'agit du remboursement d'un prêt contracté par une société privée en vue de la réalisation d'un programme d'investissement ayant fait l'objet d'une convention d'établissement avec l'État.

Nota : En application du Règlement n° 02/00/CEMAC/UMAC/CM du 29 avril 2000, les emprunts contractés auprès des non-résidents, c'est-à-dire toute personne ayant son activité économique à l'étranger par des personnes situées dans la CEMAC et dont l'encours total excède cent millions (100 000 000) de francs CFA doit, 30 jours avant sa réalisation, faire l'objet d'une déclaration auprès du ministère chargé des Finances et à la Banque centrale, accompagnée des justificatifs de l'opération (un échéancier de remboursement, une copie du titre de créance détenu par le prêteur). Ces mêmes formalités sont également requises pour les remboursements du prêt. Le défaut d'observation de ces dispositions expose la société à une amende égale à 20 % du montant de l'emprunt.

Notre Cabinet est à votre disposition pour vous assister dans la rédaction de contrat de financement et analyser ses différentes incidences, notamment fiscales.

LA DISTRIBUTION DES DIVIDENDES

Voici venir le temps béni où les actionnaires ou associés pourront jouir des fruits de leur entreprise !

Il est apparu donc opportun de rappeler le régime juridique et fiscal applicable à la distribution des dividendes.

1. PRINCIPALES OBLIGATIONS JURIDIQUES

1.1. QUI PEUT DÉCIDER DE LA DISTRIBUTION DES DIVIDENDES ?

La décision de distribuer les dividendes ne peut résulter que de l'assemblée générale dans le respect des conditions de quorum et de majorité.

Elle s'effectue en général lors de l'assemblée générale annuelle devant approuver les comptes de l'exercice.

1.2. CONDITIONS REQUISES ?

L'assemblée générale ne peut décider de la distribution de dividende qu'après avoir approuvé les comptes de l'exercice écoulé et constaté l'existence de bénéfice distribuable.

La notion de bénéfice distribuable s'entend en vertu de l'Acte uniforme sur les sociétés commerciales et le GIE comme :

- du bénéfice de l'exercice (article 143 de l'Acte uniforme) ;
- diminué des pertes antérieures, des prélèvements pour la dotation de la réserve légale ainsi que, s'il en existe, des réserves statutaires ;
- augmenté du report à nouveau bénéficiaire.

Outre le bénéfice distribuable tel que défini ci-dessus, l'assemblée générale peut décider de la mise en distribution de sommes prélevées sur les réserves dont elle a la disposition.

Dans ce cas, la décision de l'assemblée doit indiquer expressément les postes de réserve sur lesquels les prélèvements sont effectués.

L'ensemble de ces sommes peut être distribué aux actionnaires ou associés sous forme de dividendes.

NOTA : Sauf en cas de réduction de capital, aucune distribution ne peut être faite aux associés ou actionnaires lorsque les capitaux propres sont ou deviendraient, à la suite de cette distribution, inférieurs au montant du capital augmenté des réserves que la loi ou les statuts ne permettent pas de distribuer.

De même, en vertu de l'Acte uniforme sur le droit comptable, il faut que les « frais d'établissement » (frais de constitution, frais d'augmentation de capital...) figurant au bilan aient été apurés ou qu'il existe des réserves libres d'un montant au moins égal à celui des frais restant à amortir.

1.3. QUEL EST LE DÉLAI DE MISE EN PAIEMENT ?

La date de paiement des dividendes est fixée par l'assemblée générale dans le respect des délais légaux. En effet, l'article 146 de l'Acte uniforme sur les sociétés commerciales prévoit qu'en cas de distribution, la mise en paiement des dividendes doit intervenir dans les neuf mois suivant la clôture de l'exercice social, soit en principe le 30 septembre de l'année suivante.

Ce délai peut néanmoins être prolongé par le Président de la juridiction compétente.

L'Acte uniforme ne prévoit cependant aucune sanction en cas de non-respect de cette règle. Cependant, un paiement tardif constituerait une faute du dirigeant pouvant entraîner la responsabilité de ce dernier.

2. OBLIGATIONS FISCALES

Au plan fiscal, la décision de distribution de dividendes doit être enregistrée (1) et la distribution des dividendes impliquera une retenue à la source par la personne morale au titre de l'impôt sur le revenu des valeurs mobilières (2), il faut aussi noter le cas particulier de distribution de dividendes à des bénéficiaires situés à l'étranger (3).

2.1. DROITS D'ENREGISTREMENT

Le procès-verbal décidant de la distribution des dividendes doit être déposé et enregistré dans un délai de trois (3) mois suivant la tenue de l'assemblée générale au droit fixe de dix mille (10 000) FCFA.

Il faut également prévoir lors de l'enregistrement de l'acte, par feuilles, des timbres de mille (1 000) FCFA.

NOTA : En vertu de l'article 269 de l'Acte uniforme, les sociétés anonymes ont une double obligation de déposer au Registre du commerce et du crédit mobilier les états financiers de synthèse, à savoir, le bilan, le compte de résultat, le tableau financier des ressources et emplois et l'état annexe de l'exercice écoulé.

2.2. IMPÔTS SUR LES REVENUS DE VALEUR MOBILIÈRE (IRVM)

2.2.1. Champs d'application, base imposable et taux de l'impôt

2.2.1.1. Champs d'application

L'IRVM est un impôt de distribution qui s'applique aussi bien sur le revenu des actions de sociétés anonymes que sur le revenu des parts sociales des SARL.

L'article 1, livre III, tome II du Code général des impôts dispose ainsi que l'impôt sur le revenu des capitaux mobiliers s'applique :

« 1° aux dividendes, intérêts, arrérages, revenus et tous autres produits des actions de toute nature et des parts de fondateurs des sociétés, compagnies et entreprises quelconques, financières, industrielles, commerciales ou civiles, ayant leur siège social au Congo ou hors du Congo, quelle que soit l'époque de leur création ;

2° aux intérêts, produits et bénéfices des parts d'intérêts et commandites dans les sociétés, compagnies et entreprises ayant leur siège social dans le Territoire dont le capital n'est pas divisé en actions [...]. »

2.2.1.2. Base imposable

En vertu des dispositions de l'article 4 alinéa 1, la base imposable est déterminée d'après les délibérations des assemblées générales des actionnaires ou associés ou des décisions de ceux-ci, d'après les délibérations des conseils d'administration, les comptes rendus, les bilans, ou tout autre document.

2.2.1.3. Taux de l'impôt

L'impôt est fixé à 20 % du montant des dividendes distribués.

2.2.2. Paiement de l'impôt

En vertu de la Loi, l'impôt est avancé par les sociétés. Ainsi, la société ne fait que payer l'impôt au nom et pour le compte du bénéficiaire qui est théoriquement le redevable réel.

En général, les sociétés ne versent que le reliquat (80 % du montant des dividendes) aux bénéficiaires.

NOTA : Il convient de noter qu'étant donné que l'IRVM est un impôt qui est légalement à la charge du bénéficiaire du dividende et non de la société, il ne doit pas être passé en charge lors de la détermination du résultat fiscal.

L'impôt est à verser dans les trois mois à compter de la décision de l'assemblée générale ayant décidé de la distribution des revenus conformément aux dispositions de l'article 9 de la Loi.

L'alinéa 2 de l'article précité dispose d'ailleurs que lorsque la distribution n'est pas intervenue dans un délai de six mois, après la décision de l'assemblée générale, des sanctions sont applicables.

Dans le cas où la date de distribution ne résulterait pas clairement des documents sociaux, la Loi fait obligation aux sociétés redevables, de préciser cette date en déposant une déclaration datée certifiée et signée par leurs représentants légaux.

2.2.3. Lieu de paiement

L'impôt est payé au bureau de l'enregistrement du siège social.

NOTA : Les sociétés soumises à l'IS peuvent déduire l'IRVM payé sur des dividendes qu'elles ont reçus. Cette imputation est limitée au montant de l'impôt correspondant aux revenus distribués. L'article 123 du Code général des impôts exclu néanmoins du bénéfice de ce mécanisme, les sociétés mères et certains types d'entreprises notamment les sociétés d'assurance et les établissements de crédits.

2.3. CAS PARTICULIERS OÙ LES BÉNÉFICIAIRES SONT SITUÉS À L'ÉTRANGER

La distribution de dividendes à des personnes non résidentes pose le problème principal de double imposition. En effet, quel État peut imposer les revenus constitués par les dividendes distribués ?

2.3.1. Cas où il n'existe pas de convention fiscale entre le Congo et le lieu de résidence du bénéficiaire

En l'absence de convention fiscale entre le Congo et le pays de résidence du bénéficiaire, les revenus constitués par les dividendes distribués sont imposables dans les conditions de droit commun, c'est-à-dire ils sont soumis à l'IRVM au taux de 20 % au Congo.

L'impôt acquitté ne donne pas lieu en principe à un crédit d'impôt à l'étranger pour le bénéficiaire des dividendes.

2.3.2. En présence de convention fiscale

Le Congo a signé des conventions fiscales destinées à éviter les doubles impositions, nous ne citerons ici que trois d'entre elles.

2.3.2.1. Convention franco-congolaise

La convention franco-congolaise du 27 novembre 1987 prévoit en son article 10 paragraphe 1, le partage d'imposition des dividendes.

En d'autres termes, chaque État a le droit d'imposer les revenus ; l'État de résidence se réservant le droit d'éliminer la double imposition par le crédit d'impôt.

Par conséquent, les dividendes versés par une société congolaise sont taxés au Congo à l'IRVM au taux de 20 %.

Cependant, la retenue à la source ne peut excéder 15 % du montant brut des dividendes si le bénéficiaire détient au moins 10 % du capital de la société congolaise.

L'impôt ainsi acquitté donne droit en France à un crédit d'impôt égal au montant de l'impôt payé au Congo, sans pour autant que ce montant ne soit supérieur au montant de l'impôt français correspondant à ces revenus.

La convention fiscale a cependant prévu une exception dans le cas de dividendes rattachables à un établissement stable au Congo.

En effet, les dividendes de source congolaise sont imposables au Congo au titre du bénéfice de l'établissement stable qui est possédé par le bénéficiaire résident de France, s'ils sont produits par des participations qui font partie de l'actif de l'établissement stable ou se rattachent effectivement d'une façon ou d'une autre à cet établissement. Par conséquent, le principe de la double taxation avec crédit d'impôt ne s'applique pas.

2.3.2.2. Convention CEMAC

En vertu de cette convention, les revenus distribués par une société résidente de l'un des États signataires sont imposables dans ce même État. Le principe est donc celui de taxation des dividendes dans l'État dans lequel la société distributrice a son domicile fiscal.

Il n'est pas prévu de mécanisme de double imposition, de double taxation avec crédit d'impôt.

Bien que les dispositions de la convention ne le disent pas expressément, nous sommes d'avis que l'impôt payé donne lieu à exonération de taxation dans l'État de résidence du bénéficiaire dans la mesure où la convention vise à éviter la double imposition.

2.3.2.3. Convention OCAM du 29 janvier 1971

Signée par les États membres de l'Organisation commune africaine, malgache et mauricienne (OCAM) le 29 janvier 1971 à Fort-Lamy, la convention OCAM prévoit également que les revenus distribués par une société résidente de l'un des États signataires sont imposables dans ce même État.

En d'autres termes, les dividendes payés par une société congolaise sont donc uniquement imposables au Congo au taux de 20 %.

LES DÉCLARATIONS FONCIÈRES

Les articles 251 et suivants du tome I du Code général des impôts instituent une contribution foncière sur les propriétés bâties et les propriétés non bâties.

Les propriétaires fonciers (propriétés bâties ou non bâties) sont tenus, aux termes de l'article 276 du tome I du Code général des impôts, de souscrire une déclaration foncière au plus tard le 1er octobre de chaque année. La déclaration foncière doit être souscrite par chaque propriétaire foncier même si l'immeuble bénéficie d'une exemption de ladite contribution.

Dans le cadre du présent article, nous rappellerons à nos abonnés, et ce pour chaque nature de contribution, le champ d'application, la base d'imposition, les modalités de calcul ainsi que les modalités de déclarations et de paiement de l'impôt.

1. CONTRIBUTION FONCIÈRE DES PROPRIÉTÉS BÂTIES

1.1. CHAMP D'APPLICATION

1.1.1. Propriétés imposables

Sont soumis à la contribution, les immeubles bâtis tels que maisons, fabriques, boutiques, hangars, dépôts de marchandises ainsi que leur matériel fixé à perpétuelle demeure.

Sont également soumis à ladite contribution :

- Les terrains non cultivés employés à usage commercial ou industriel tels que chantier, lieux de dépôts de marchandises, et autres emplacements de même nature, dans de tels cas, les propriétaires doivent soit les occuper, soit les faire occuper par d'autres à titre gratuit ou onéreux.

L'outillage des établissements industriels attaché au fonds à perpétuelle demeure, dans les conditions indiquées au premier paragraphe de l'article 525 du Code civil, ou reposant sur des fondations spéciales, faisant corps avec l'immeuble ainsi que toutes installations commerciales ou industrielles.

1.1.2. Propriétés exonérées

Le Code général des impôts prévoit deux types d'exemptions : les exemptions permanentes et les exemptions temporaires.

- **Les exemptions permanentes :**

Elles concernent principalement les immeubles appartenant à l'État, aux collectivités décentralisées, aux organismes internationaux, aux chambres de commerce (s'ils sont non productifs de revenus), les édifices affectés à l'exercice public des cultes, à des buts scolaires, sportifs, humanitaires ou sociaux, les bâtiments servant aux exploitations rurales, les abris contre les bombardements aériens et les hôtels des ambassades étrangères sous réserve de réciprocité (Art. 253).

Les articles 253 et 265 du CGI, tome I, exonéraient certaines propriétés bâties ou non bâties génératrices de revenus. Il s'agit des immeubles appartenant aux chambres de commerce, des édifices affectés à l'exercice public des cultes, des carrières et des mines. Il a été constaté que ces exonérations sont un manque à gagner dans les recettes fiscales en raison des activités lucratives réalisées par ces propriétaires.

- **Les exemptions temporaires :**

En sont l'objet, les constructions nouvelles, reconstructions et additions de constructions, pendant :

- 10 ans, s'il s'agit de constructions à usage d'habitation ;
- 5 ans, s'il s'agit de constructions à usage autre que d'habitation.

Dans l'un et l'autre cas, l'exemption court à compter du 1er janvier de l'année qui suit celle de l'achèvement des constructions[5].

Toutefois, pour bénéficier de l'exonération temporaire, le propriétaire devra :

---

[5] L'article 254 du CGI alinéa 5 prévoit que « *lorsqu'une construction nouvelle, reconstruction ou addition de construction est destinée pour partie à un autre usage, les exonérations de cinq et dix ans s'appliquent séparément aux diverses fractions du bâtiment* ».

- ⇨ être titulaire d'un permis de construire délivré par l'administration ;
- ⇨ souscrire auprès de l'Inspection divisionnaire des Contributions directes et indirectes dans le délai de quatre mois à partir de l'ouverture des travaux, une déclaration indiquant la nature du bâtiment, sa destination, la superficie qu'il couvrira, la désignation du terrain, le numéro du titre foncier, le numéro du lot et de la parcelle.

1.2. BASE D'IMPOSITION DE LA CONTRIBUTION

Pour la détermination du revenu imposable, il y a lieu de distinguer entre les immeubles à usage d'habitation et les immeubles à usage professionnel.

1.2.1. Pour les immeubles à usage d'habitation

La contribution est assise sur le revenu imposable égal à la valeur cadastrale de la propriété sous déduction de 25 % en considération du dépérissement et des frais d'entretien et de réparation (Art. 257 du CGI).

Est également comprise dans la base d'imposition de la contribution foncière, la valeur cadastrale des sols, des bâtiments de toute nature et des terrains attenants à ces propriétés.

Aux termes de l'article 258 du Code général des impôts :

« *L'évaluation de la valeur cadastrale des locaux à usage d'habitation destinée à servir de base à la contribution foncière des propriétés bâties est déterminée en fonction des paramètres ci-après :*

- *la localisation ;*
- *les commodités publiques ;*
- *la surface bâtie.*

La valeur cadastrale est égale à la somme des points affectés aux paramètres multipliée par la valeur monétaire fixée par le point ».

Pour la détermination de la valeur cadastrale des propriétés bâties à usage d'habitation, la valeur du point est portée à cinq mille (5 000) francs CFA et le nombre de points affectés aux paramètres ci-dessus est fixé comme suit par l'arrêté n° 366/MEFPP-CAB du 7 mars 1996 :

a) Localisation[6] :

	Nombre de points
➢ zone primaire....	10
➢ zone secondaire	05
➢ zone tertiaire	02

b) Commodités :

	Nombre de points	
	Oui	**Non**
➢ accès goudronnés	05	02
➢ électricité dans le quartier	03	01
➢ douche interne	05	02
➢ piscine	10	00
➢ climatisation	05	00

c) Superficie :

➢ de 20 m^2 à 50 m^2	02
➢ de 50 m^2 à 100 m^2	04
➢ de 100 m^2 à 150 m^2	06
➢ de 150 m^2 à 200 m^2	08
➢ plus de 200 m^2	10

La somme des points affectés par l'arrêté n° 366/MEFPP-CAB du 7 mars 1996 aux paramètres prévus par l'article 258 du Code général des impôts, est par la suite multipliée par la valeur monétaire retenue par cet arrêté, soit 5 000 FCFA.

Sur la valeur totale ainsi obtenue, on procède à un abattement de 25 % pour déterminer la base imposable.

Remarque importante :

Bien que cette méthode de détermination de la valeur cadastrale ait été fixée par le législateur, il a cependant été porté à notre connaissance qu'elle est considérée par l'administration fiscale

[6] Remarque : selon l'article 258 ter CGI

- la zone primaire correspond au centre-ville et aux quartiers industriels ;
- la zone secondaire aux quartiers des principales villes (Bacongo, Makélékélé, Poto-Poto, Moungali, Ouenzé, Talangaî, Mfilou, Pointe-Noire, Tiétié, Loandjili, Dolisie cité, Nkayi cité) ;
- la zone tertiaire aux quartiers des communes rurales et des districts.

comme aboutissant à une valorisation inférieure à la valeur estimée comme réelle.

En conséquence, l'administration fiscale procède parfois à une évaluation administrative de la valeur de la propriété sur laquelle porte la taxation, soit en prenant en compte un bail authentique, soit en la comparant avec d'autres propriétés, soit encore en procédant à une appréciation directe, ce qui, en matière de foncier bâti à usage d'habitation, conduit non pas à une prise en compte de la valeur cadastrale mais plutôt de la valeur locative.

1.2.2. Pour les immeubles à usage professionnel

La base d'imposition de la contribution foncière est calculée à partir de la valeur locative.

Est également comprise dans le revenu servant de base à la contribution foncière des propriétés bâties à usage professionnel, la valeur locative des sols, des bâtiments de toute nature et des terrains non cultivés employés à usage commercial ou industriel.

La valeur locative « *est déterminée soit au moyen des baux authentiques ou de location verbale, soit par comparaison avec d'autres locaux dont le loyer aura été régulièrement constaté ou sera notoirement connu, soit à défaut de ces bases, par l'appréciation directe* ».

Sur la valeur locative annuelle des locaux professionnels ainsi obtenue, il est procédé à un abattement de 25 % pour tenir compte du dépérissement et des frais d'entretien et de réparation.

1.3. TAUX D'IMPOSITION

La contribution foncière des propriétés bâties est un impôt dont le taux, qui ne peut excéder 20 % de la base d'imposition, est fixé annuellement par délibération du conseil municipal, de région ou de district, approuvée par l'autorité de tutelle après avis du ministre des Finances.

Le taux actuellement en vigueur dans les principales communes congolaises (Brazzaville et Pointe-Noire) est de 15 %.

1.4. REDEVABLES DE L'IMPÔT

L'impôt est dû par le propriétaire de l'immeuble au 1er janvier de l'année de l'imposition.

Cependant, lorsqu'un immeuble est grevé d'usufruit ou loué par bail emphytéotique, la contribution foncière est établie au nom de l'usufruitier ou de l'emphytéote.

1.5. DÉCLARATION ET PAIEMENT

Les contribuables sont tenus de déposer une déclaration relative aux propriétés concernées, contenant toutes les informations permettant d'asseoir l'impôt, avant le 1er octobre de chaque année, auprès de l'inspection divisionnaire des contributions directes et indirectes.

La déclaration doit indiquer :

- les noms et prénoms usuels de chaque locataire, la consistance des locaux loués, le montant du loyer principal et, s'il y a lieu, le montant des charges ;
- les noms et prénoms usuels de chaque occupant à titre gratuit et la consistance des locaux occupés ;
- la consistance des locaux vacants.

À la suite de cette déclaration, un rôle est émis par l'administration.

L'impôt correspondant doit être acquitté avant le dernier jour du mois qui suit le mois de la mise en recouvrement, et en tout état de cause au plus tard le 2 janvier de l'année suivante.

L'impôt est dû dans la commune ou la région du lieu de situation de l'immeuble.

1.6. SANCTIONS

Le défaut ou la production tardive de la déclaration ou toute omission, réponse inexacte à l'une des rubriques figurant sur l'imprimé de déclaration, est sanctionné par une amende fiscale de 25 000 francs CFA pour chaque déclaration omise ou comportant des inexactitudes ou omissions.

1.7. EXEMPLES DE CALCUL DE LA CONTRIBUTION FONCIÈRE SUR LES PROPRIÉTÉS BÂTIES

1.7.1. Cas d'une propriété à usage d'habitation

Soit un redevable dont la déclaration révèle qu'il est propriétaire d'une propriété de 800 m² à usage d'habitation, électrifiée, climatisée, avec une douche interne et située sur l'avenue Charles de Gaulle à Pointe-Noire.

La valeur cadastrale de la propriété sera :

Paramètres	Nbre des points	Valeur du point	Valeur totale
1. Localisation : zone primaire	10	5 000	50 000
2. Commodités			
Accès goudronnés	05	5 000	25 000
Électricité	03	5 000	15 000
Douche interne	05	5 000	25 000
Climatisation	05	5 000	25 000
3. Superficie : plus de 200 m^2	10	5 000	50 000
Total	38	5 000	**190 000**

La valeur cadastrale est de 190 000 FCFA.

Sur cette valeur, on procède à un abattement de 25 %. 190 000 × 75 % = 142 500 FCFA.

La base d'imposition est, par conséquent, de 142 500 FCFA.

Sur cette base imposable, on applique le taux retenu par le conseil municipal de la ville de Pointe-Noire.

142 500 x 15 % = 21 375 FCFA

Le total à payer est de 21 375 FCFA

1.7.2. Cas d'une propriété à usage professionnel

Monsieur BECO, propriétaire d'un local situé sur l'avenue de la Paix à Brazzaville, a consenti à un huissier de justice un bail professionnel sur ce local pour un loyer mensuel de 50 000 FCFA.

La valeur locative annuelle des locaux professionnels est :

50 000 FCFA x 12 = 600 000 FCFA

Détermination de la base imposable après abattement de 25 %.

600 000 FCFA x 75 % = 450 000 FCFA

Application du taux d'imposition

450 000 FCFA x 15 % = 67 000 FCFA

Le total à payer est de 67 000 FCFA

2. CONTRIBUTION FONCIÈRE DES PROPRIÉTÉS NON BÂTIES

2.1. CHAMP D'APPLICATION

2.1.1. Propriétés imposables

Sont passibles de ladite contribution, les propriétés non bâties de toute nature, qu'il s'agisse de propriétés urbaines, c'est-à-dire les terrains situés à l'intérieur du périmètre des centres urbains, comme les propriétés rurales, c'est-à-dire les terrains situés en dehors de ces limites.

2.1.2. Propriétés exemptées

2.1.2.1. Les exemptions permanentes

Elles concernent les rues, les places publiques, les routes et les rivières, les propriétés de l'État, des Collectivités décentralisées, les propriétés des Chambres de commerce à la condition d'être improductives de revenus, les sols des bâtiments de toute nature et une fraction des terrains entourant les constructions, les terrains affectés à des buts scolaires, sportifs, humanitaires ou sociaux appartenant à des groupements autorisés, les terrains d'une étendue inférieure à 5 hectares, exploités dans un rayon de 25 km des agglomérations urbaines et destinés exclusivement à des cultures maraîchères, la superficie des carrières et des mines.

2.1.2.2. Les exemptions temporaires

Elles concernent, sous certaines conditions, les terrains situés en dehors des centres urbains, et nouvellement utilisés pour l'élevage de gros bétail ou défrichés et ensemencés, et les terrains ruraux nouvellement utilisés pour l'élevage de gros bétail, plantés ou ensemencés.

2.2. BASE D'IMPOSITION

La contribution foncière des propriétés non bâties est réglée à raison du revenu imposable de ces propriétés. Le revenu imposable est égal à 50 % de la valeur cadastrale.

Dans les centres urbains, la valeur cadastrale à retenir est fixée chaque année par arrêté du ministre des Finances sur proposition du Directeur général des impôts.

Pour l'établissement de la contribution foncière des propriétés rurales non bâties, la valeur imposable est fixée forfaitairement par hectare, suivant la nature des cultures conformément au tarif ci-après :

1°- Terrains cultivés en café, palmiers à huile, caoutchouc : 2 000 francs ;

2°- Autres cultures : 1 000 francs ;

3°- Terrains de la deuxième catégorie auxquels sont jointes des usines de transformation du produit cultivé : 600 francs ;

4°- Terrains non mis en valeur : 600 francs ;

5°- Terrains utilisés pour l'élevage de gros bétail : 600 francs ;

6°- Terrains à vocation forestière : 2 000 francs.

2.3. TAUX DE L'IMPÔT

Pour le calcul de la contribution foncière des propriétés non bâties, il est fait application au revenu net imposable du taux fixé par délibération des Conseils populaires des communes, régions ou districts après avis du ministre des Finances, dans la limite du maximum déterminé annuellement par l'Assemblée nationale populaire lors de la session budgétaire.

2.4. REDEVABLES DE L'IMPÔT

La contribution foncière des propriétés non bâties est due par le propriétaire, le concessionnaire ou le détenteur du droit de superficie au 1er janvier de l'année d'imposition. Dans le cas d'usufruit ou de bail emphytéotique, la contribution est due par l'usufruitier ou l'emphytéote.

2.5. DÉCLARATION ET PAIEMENT DE L'IMPÔT

Les contribuables sont tenus de déposer une déclaration relative aux propriétés concernées, contenant toutes informations permettant d'asseoir l'impôt, avant le 1er octobre de chaque année, auprès de l'inspection divisionnaire des contributions directes et indirectes.

La déclaration doit indiquer :

- les noms et prénoms usuels de chaque locataire, la consistance des locaux loués, le montant du loyer principal et, s'il y a lieu, le montant des charges ;

- les noms et prénoms usuels de chaque occupant à titre gratuit et la consistance des locaux occupés ;
- la consistance des locaux vacants.

À la suite de cette déclaration, un rôle est émis par l'administration.

L'impôt correspondant doit être acquitté avant le dernier jour du mois qui suit celui de la mise en recouvrement.

L'impôt est dû dans la commune ou la région du lieu de situation de l'immeuble.

La loi de finances 2018 a apporté ces changements :

La complexité du mode de calcul de la contribution foncière des propriétés bâties à usage d'habitation et la contribution foncière des propriétés non bâties constitue l'une des raisons des contre-performances de ces impôts. Pour les rentabiliser, il serait judicieux de revoir et de simplifier leurs modalités de calcul.

Ainsi, il est proposé que la contribution foncière des propriétés bâties à usage d'habitation et celle des propriétés non bâties. À cet effet, la base de calcul devrait être le mètre carré auquel s'applique un montant fixé selon la zone de localisation de la propriété.

Article 258 nouveau :

L'évaluation de la valeur cadastrale des locaux à usage d'habitation destinée à servir de base à la contribution foncière des propriétés bâties est déterminée en fonction des paramètres ci-après :

- la localisation ;
- la surface bâtie.

La valeur cadastrale est égale au prix du mètre carré multiplié par la surface bâtie.

Le prix du mètre carré est fixé selon les zones visées à l'article 258 ter ci-dessous.

Article 258 ter nouveau :

Le prix du mètre carré prévu à l'article 258 ci-dessus est fixé comme suit :

✓ Zone n° 1 (centre-ville des communes de plein exercice) : 250 FCFA ;

✓ Zone n° 2 (les arrondissements des communes de plein exercice et les chefs-lieux de département) : 150 FCFA ;

- ✓ Zone n° 3 (chefs-lieux de district) : 25 FCFA ;
- ✓ Zone n° 4 (autres localités) : 12,5 FCFA.

Le prix du mètre carré est diminué de moitié pour chaque étage concernant les bâtiments à niveau.

Article 259 nouveau :

Abrogé

Article 270 bis nouveau :

La valeur cadastrale, destinée à service de base à la contribution foncière des propriétés non bâties, est déterminée en fonction des paramètres visés à l'article 258. La valeur cadastrale est égale au prix du mètre carré multiplié par la surface du terrain.

Le prix du mètre carré est fixé comme suit :

- ✓ Zone n° 1(centre-ville des communes de plein exercice) : 125 FCFA
- ✓ Zone n° 2 (les arrondissements des communes de plein exercice et les chefs-lieux de départements) : 75 FCFA
- ✓ Zone n° 3 (chefs-lieux de district) : 12, 5 FCFA
- ✓ Zone n° 4 (autres localités) : 6,25 FCFA

Article 270 ter :

Abrogé

Article 271

Abrogé

LA DÉDUCTIBILITÉ DES REPAS D'AFFAIRES

Inviter une personne avec laquelle on est en relation d'affaires est une pratique de plus en plus courante et souvent utile à la bonne marche d'une entreprise. Cette pratique permet, en effet, à l'entreprise d'accroître son chiffre d'affaires par la conquête de nouveaux marchés découlant très souvent des repas d'affaires.

Ces dépenses de réception engagées par les dirigeants d'entreprises (ou certains salariés, en général des cadres) peuvent faire l'objet d'une contestation par l'administration fiscale quant à leur déductibilité du bénéfice imposable en dépit du fait qu'elles entrent bel et bien dans le champ des charges nécessitées par l'exploitation de certaines entreprises.

Il est donc utile que les entreprises soient organisées pour faire face à de telles contestations dont les conséquences financières peuvent être relativement importantes.

1. QU'EST-CE QU'UN REPAS D'AFFAIRES ?

Le repas d'affaires est celui qui présente un *caractère professionnel.* Il permet de mettre en relation d'une part, un ou plusieurs membres de l'entreprise habilités à l'engager ou à la représenter (dirigeant, cadre de haut niveau, V.R.P. ou autre salarié mandaté à cet effet), et, d'autre part, des tiers, partenaires, clients, fournisseurs, actuels ou potentiels, etc. dont l'activité ou la fonction peut *présenter un intérêt pour l'entreprise.*

Dans la mesure où l'invitation est lancée au nom de l'entreprise, celle-ci doit être en mesure d'attester tant de sa réalité et de son coût que de son caractère professionnel pour bénéficier de la déduction fiscale des frais correspondants.

2. QUELLES SONT LES CONDITIONS DE DÉDUCTIBILITÉ D'UN REPAS D'AFFAIRES ?

Suivant l'aspect comptable, les frais se rapportant aux repas d'affaires sont déduits du résultat au titre des frais généraux. Cependant, *leur traitement fiscal dépend essentiellement de leur justification professionnelle.*

En effet, la loi n'autorise la déduction fiscale des charges que si les conditions suivantes sont remplies :

- les charges sont exposées dans l'intérêt direct de l'entreprise ou se rattachent à la gestion normale de la société ;
- elles correspondent à une charge effective et doivent être appuyées de justifications suffisantes ;
- elles se traduisent par une diminution de l'actif net de la société ;
- elles sont comprises dans les charges de l'exercice au cours duquel elles ont été engagées.

Les charges ne répondant pas à ces critères doivent être réintégrées dans le résultat imposable.

3. COMMENT PROUVER UN REPAS D'AFFAIRES ?

Pour prouver qu'il s'agit d'un repas d'affaires, il convient de justifier du bien-fondé de la dépense (3.1) et de donner des justificatifs (3.2)

3.1. Pour justifier le bien-fondé de la dépense

- s'il s'agit d'un client actuel, il conviendra, en cas de contestation, d'invoquer l'importance du chiffre d'affaires réalisé avec lui (doubles des factures) ;
- s'il s'agit d'un client potentiel, la preuve du bien-fondé de la dépense sera délicate si l'invitation n'a pas abouti à la conclusion d'une affaire. Les correspondances commerciales qui ont matérialisé les différents contacts peuvent se révéler être des indices précieux pour démontrer que l'invité pourrait devenir un futur client.

3.2. Les justificatifs ?

La pièce justificative de la dépense (facture sur papier à en-tête du restaurant) doit être conservée en bonne et due forme. *Il est conseillé de mentionner sur la pièce* ou *sur un document joint à la pièce, les noms des personnes invitées et l'objet de l'invitation.*

⇨ Parmi les documents à joindre à la déclaration d'impôt sur les sociétés, figure le *relevé* des *frais généraux.* Ce relevé permet à l'Administration de contrôler globalement les frais généraux de l'entreprise et de réintégrer totalement ou partiellement dans le résultat de l'exercice, ceux qui sont hors de proportion avec le chiffre d'affaires réalisé. Un risque fiscal de réintégration existe dès lors que le montant des frais correspondants aux repas d'affaires ne paraît pas raisonnable.

Enfin, il *est préférable d'inviter au restaurant plutôt que chez soi.*

⇨ En effet, l'invitation à domicile rend délicate la preuve du caractère professionnel. Elle peut alors renforcer la suspicion du vérificateur, même si vous vous êtes ménagé des éléments de preuve (factures du traiteur, etc.).

L'Administration peut contester les forfaits pour repas à domicile sauf à lui apporter non pas seulement les preuves d'un coût inférieur à celui du restaurant mais également les justificatifs des coûts réels supérieurs ou égaux au forfait.

4. ET LA TVA ?

En application des dispositions légales sur l'exercice du droit à déduction de la TVA, nous rappelons que la TVA supportée sur de tels repas n'est pas déductible.

LE RÉGIME FISCAL DE L'ASSISTANCE TECHNIQUE

En application du régime fiscal de droit commun, les rémunérations payées pour assistance technique par les entreprises exerçant une activité au Congo obéissent à des règles fiscales précises.

D'une part, elles sont assujetties à la taxe sur la valeur ajoutée (TVA) dans la mesure où le service est utilisé au Congo.

D'autre part, elles sont soumises à la retenue à la source de 20 % de l'article 185 ter du tome I du livre 1.

Enfin, la déductibilité de ces rémunérations d'assistance technique peut être limitée pour la détermination du bénéfice imposable de l'entreprise locale bénéficiant de l'assistance technique.

Des conventions fiscales limitant les doubles impositions peuvent cependant atténuer ces charges fiscales.

1. DÉFINITION ET CHAMP D'APPLICATION DE L'ASSISTANCE TECHNIQUE

Au sens habituel du terme, la notion d'assistance technique désigne un certain nombre de services effectifs rendus à une entreprise pour exercer son activité professionnelle ou dans le cadre de sa gestion.

L'assistance technique désigne en règle générale les domaines suivants :

- études ;
- assistance financière ;
- assistance comptable ;
- frais de siège ;
- assistance administrative, etc.

D'une manière générale, ces notions recouvrent les services suivants :

- les études sont habituellement des services accordés à une entreprise qui entend réaliser de nouveaux projets aussi bien techniques (ex. : installation d'un nouveau matériel de fabrication) que commerciaux (ex. : lancement d'un nouveau produit) ;
- l'assistance technique consiste généralement en une aide apportée à une entreprise pour exercer son métier (ex. : détachement momentané de personnel à haute compétence) ;
- l'assistance comptable est constituée par une intervention dans la gestion des comptes d'une entreprise ;
- l'assistance financière peut consister, par exemple, en un concours dans la gestion financière d'une société, rémunérée par des commissions (à l'exclusion des intérêts dont la déduction obéit à un autre régime fiscal) ;
- les « frais de siège » consistent en différentes prestations réalisées par le siège social d'une entreprise ou sa maison mère pour la gestion technique, commerciale, administrative, comptable, financière d'une succursale ou d'une filiale.

2. TAXATION À LA TAXE SUR LA VALEUR AJOUTÉE

Les sommes payées pour l'assistance technique par une entreprise qui exerce son activité au Congo sont assujetties à la TVA, en vertu du principe de territorialité, si les services qu'elles rémunèrent sont utilisés ou exploités au Congo.

Ceci, même si ces services sont exécutés en tout ou partie hors du Congo. En effet, la TVA est due au lieu d'utilisation de la prestation de services.

Lorsque la personne (personne physique ou morale) qui consent l'assistance technique n'a ni siège social, ni établissement permanent au Congo, elle doit, en sa qualité de redevable, désigner à l'administration fiscale un représentant solvable accrédité, résidant sur le territoire du Congo, qui est solidairement responsable avec lui du paiement de l'impôt.

En cas de non-désignation d'un représentant, la TVA et, le cas échéant, les pénalités y afférentes doivent être payées par le client résidant au Congo pour le compte de la personne qui n'y a pas d'établissement.

Dans le cas d'assistance technique intergroupe, il est toujours souhaitable que la société filiale congolaise soit expressément désignée comme représentant fiscal.

Pour mémoire, le taux de la TVA est de 18 %. Ce taux est majoré des centimes additionnels de 5 % du montant de la TVA.

Le fait générateur de la TVA est constitué par l'exécution des services.

La TVA est exigible lors de l'encaissement du prix, des avances ou des acomptes. Elle est déductible pour le bénéficiaire de la prestation après le paiement du service et de la TVA correspondante au Trésor public pour le compte du prestataire étranger.

3. RETENUE À LA SOURCE DE 20 %

L'article 185 ter du tome I du Code général des impôts dispose que :

« Les personnes physiques ou morales de nationalité congolaise ou étrangère n'ayant ni domicile, ni résidence fiscale au Congo, font l'objet d'une retenue à la source dont le taux est fixé à 20 %, pour autant qu'elles ont des revenus réalisés au Congo ou en provenant et/ou résultant de travaux ou prestations de toute nature exécutées, fournies ou utilisées au Congo. »

3.1. Personnes concernées

3.1.1. Personnes physiques

La retenue à la source s'applique à toute personne physique qui n'a pas de domicile fiscal au Congo, quelle que soit la catégorie d'imposition dont elle relève.

Le reversement de la retenue à la source par le bénéficiaire de l'assistance technique est libératoire de l'impôt sur le revenu pour son redevable légal (le bénéficiaire de la rémunération).

3.1.2. Personnes morales (sociétés)

La retenue à la source s'applique à toute personne morale qui n'a pas de résidence fiscale au Congo.

La retenue est opérée au titre de l'impôt sur les sociétés (IS). Son reversement par le bénéficiaire de l'assistance technique est libératoire pour le redevable qu'est le prestataire de services.

3.2. Rémunérations concernées

Les rémunérations d'assistance technique pour être ainsi soumises à retenue à la source doivent correspondre à des revenus réalisés au Congo ou en provenant et/ou résultant de travaux ou prestations de toute nature exécutées, fournies ou utilisées au Congo.

La rémunération d'une prestation d'assistance technique intégralement exécutée à l'étranger est en conséquence soumise à la retenue à la source.

3.3. Reversement de la retenue à la source

La retenue à la source doit être :

- calculée sur le montant hors taxes de la facturation ;
- reversée à l'Inspection divisionnaire des Contributions directes dont dépend le bénéficiaire de l'assistance technique avant le 20 du mois qui suit celui du paiement de l'assistance technique.

3.4. Incidences des conventions fiscales internationales

3.4.1. Convention UDEAC du 13 décembre 1966

Par application des dispositions combinées des articles 10, 20 et 25 de la convention UDEAC, les rémunérations payées pour assistance technique par une entreprise exploitée au Congo à une entreprise résidente fiscale d'un autre État de l'UDEAC ne sont soumises à aucune retenue à la source au Congo.

De même, et en vertu des dispositions combinées des articles 20, 23 et 25 de la convention, aucune retenue à la source ne doit être opérée sur les rémunérations payées pour assistance technique par une entreprise exploitée au Congo à une personne domiciliée dans un autre État de l'Union au titre d'une profession libérale.

3.4.2. Convention fiscale franco-congolaise du 27 novembre 1987

Aux termes de la convention, les rémunérations d'assistance technique, n'ayant pas la qualité de « redevances » au sens de ladite convention, payées par une entreprise exploitée au Congo à une entreprise résidente fiscale de France ou à une personne exerçant une profession libérale et résidente fiscale de France sont imposables uniquement en France et ne sont pas passibles de la retenue à la source au Congo.

3.4.3. Convention OCAM du 29 janvier 1971

Cette convention de l'ex-OCAM est appliquée par certains pays africains dont le Congo.

Aux termes de la convention, les rémunérations d'assistance technique, n'ayant pas la qualité de « redevances » au sens de ladite convention, payées par une entreprise exploitée au Congo à une entreprise résidente fiscale d'un autre État de l'ex-OCAM ou à une personne exerçant une profession libérale et résidente fiscale d'un autre État de l'ex-OCAM sont imposables uniquement dans cet autre État et ne sont pas passibles de la retenue à la source au Congo.

4. DÉDUCTIBILITÉ DE L'ASSISTANCE TECHNIQUE

4.1. Au regard de la limitation de déductibilité

La déductibilité des sommes versées au titre de l'assistance technique à des personnes non résidentes au Congo est limitée par les dispositions de l'article 111 du tome I du Code général des impôts.

4.1.1. Charge de la preuve de la déductibilité

L'article 111 du tome I du Code général des impôts dispose que :

« Sont également admises comme charges déductibles, les sommes versées à une personne physique ou morale hors du Congo en rémunération :

- *d'une part, des services effectifs, notamment les frais généraux de siège pour la part incombant aux opérations faites au profit d'une entreprise installée au Congo ; les frais d'études, d'assistance technique, financière ou comptable ; les commissions et honoraires ; les intérêts, arrérages et autres produits des obligations, créances, dépôts et cautionnements,*
- *d'autre part, de l'utilisation des brevets, licences, marques, dessins, procédés de fabrication, modèles et autres droits analogues, à la condition que le débiteur apporte la preuve qu'elles correspondent à des opérations réelles, qu'elles ne présentent pas un caractère anormal et qu'elles ne sont pas exagérées. »*

Cette disposition met la preuve de la matérialité des services et de la proportionnalité du prix à la charge de l'entreprise.

En effet, il appartient à l'entreprise de prouver que les services sont réels et que le prix payé constitue la juste contrepartie.

4.1.2. Limitation de la déductibilité

L'article 111 du tome I du Code général des impôts dispose également que :

« Dans tous les cas, il ne sera pas admis en déduction une somme supérieure à 20 % du bénéfice imposable avant déduction des frais en cause. En cas de déficit, le taux est appliqué sur les résultats du dernier exercice bénéficiaire non prescrit. En l'absence de résultat bénéficiaire sur la période non prescrite, les sommes versées ne sont pas déductibles pour la détermination du bénéfice imposable.

Par dérogation aux dispositions ci-dessus, la déduction des rémunérations versées à l'étranger est limitée à 2 % du chiffre d'affaires hors taxes pour le secteur des bâtiments et travaux publics, les cabinets d'expertise et les bureaux d'études. »

4.1.2.1. Champ d'application de la limitation de déductibilité

La limitation de déductibilité s'applique notamment aux frais d'assistance technique et aux frais d'étude.

En règle générale, il s'agit de sommes payées pour l'exécution des services, c'est-à-dire :

- le prix hors taxe des services facturés ;
- et toutes sommes engagées par le prestataire de services pour exécuter sa mission (transport, hébergement, restauration...) et refacturées à la société congolaise. Ces sommes sont considérées au plan fiscal comme entrant dans le prix global des services à la charge du bénéficiaire (rémunérations complémentaires).

4.1.2.2. Mode d'application de la limitation de la déductibilité

La limitation de la déductibilité est établie à partir du résultat de l'exercice mais avant déduction des sommes concernées : c'est-à-dire que les rémunérations concernées doivent normalement être réintégrées au bénéfice net comptable de l'exercice au titre duquel elles ont été prises en charge (avec toutes autres sommes non déductibles) pour déterminer quelle est la fraction éventuelle du montant des services dont la déduction fiscale n'est pas admise.

Si l'exercice considéré n'est pas bénéficiaire, la réintégration doit être faite sur la base du dernier exercice non prescrit.

4.1.2.3. Conséquence de la non-déductibilité

Les sommes dont la déduction n'est pas admise sont réintégrées dans l'assiette de l'impôt sur les sociétés. Elles sont en outre considérées comme des bénéfices distribués et passibles de l'IRVM.

4.2. Incidences des conventions fiscales internationales

Les conventions fiscales internationales influent sur la déductibilité des sommes du bénéfice imposable à deux niveaux :

- sur la limitation de déductibilité ;
- sur la conséquence de la non-déductibilité.

4.2.1. Incidence sur la limitation de déductibilité

4.2.1.1. Convention UDEAC du 13 décembre 1966

Cette convention ne comporte pas de disposition dérogatoire à la limitation de déductibilité des sommes versées par des résidents congolais à des résidents d'un autre État de l'Union.

Toutefois, par une correspondance officielle, le Secrétariat général de l'Union a indiqué que cette limitation ne frappe pas les sommes versées par un résident de l'Union à un résident d'un autre État de l'Union.

En conséquence, cette limitation ne saurait s'appliquer pour les sommes versées par un résident congolais à un résident d'un autre État de l'Union.

4.2.1.2. Convention fiscale franco-congolaise du 27 novembre 1987

L'article 26-5° de la convention franco-congolaise dispose que :

« Les intérêts, redevances et autres dépenses payés par une entreprise d'un État à un résident de l'autre État sont déductibles pour la détermination des bénéfices imposables de cette entreprise dans les mêmes conditions que s'ils avaient été payés à un résident du premier État ».

Par cet article, la convention fiscale franco-congolaise supprime la limitation de la déductibilité prévue par la législation interne sur les sommes versées par un résident congolais à un résident français.

4.2.1.3. Convention OCAM du 29 janvier 1971

Cette convention ne comporte pas de limitation de déductibilité. En conséquence, les sommes versées par un résident du Congo à un résident d'un autre État de la Communauté sont susceptibles d'être soumises à la limitation de déductibilité de 20 %.

4.2.2. Incidence sur la conséquence de non-déductibilité

Dans la mesure où la limitation de déductibilité ne s'applique :

- ni aux sommes versées à un autre résident de l'Union (UDEAC) ;
- ni aux sommes versées à une société française.

Seules pourraient être donc visées les sommes versées à un résident d'un autre État de l'OCAM.

Pour rappel, la législation fiscale congolaise prévoit que les sommes réintégrées dans le bénéfice imposable sont considérées comme des bénéfices distribués et passibles de l'IRVM au taux de 20 %. Or, au regard de la convention fiscale OCAM, seuls les revenus de valeurs mobilières et les revenus assimilés sont passibles de l'IRVM au Congo. Dans la mesure où les bénéfices distribués ne résultent pas de distribution régulière, ils ne sont pas passibles de l'IRVM au Congo. En effet, ils prennent au sens de la convention fiscale la nature de revenus non dénommés et sont uniquement imposables dans l'État de domicile du bénéficiaire des sommes.

4.3. Au regard de la réglementation sur les prix de transferts

4.3.1. Les sommes versées aux sociétés apparentées

L'article 120 A du Code général des impôts met en place une présomption de transfert indirect de bénéfice à l'égard des sommes versées par une société congolaise à une société apparentée située à l'étranger.

Cet article dispose que :

« Pour les sociétés qui sont sous la dépendance, de droit ou de fait, d'entreprises ou groupes d'entreprises situés hors du Congo, les paiements effectués par quelque moyen que ce soit, constituent des transferts de bénéfices imposables à l'impôt sur les sociétés et à l'impôt sur le revenu des valeurs mobilières.

Il s'agit notamment des :

- *versements sous forme de majoration d'achats ou de minoration de ventes ;*
- *paiements de redevances excessives ou sans contrepartie ;*
- *prêts sans intérêts ou à des taux injustifiés ;*
- *remises de dettes ;*
- *avantages hors de proportion avec le service rendu. »*

La présomption existe dès lors que l'administration fiscale établit que les sommes sont versées à une société étrangère qui est liée en droit ou en fait à la société congolaise.

Cette présomption devient difficile à combattre par l'entreprise lorsque l'administration fiscale établit en outre que les sommes versées ne sont sous-tendues par aucun service réel ou sont excessives par rapport au service rendu.

Dans cette hypothèse, à défaut pour l'entreprise locale de pouvoir établir la preuve contraire, les sommes non justifiées sont réintégrées dans le bénéfice imposable et taxées à l'IRVM au taux de 20 %.

4.3.2. Les sommes versées à des sociétés situées dans ces pays à faible fiscalité ou à fiscalité nulle

L'article 120 A pose une présomption de transfert indirect de bénéfices au regard des sommes versées par une société congolaise à une société étrangère située dans un pays à faible fiscalité ou à fiscalité nulle.

Cet article dispose que :

« Les sommes versées en rémunération de l'utilisation des brevets, marques, dessins et modèles en cours de validité, les versements d'intérêts ainsi que les rémunérations de prestations de services effectuées par une société située au Congo à une société étrangère installée dans un pays à faible fiscalité ou à fiscalité nulle, sont réintégrées dans les résultats imposables de la société locale si celle-ci n'apporte pas la preuve que les versements correspondent à des opérations réelles et qu'ils ne sont pas exagérés. »

Par pays à faible fiscalité ou à fiscalité nulle, il convient d'entendre au sens général les paradis fiscaux.

La preuve contraire de cette présomption incombe à l'entreprise congolaise. En effet, celle-ci doit prouver la réalité du service et la proportionnalité du prix par rapport au service rendu.

À défaut de preuve contraire, ces sommes sont réintégrées dans le bénéfice imposable et taxées à l'IRVM.

4.4. Obligations déclaratives

Il convient de ne pas omettre de porter les sommes versées aux prestataires basés à l'étranger au titre de l'assistance technique sur la DAS 2, conformément aux dispositions de l'article 179 du tome I du Code général des impôts.

Le défaut de mention peut entraîner des amendes, voire la réintégration de ces sommes dans le bénéfice imposable et la taxation corrélative à l'IRVM.

LA TAXE SPÉCIALE SUR LES SOCIÉTÉS

Les articles 168 et suivants du Code général des impôts (CGI) organisent une imposition annuelle des sociétés soumises à l'impôt sur les sociétés, indépendamment de leurs bénéfices, de telle sorte que cette imposition soit due même si la société n'a réalisé aucun bénéfice, faute d'activité (cas des sociétés mises en sommeil) et même si son activité en cours a dégagé un déficit.

Cette imposition forfaitaire annuelle dite Taxe Spéciale sur les Sociétés (TSS) constitue l'équivalent de l'impôt minimum forfaitaire sur les bénéfices des sociétés au titre d'un exercice fiscal donné.

Il convient de relever que la loi de finances pour 2010 a introduit de nouvelles dispositions modifiant le domaine d'application de la TSS.

Dans le cadre de cet article, nous vous exposerons l'ensemble des règles fiscales relatives à la taxe et aborderons donc successivement :

- le domaine d'application,
- le régime d'imposition.

1. DOMAINE D'APPLICATION

1.1. Sociétés assujetties

Il ressort de l'article 168 du CGI, tome I que les sociétés ci-après sont assujetties annuellement à la taxe spéciale sur les sociétés :

- les sociétés anonymes ;
- les sociétés à responsabilité limitée ;
- les sociétés en commandite par actions ;
- les sociétés civiles relevant de la forme de sociétés par actions ou à responsabilité limitée ;
- les sociétés civiles réalisant des bénéfices commerciaux, industriels ou agricoles.

1.2. Sociétés exonérées

Le champ des exonérations de la taxe spéciale sur les sociétés est prévu à l'article 169 du Code cité ci-dessus. Sont exonérées de cette taxe, depuis l'entrée en vigueur de la loi de finances pour 2010 :

- les sociétés coopératives de production ou de consommation ;
- les sociétés nouvelles au titre du premier exercice.

Ainsi, la loi de finances pour 2010 exclut désormais les sociétés et autres personnes morales exonérées de l'impôt sur les sociétés.

Il convient de noter que l'instruction de la loi de finances ajoute qu'en dehors des exonérations citées, aucune exonération de la taxe spéciale sur les sociétés ne peut être accordée pour quelque motif que ce soit à compter du 1er janvier 2010.

Toutefois, les exonérations de la TSS accordées aux sociétés avant le 1er janvier 2010 restent valables sous réserve de nouvelles dispositions.

Le terme « sous réserve de nouvelles dispositions » laisse entrevoir la possibilité de remettre ultérieurement en cause les avantages accordés aux contribuables en matière de TSS. Une telle hypothèse créerait manifestement une insécurité juridique pour les entreprises qui ont signé des conventions d'établissement avec le gouvernement congolais.

Par conséquent, dans la mesure où les conventions dont bénéficient les sociétés ne s'étendent plus à la taxe spéciale sur les sociétés, à partir du 1er janvier 2010, les sociétés exonérées de l'IS sont astreintes au paiement de la taxe spéciale sur les sociétés qui constitue un minimum forfaitaire.

En effet, les seules exonérations valables sont maintenant celles prévues par le CGI et uniquement celles-ci.

Cette nouvelle mesure vise notamment les avantages fiscaux consentis par certaines conventions d'établissement signées avec le gouvernement de la République du Congo.

<u>Illustration</u> *:*

La société RENT SA a signé une convention d'établissement le 1er septembre 2008 d'une durée de cinq (5) ans allant de 2008-2012 avec le gouvernement de la République du Congo. Cette convention l'exonère de la TSS de 2008 à 2012. La société continuera à bénéficier de l'exonération de la TSS malgré le fait que la loi ne reconnaisse les exonérations de TSS à partir du 1er janvier 2010.

Compte tenu du fait que la convention est signée avant l'entrée en vigueur de ladite loi, la convention que RENT a signée demeure valable au regard de la loi de finances 2010.

En 2012, fin de l'exonération, si RENT renouvelle cette convention avec la République du Congo, elle sera tenue aux exigences de la loi de finances pour 2010. Elle ne pourra plus se prévaloir de l'exonération de la TSS.

2. RÉGIME D'IMPOSITION

2.1. Base imposable

Les règles de détermination de la base imposable de la TSS sont contenues dans la circulaire UDEAC référencée n° 004/SG-153 portant modification de la circulaire d'application n° 153/7-A rédigée pour faciliter l'application de l'Acte n° 3/72-UDEAC-153, portant harmonisation de l'IS.

2.1.1. Rappel de la notion de chiffre d'affaires

La base d'imposition est constituée par le montant du chiffre d'affaires brut ainsi que les produits et profits réalisés par la société au cours du dernier exercice clos avant l'année d'exigibilité de la taxe.

Ainsi, pour les sociétés ayant bénéficié d'une convention d'établissement, la base d'imposition de la TSS au titre de la première année suivant l'année d'expiration de la convention est constituée du chiffre d'affaires global et des produits et profits réalisés au cours du dernier exercice clos sous la période de la convention.

Il paraît nécessaire de rappeler que le chiffre d'affaires global s'entend du chiffre d'affaires brut réalisé sur toutes les opérations entrant dans le cadre des activités de la société. Aussi, le chiffre d'affaires à retenir doit être celui déterminé toutes taxes comprises (TTC).

Toutefois, nous souhaitons relever que le recours au chiffre d'affaires TTC pouvait se comprendre au moment de l'entrée en vigueur de la circulaire dans la mesure où s'appliquait la taxe sur le chiffre d'affaires dite impôt sur le chiffre d'affaires intérieur (ICAI).

Par conséquent, la prise en compte du chiffre d'affaires TTC ne se justifie pas aujourd'hui dans la mesure où il s'agit de la Taxe sur la valeur ajoutée, et non de la taxe sur le chiffre d'affaires. Par ailleurs, il résulte de la pratique constante observée auprès des entreprises que celles-ci ne retiennent que le chiffre d'affaires hors taxes sans que cela ne soit remis en cause par l'administration.

En principe, la base de référence comprend tous les produits présentant le caractère de recettes ou profits pour l'entreprise comptabilisés dans la classe 7 du plan comptable OHADA.

Sont ainsi imposables à la taxe spéciale sur les sociétés :

- les produits de location et les ventes de marchandises et productions ;
- les produits et profits divers tels que rabais, remises et ristournes obtenus hors facture des fournisseurs, bonifications obtenues des clients et débits sur ventes, redevances pour brevets, licence, fermages et métayages, cotisations et dons reçus, bonis sur reprise d'emballages consignés, différences de change, indemnités d'assurance perçues sur manquants en stock… ;
- tous les intérêts et dividendes. Lorsqu'une société anonyme ou une société à responsabilité limitée congolaise possède au moins 30 % du capital social d'une autre société anonyme ou d'une société à responsabilité limitée se livrant exclusivement à des activités industrielles, agricoles, minières, forestières, de pêche industrielle ou d'élevage, les dividendes nets des actions ou parts sociales provenant de l'autre société perçus par la première société ne sont pas pris en compte pour la détermination de la base imposable à la taxe spéciale sur les sociétés. L'impôt sur les sociétés étant réputé avoir été acquitté sur lesdits dividendes.

A contrario, dans la mesure où les éléments suivants ne présentent pas le caractère de recettes ou de profits, ils ne peuvent pas être considérés comme faisant partie du chiffre d'affaires :

- les frais à immobiliser ou à transférer ;
- la production stockée.

Ainsi que les reprises sur amortissements et provisions.

2.1.2. Situations particulières

Dans les situations énumérées ci-dessous, il convient de rechercher si les sommes comptabilisées présentent bien le caractère de chiffre d'affaires normal entrant dans le cadre de l'activité et doivent, de ce fait, être incluses dans la base de calcul de la taxe spéciale sur les sociétés.

2.1.2.1. Rétrocession des marchandises

Cette situation se rencontre dans les sociétés qui procèdent à des cessions de marchandises à prix coûtant ou à perte à des tiers pour diverses raisons. Ces rétrocessions font partie du chiffre d'affaires.

Lorsque les sommes correspondantes sont portées au crédit d'un compte achat, il convient de les intégrer dans la base imposable à la taxe spéciale sur les sociétés.

La même solution doit être retenue si les sommes en cause sont inscrites au débit d'un compte courant de l'achat et au crédit du même compte courant au moment de la vente.

2.1.2.2. Marchandises prélevées par les dirigeants ou les salariés de la société

Les prélèvements de marchandises effectués par des dirigeants ou les salariés de la société portés au crédit d'un compte achat ou comptabilisés au compte 73 doivent être inclus dans le chiffre d'affaires.

2.1.2.3. Frais de transport

En ce qui concerne les frais de transport, une distinction doit être faite entre le transport effectué par la société elle-même ou par un tiers, et le transport assuré par les sociétés forestières.

- **Transport effectué par un tiers**

À l'occasion des opérations de vente de marchandises, il arrive que l'acheteur demande au vendeur de faire effectuer le transport des marchandises pour son compte. Le vendeur qui recourt au service d'un tiers transporteur pour exécuter l'ordre de l'acheteur, facture à celui-ci en sus du prix des marchandises, les frais de transport qui sont comptabilisés dans un compte de la classe 6.

Les frais de transport ainsi refacturés ne sont pas considérés comme faisant partie du chiffre d'affaires entrant dans le cadre de l'activité du vendeur et ne doivent pas être soumis à la taxe spéciale sur les sociétés.

Ces frais constituent le remboursement des avances consenties au client (donc des débours) dans la mesure où ils correspondent au prix de revient du transport.

- **Transport effectué par le vendeur lui-même**

Les frais de transport facturés en sus du prix de vente des marchandises, lorsque le transport est assuré par le vendeur lui-même, doivent être compris dans le chiffre d'affaires soumis à la taxe.

- **Transport effectué par les sociétés forestières**

S'agissant des sociétés forestières, le chiffre d'affaires imposable est obtenu après déduction des frais de transport d'un État de la CEMAC au port d'embarquement.

En d'autres termes, les sociétés forestières congolaises qui procèdent à l'embarquement de leur production à partir d'un port situé dans un autre État de la CEMAC doivent soustraire du chiffre d'affaires imposable, les frais de transport du bois supportés par elles de la frontière de la République du Congo avec un État de la CEMAC au port d'embarquement.

2.1.2.4. Production faite par l'entreprise elle-même

Les productions faites par l'entreprise pour elle-même et les travaux afférents à des immobilisations qui font l'objet d'une comptabilisation dans la classe 2 ne doivent pas être inclus dans la base imposable.

En effet, si la société achète l'immobilisation en cause au lieu de la produire, seuls les comptes du bilan font l'objet d'écriture.

Dans le cas de la production elle-même, le compte 7 intervient seulement pour balancer les frais comptabilisés en charge, afférents à la production d'immobilisation.

Dès lors, retenir les productions d'immobilisations faites par elle-même par une société dans la base imposable à la taxe engendrerait une distorsion par rapport à la société achetant un bien identique sans le créer elle-même.

En revanche, les autres productions faites par la société pour elle-même ne concernant pas les immobilisations sont imposables.

2.1.2.5. Ristournes accordées hors factures

Les ristournes accordées hors factures doivent être admises en déduction du chiffre d'affaires imposable, même si elles ne sont pas comptabilisées au débit du compte « ventes ».

2.1.2.6. Subventions

Il convient de distinguer les subventions d'exploitation des subventions d'équipement.

Les subventions d'exploitation accordées à une société par l'État, les collectivités publiques ou les tiers, comprennent notamment les indemnités compensatrices pour insuffisance de prix et les subventions destinées à faire face à des charges d'exploitation, doivent être incluses dans la base imposable à la taxe au fur et à mesure de leur comptabilisation.

À l'opposé, les subventions d'équipement reçues pour le financement des immobilisations doivent être exclues de la base imposable à la taxe.

2.1.2.7. Chiffre d'affaires des intermédiaires

Pour les intermédiaires qui perçoivent des commissions brutes très faibles dont les taux sont fixés par les lois et règlements, le chiffre d'affaires de référence est le montant des commissions perçues.

2.2. Taux de l'imposition

2.2.1. Taux minimum de 1 %

Aux termes de l'article 170-2 du Code général des impôts (CGI), tome I, le taux de la taxe est fixé à 1 % de la base imposable, avec un minimum de perception de 1 000 000 FCFA, ramené à 500 000 FCFA pour les sociétés dont le chiffre d'affaires annuel est inférieur à 10 000 000 FCFA.

2.2.2. Taux minimum de 2 %

Les contribuables dont le résultat est resté déficitaire durant deux exercices consécutifs supportent la taxe au taux de 2 %.

En d'autres termes, la TSS due au titre de l'exercice suivant le deuxième exercice déficitaire consécutif doit être déterminée par application d'un taux de 2 % au chiffre d'affaires de référence.

L'augmentation du taux est en contradiction avec l'objectif de la TSS, dans la mesure où l'institution de cette taxe visait à dissuader les sociétés à réaliser des déficits et à se soustraire de l'acquittement de l'IS.

2.3. Modalités de paiement et sanctions

En vertu des dispositions de l'article 171 du CGI, tome I, les redevables de la taxe sont tenus, de leur propre initiative, de verser avant le 15 mars de chaque année, et ce, sans avertissement préalable, le montant de la taxe à l'Inspection divisionnaire des Contributions directes et Indirectes du lieu de leur résidence.

Les versements feront l'objet de rôle de régulation de la part de l'administration fiscale. Un duplicata de la quittance délivrée par le préposé du Trésor ou le Receveur des Impôts est obligatoirement annexé à la déclaration annuelle des résultats à souscrire au plus tard le 30 avril de l'année suivante.

Le montant de la taxe est doublé pour les contribuables qui ne se sont pas acquittés de ladite taxe dans le délai requis. En outre, la même sanction est appliquée en cas de redressement de la base imposable par l'administration fiscale à la suite, par exemple, d'une vérification de comptabilité.

2.4. Régularisations du complément de la TSS

Les sociétés redevables de la taxe au taux de 2 % doivent acquitter, dans les quinze jours du dépôt de leurs déclarations de résultats ou au plus tard le 15 mai, le complément de la taxe dû.

En effet, au moment où la TSS est acquittée au titre de l'exercice auquel elle est exigible, les résultats de l'exercice précédent ne sont vraisemblablement pas connus.

La taxe spéciale à acquitter au 15 mars est au taux de 1 %. Il convient également de soulever qu'au 30 avril, les résultats déficitaires étant désormais connus, ce n'est qu'à ce moment que sera apprécié le caractère consécutif du déficit et partant de l'exigibilité de la taxe au taux de 2 %.

Il conviendra par conséquent de reverser dans les quinze jours, soit avant le 15 mai, le reliquat de la TSS due.

2.5. L'Imputation sur l'impôt sur les sociétés (IS)

2.5.1. L'imputation de la TSS au taux minimum de 1 %

Le montant de la taxe, à l'exclusion de la majoration de droit pour cause de paiement tardif ou de redressement vient en déduction, le cas échéant, du montant de la cotisation due au titre de l'impôt sur les sociétés de la même année et liquidée au plus tard le 30 avril de l'année suivant l'année d'exigibilité.

Si ladite cotisation est nulle ou inférieure au montant de la taxe, cette dernière reste acquise au Trésor public. La déduction de la taxe spéciale sur les sociétés, sur l'impôt sur les sociétés, précède celle des acomptes d'IS.

Ainsi, lorsque la TSS due au titre d'une année donnée est supérieure au montant de l'IS dû au titre de la même année, nous l'avons vu, le reliquat de la TSS est acquis au Trésor, mais le montant total des acomptes d'IS versé au cours de cette année constitue un crédit d'IS.

Le contribuable ne peut se prévaloir de ce crédit d'impôt que sur les acomptes d'IS et l'IS de l'année suivante.

La TSS ne constitue pas une charge déductible des résultats mais est déductible de l'IS qui est un impôt sur le revenu non déductible des bénéfices imposables. Lorsque la TSS ne peut s'imputer en totalité sur l'IS, elle prend le caractère d'un prélèvement fiscal définitif qui n'est pas, par conséquent, une charge déductible.

Remarque : Suite *aux nouvelles dispositions de la loi de finances pour 2010 et notamment de la fin des exonérations, il importe de préciser que les sommes versées au titre de la TSS sont désormais acquises au Trésor et ne peuvent être imputées sur un autre impôt.*

Toutefois à compter du 1er janvier 2010, les entreprises exonérées d'IS seront quand même tenues de verser la TSS au Trésor. En pareille hypothèse, la TSS devient un impôt minimum forfaitaire et acquise au Trésor.

2.5.2. Imputation de la taxe au taux maximum de 2 %

La taxe perçue au taux de 2 % n'est pas déductible de l'IS. Cependant, au cours du premier exercice dont le résultat redevient positif, seule la moitié de la taxe payée au taux de 2 % est déductible de l'IS.

LA PROCÉDURE DE RÉCLAMATION GRACIEUSE EN MATIÈRE FISCALE

La procédure gracieuse n'apparaît pas, à première vue, comme un mécanisme facilement accessible et efficace. L'objet de la présente étude est d'examiner cette procédure, très peu connue par le contribuable.

Un examen approfondi nous permet d'en découvrir l'utilité, voire dans certains cas la nécessité.

En effet, on notera d'emblée que, suivant l'article 88 de la loi organique n° 1/2000 du 1er février 2000, organisant le régime financier de l'État, *les détenteurs de l'autorité publique qui auront, sans autorisation de la loi, accordé des exonérations ou des franchises de droit, d'impôts ou de taxes, seront punis des peines prévues à l'encontre des concussionnaires*[7].

Il apparaît donc extrêmement important, en la matière, de s'inscrire dans un cadre prévu par la loi, et notamment celui de la procédure gracieuse.

Cette analyse de la procédure gracieuse s'articulera autour de trois parties :

- la distinction procédure contentieuse et procédure gracieuse (1) ;
- le domaine de la procédure gracieuse (2) ;
- les conditions de recevabilité de la demande en remise ou en modération (3).

[7] On note toutefois que cette rédaction n'inclut pas les remises de pénalités.

1. DISTINCTION ENTRE LA PROCÉDURE CONTENTIEUSE ET LA PROCÉDURE GRACIEUSE

La loi offre la possibilité au contribuable qui se croit imposé à tort une voie de recours qu'est la procédure contentieuse. Celle-ci se caractérise par une réclamation auprès du Directeur général des impôts valant requête introductive.

Le recours à la procédure contentieuse peut résulter d'une réclamation d'impôt à l'issue d'un contrôle fiscal ou tout simplement de l'exigibilité d'un impôt lorsque le contribuable se considère indûment imposé.

La réclamation dans le cas de la procédure contentieuse tend donc à obtenir, soit la réparation d'erreurs commises dans l'assiette ou le calcul des impositions, soit le bénéfice d'un droit résultant d'une disposition législative ou réglementaire.

A contrario, les réclamations d'impôts qui ne remettent pas en cause le bien-fondé de l'imposition mais font appel à la bienveillance de l'administration pour obtenir une remise ou une modération de la dette fiscale et/ou des pénalités relèvent de la procédure gracieuse.

La remise d'impôt ou de pénalité est l'acte unilatéral de l'administration fiscale par lequel celle-ci renonce à titre gracieux à demander la charge d'un impôt ou d'une pénalité. En revanche, la modération d'impôt est l'acte d'abandon partiel d'impôt pris par l'administration fiscale à titre gracieux.

Le recours gracieux suppose donc que ne soient pas remises en cause les impositions, la réclamation des pénalités et la majoration des droits réclamés, faites par l'administration dans la mesure où elles sont légalement justifiées dans leur fondement et dans leur montant.

2. LE DOMAINE DE LA PROCÉDURE GRACIEUSE

La procédure gracieuse se concrétise par un recours auprès du Directeur général des impôts.

Conformément aux dispositions de l'article 422.2° du Code général des impôts, la juridiction gracieuse est compétente pour recevoir et régler les cas suivants :

- demande en remise ou modération des impositions en principal ;
- demande en remise de pénalités.

2.1. DEMANDES EN REMISE OU MODÉRATIONS DES IMPOSITIONS EN PRINCIPAL

Il s'agit de demandes qui tendent à obtenir de l'autorité administrative la remise ou la modération d'imposition, en cas d'indigence ou de gêne mettant les contribuables dans l'impossibilité de se libérer envers le trésor.

Le Code général des impôts offre en effet cette faculté aux contribuables qui sont dans l'impossibilité d'acquitter les impôts et taxes mis à leur charge, par suite de leur indigence ou de leur gêne.

2.2. DEMANDES EN REMISE DES PÉNALITÉS

La juridiction gracieuse statue également sur les demandes en remise de pénalités et les demandes d'admission en non-valeur de cotes dont le recouvrement n'a pu être effectué (état des cotes irrécouvrables présenté par les comptables chargés de la perception).

Les demandes tendant à obtenir une remise des pénalités relèvent de l'initiative du contribuable et les demandes d'admission en non-valeur de cotes dont le recouvrement n'a pu être effectué sont du ressort des comptables publics des impôts.

Nota : Nous n'abordons pas dans cette étude le cas des états des cotes irrécouvrables dans la mesure où, comme nous l'avons dit, les demandes d'admission en non-valeur sont présentées par les comptables chargés de la perception des impôts directs qui jugent de l'opportunité et en prennent seuls l'initiative. Il s'agit donc d'une procédure interne à l'administration.

3. CONDITIONS DE RECEVABILITÉ DE LA DEMANDE EN REMISE OU EN MODÉRATION

Nous aborderons ici un usage très commun et de nature similaire au recours gracieux. Il s'agit de la demande de réduction de pénalités lorsqu'elles apparaissent excessives au regard du contexte dans lequel elles sont prononcées.

Les conditions de recevabilité des demandes dépendent de la nature des impôts, objet des demandes.

L'article 446 offre la possibilité au contribuable de solliciter une remise ou une modération d'impôt lorsqu'il s'agit des impôts suivants.

3.1. CHAMP D'APPLICATION DE LA DEMANDE

3.1.1. La contribution foncière

S'agissant de la contribution foncière, la demande en remise ou en modération doit être sollicitée par le propriétaire de l'immeuble dans les deux cas suivants :

1. En cas de destruction totale ou partielle, ou de démolition volontaire en cours d'année, d'immeubles faisant l'objet d'une taxation.

Ainsi, lorsque le propriétaire d'un immeuble fait l'objet d'une réclamation de la contribution foncière (à notre avis, il peut s'agir des propriétés bâties et des propriétés non bâties) et que la propriété a été totalement ou partiellement détruite, volontairement démolie au cours de l'année au titre de laquelle la contribution foncière est réclamée, ce propriétaire peut solliciter au moyen du recours gracieux une remise ou une modération de la contribution foncière.

2. En cas d'interruption de location de maisons d'habitation louées, lorsque la durée totale de la vacance a été de six mois consécutifs. Le point de départ de cette période est le premier jour du mois suivant la vacance.

En d'autres termes, lorsqu'il advient une interruption de location d'un immeuble d'habitation pour cause de vacances pendant une période de six (6) mois consécutifs, le propriétaire peut également demander une remise ou une modération d'imposition lorsque l'administration lui réclame la contribution foncière au titre de l'année au cours de laquelle l'interruption est intervenue.

3.1.2. Les autres impôts et taxes

Les contribuables qui, par suite de gêne ou d'indigence, ne peuvent s'acquitter de tout ou partie de leur cotisation, peuvent également solliciter une remise ou une modération.

Le Code général des impôts précise que les demandes en remise ou en modération s'appliquent plus particulièrement aux redevables qui se trouvent réellement hors d'état de se libérer envers le Trésor. Par conséquent, elles ne peuvent pas être accordées au contribuable qui connaîtrait des difficultés de prospérité plus ou moins passagères.

En conséquence, par exemple, seuls les opérateurs économiques placés de façon durable en situation difficile (sans toutefois aller jusqu'à la cessation de paiement sous peine d'enfreindre la loi sur les procédures collectives), sont en droit d'obtenir une telle mesure de faveur.

3.2. ENVOI DE LA DEMANDE À LA DIRECTION GÉNÉRALE DES IMPÔTS

3.2.1. Délai de dépôt de la demande

La demande doit être adressée à la Direction générale des impôts. Seule la date de réception par la direction est opposable tant au contribuable qu'à l'administration.

La requête doit parvenir à la Direction générale des impôts dans le mois de l'événement qui la justifie.

Ainsi lorsqu'il s'agit de la contribution foncière, dans le mois de la destruction totale, partielle, ou de la démolition volontaire ou lorsqu'il s'agit de la vacance de location d'une maison d'habitation, dans le mois d'expiration de la période de six (6) mois consécutifs.

En revanche, lorsque la demande est motivée par la gêne ou l'indigence, elle peut être présentée à toute époque.

3.3. INSTRUCTION DE LA DEMANDE ET PROCÉDURE DE LA DÉCISION

3.3.1. Instruction de la demande par l'administration

La Direction générale des impôts enregistre les réclamations, prépare les feuilles d'instruction et les communique :

- soit pour avis aux agents qui ont établi la taxation pour les affaires relevant de sa compétence et de celle du ministre des Finances ;
- soit pour décision au Directeur intéressé, qui doit au préalable prendre l'avis des agents ayant établi les taxations.

Les réclamations sont instruites dans un délai de trois (3) mois à compter de leur communication aux agents taxateurs.

3.3.2. Compétence pour statuer sur la demande en remise ou en modération

Le pouvoir de statuer sur la demande à la suite d'impositions résultant de contrôle sur pièces est exercé :

- par le Directeur des contributions directes et indirectes, le Directeur de l'enregistrement, des domaines et du timbre, le

Directeur de la Conservation des hypothèques et de la propriété foncière, le Directeur des grandes entreprises, lorsque par article, les droits et pénalités contestés sont inférieurs à un million (1 000 000) de francs ;

- par le Directeur général des impôts lorsque, par article, les droits et pénalités contestés sont compris entre un million (1 000 000) de francs et cinquante millions (50 000 000) de francs ;
- le ministre des Finances au-delà de cinquante millions (50 000 000).

Le pouvoir de statuer sur les demandes présentées à la suite d'impositions résultant de vérification de comptabilité est exercé :

- par le Directeur des Vérifications Générales et des Enquêtes Fiscales et des Recoupements, lorsque les droits et pénalités sont égaux ou inférieurs à 2 % du montant de l'article ;
- par le Directeur général des impôts lorsque par article, les droits et les pénalités contestés sont compris entre 2 % et 20 % ;
- par le ministre des Finances, au-delà de 20 %.

3.3.3. Décision et notification au contribuable

La décision doit, quelle que soit l'autorité qui l'a rendue (chefs de service, Directeur général des impôts, ministre), être notifiée par le Directeur général des impôts au demandeur dans les six (6) mois à compter de la date de réception de la demande par la Direction générale des impôts.

La décision est également notifiée à l'agent de recouvrement et à l'agent qui a établi la taxation.

Toutefois, le Directeur général des impôts peut surseoir à la notification s'il estime que la décision prise au niveau du directeur intéressé n'est pas fondée ; dans ce cas, il fait procéder à un nouvel examen de la demande.

3.3.4. Recours contre la décision rendue

La loi offre au contribuable la possibilité de saisir le Directeur général des impôts dans le cas où la décision du Directeur des Contributions directes et indirectes ou du Directeur des vérifications générales, des enquêtes fiscales et des recoupements ne lui donne pas entière satisfaction.

De même que la décision émanant du Directeur général des impôts qui n'emporte pas l'assentiment du contribuable peut être portée devant le ministre des Finances.

4. CONDITIONS DE RECEVABILITÉ DES DEMANDES EN REMISE DE PÉNALITÉS

Les demandes visant des remises des pénalités sont recevables en toute matière fiscale même lorsque la solvabilité du contribuable n'est pas en cause. Mais il faut que les impositions qu'elles concernent soient devenues définitives.

En effet, les remises pures et simples des pénalités fiscales (appliquées par le service d'assiette) et la majoration de 10 % (appliquée par le service de recouvrement) encourues par les contribuables peuvent être accordées à la demande des contribuables.

Les demandes sont introduites, instruites et jugées dans les mêmes conditions que les demandes en remise ou en modération telles que présentées ci-dessus. Par conséquent, les développements formulés aux points 3.2 et 3.3 sont transposables également dans le cas de la demande en remise de pénalités. Nous vous prions de bien vouloir vous y reporter.

La demande doit parvenir à la Direction générale des impôts dans un délai de deux (2) mois à partir du jour où le contribuable a eu connaissance de sa dette par les premières poursuites avec frais (au lieu d'un mois comme c'est le cas en matière de demande en remise ou en modération).

Dans le cas des demandes en remise de la majoration de 10 %, l'agent d'assiette chargé de l'instruction de la demande doit nécessairement s'entourer de l'avis de l'agent chargé du recouvrement.

5. LES EFFETS DU RECOURS GRACIEUX SUR L'EXIGIBILITÉ DE LA DETTE

En principe, le contribuable qui sollicite une remise, une modération d'imposition ou une remise de pénalités en recourant à la procédure gracieuse n'est pas dispensé d'acquitter dans le délai légal, pendant l'examen de sa demande gracieuse, les droits mis à sa charge.

Toutefois, la loi offre la possibilité d'obtenir un sursis à paiement sous réserve de constituer des garanties suffisantes. Ainsi, à l'appui de la demande en remise ou en modération, le contribuable doit donc établir une demande de sursis à paiement. La demande de sursis à paiement et la constitution de garanties relèvent des dispositions des articles 441 à 445 en ce sens que les modalités sont identiques à celles de la procédure contentieuse.

5.1. LA DEMANDE DE SURSIS À PAIEMENT

Le contribuable, qui par une demande régulièrement introduite sollicite la remise, la modération d'imposition ou la remise de pénalités, peut surseoir au paiement des impôts et pénalités mis à sa charge s'il le mentionne dans sa demande et s'il présente des garanties suffisantes.

Trois conditions cumulatives sont donc nécessaires pour obtenir de l'administration un sursis à paiement des impositions réclamées :

- le contribuable doit le solliciter dans sa demande ;
- le contribuable doit fixer le montant de la remise ou de la modération auquel il prétend ;
- enfin, celui-ci doit présenter des garanties suffisantes propres à assurer le recouvrement de l'impôt.

5.2. LA CONSTITUTION DES GARANTIES

5.2.1. Les garanties proprement dites

Les garanties exigées peuvent être constituées :

- par une consignation à un compte d'attente au Trésor ;
- de créances sur le trésor ;
- d'obligations dûment cautionnées ;
- de valeurs mobilières ;
- de marchandises déposées dans les magasins agréés par l'État et faisant l'objet d'un warrant endossé à l'ordre du Trésor ;
- par des affectations hypothécaires ;
- par une caution bancaire.

5.2.2. Absence de constitution de garanties

Lorsque le contribuable qui introduit une demande gracieuse ne constitue pas de garanties, des mesures conservatoires peuvent être prises par l'agent de recouvrement, mais il ne peut procéder à une vente pour la partie des impôts soumis à la procédure gracieuse avant qu'une décision soit prise, soit par le Directeur général des impôts, soit par la Cour d'appel.

5.2.3. Constitution de garanties non suffisantes

Lorsque l'agent chargé du recouvrement estime ne pas pouvoir accepter les garanties offertes par le contribuable dans leur nature ou dans leur montant, il notifie sa décision par lettre recommandée au contribuable.

Cette décision est sans appel et le contribuable, à défaut de présentation de garanties acceptables dans les huit (8) jours de la notification, peut être poursuivi par voie de vente forcée.

5.2.4. Sort des demandes rejetées

Tout comme en matière contentieuse, lorsqu'un contribuable recourant à la procédure gracieuse et bénéficiant d'un sursis à paiement, est débouté en tout ou partie, il est redevable d'un intérêt de retard calculé sur les sommes ayant fait l'objet d'une demande en remise ou en modération, au taux de 1 % par mois entier écoulé entre la date de l'enregistrement de la demande gracieuse au Directeur général des impôts, ou la date d'exigibilité de l'impôt si elle est postérieure, et la date de la décision du Directeur général des impôts ou de la Cour d'appel, ou celle du paiement si l'impôt est acquitté avant sa décision.

L'intérêt est exigible en totalité dès l'émission d'un titre de perception par le service d'assiette.

6. LA PRATIQUE

Nonobstant l'existence de la procédure gracieuse qui constitue le cadre légal, empreint de formalisme, les agents de l'administration font parfois montre de tolérance administrative en accordant à la demande du contribuable, lorsque des raisons justifiées la fondent, des abandons partiels de pénalités, à l'occasion de la réclamation et du paiement spontané de certains impôts et taxes.

Ces demandes qui ne s'inscrivent pas dans le cadre rigide de la procédure gracieuse, sont consacrées par la pratique et permettent au contribuable qui traverse des difficultés particulières et passagères d'obtenir « satisfaction » sans pour autant recourir à la juridiction gracieuse.

LE RÉGIME FISCAL DE L'ABANDON DES CRÉANCES À CARACTÈRE COMMERCIAL

L'abandon de créance, également appelé « remise de dette », est souvent utilisé par des parties en relation d'affaires : *il consiste simplement pour un créancier à renoncer à recevoir paiement de la créance qu'il détient sur son débiteur.*

Le présent article a pour objet de présenter le régime fiscal de l'abandon de créance à caractère commercial entre entreprises[8].

Définition : est commercial l'abandon de créance qui trouve son origine dans les relations d'affaires de deux entreprises et qui est consenti soit pour maintenir des débouchés, soit pour préserver des sources d'approvisionnement. L'abandon de créance peut intervenir entre deux entreprises qui sont *juridiquement indépendantes* l'une de l'autre ; c'est ainsi que, par exemple, une entreprise de biens d'équipement peut venir en aide à son distributeur congolais en situation financière difficile. Il peut également exister entre *sociétés d'un même groupe* lorsque, par exemple, la société mère renonce à la créance qu'elle détient sur sa filiale qui commercialise ses produits au Congo.

Il n'existe pas de texte spécial régissant l'abandon de créance : l'opération peut résulter de l'accord des parties (remise de dette), écrit ou verbal, ou d'une situation étrangère à leur volonté (insolvabilité du débiteur).

Nous présentons succinctement ci-après le régime fiscal applicable à cet abandon de créance, notamment en matière d'impôt sur les sociétés et de taxe sur la valeur ajoutée (TVA).

---

[8] L'abandon de créance à caractère financier existant entre sociétés de même groupe fera l'objet d'une étude particulière dans une prochaine circulaire.

1. AU PLAN DE L'IMPÔT SUR LES SOCIÉTÉS

1.1. Du côté du bénéficiaire de l'opération (le débiteur)

L'opération se traduit au plan comptable par *la comptabilisation de la créance abandonnée en produit* par le débit du compte fournisseur.

Par conséquent, cette opération génère, en principe, un profit exceptionnel imposable à l'impôt sur les sociétés au titre de *produits divers et exceptionnels* (ou à l'impôt sur le revenu selon le cas).

Cette imposition devient toutefois théorique si le montant de l'abandon de créance consenti est totalement imputé sur les déficits de l'entreprise bénéficiaire de l'opération.

1.2. Du côté du créancier

L'abandon de créance constitue en principe, pour le créancier qui le consent, une perte qui doit venir en déduction de ses résultats imposables.

Toutefois, nous estimons qu'en l'absence de position claire de l'Administration fiscale sur la question, l'abandon de créance ne peut être admis en déduction que si l'entreprise créancière a effectué toutes les diligences nécessaires au recouvrement de sa créance.

Dans la pratique, ces diligences s'entendent de la production d'un dossier circonstancié indiquant que toutes les voies de recours contentieuses pour aboutir au recouvrement de la créance sont épuisées : mise en demeure, exploit d'huissier, conclusions d'avocat, décisions de justice, etc. L'envoi d'une simple lettre de rappel ou de mise en demeure ne suffit donc pas pour comptabiliser l'opération en perte déductible.

À noter :

L'entreprise créancière a la possibilité de constituer une provision pour créances douteuses qu'elle peut déduire de son résultat imposable si celle-ci remplit les conditions fiscales de déductibilité. Pour être déductibles, les provisions pour créances douteuses doivent notamment porter sur des créances nettement précisées dans leur montant dont le non-recouvrement est probable (et non simplement éventuel) et se rattacher à l'exercice au cours duquel l'événement qui les motive est survenu.

2. AU PLAN DE LA TAXE SUR LA VALEUR AJOUTÉE (TVA)

La loi n° 12-97 du 12 mai 1997 sur la taxe sur la valeur ajoutée (TVA) au Congo soumet les abandons de créance à caractère commercial à la taxe sur la valeur ajoutée.

En application des articles 1, 2 et 3.8 de ladite loi, les remises de prêts et les abandons de créances constituent des opérations comprises dans le champ d'application de la TVA congolaise.

Au regard de la législation applicable, l'abandon de créance consenti à une autre société en relation d'affaires constitue donc une opération imposable à la TVA (ainsi qu'aux centimes additionnels), car il est motivé par un objet commercial. Partant du principe qu'il n'existe pas de service gratuit entre deux entreprises en relations commerciales, l'Administration fiscale présume que l'avantage consenti à l'entreprise débitrice serait justifié par les relations commerciales existant entre elles.

Par conséquent, la TVA est due en rémunération d'un service particulier « innomé » (utilisé au Congo) fourni par l'entreprise débitrice de la créance.

En principe, la TVA est due lors de l'enregistrement comptable de l'opération par le bénéficiaire.

La TVA exigible sera calculée au taux de 18 % sur le montant de la créance abandonnée.

Il convient de noter que les abandons de créance destinés à compléter le prix d'une opération imposable à la TVA ou à compenser « globalement l'insuffisance de recettes d'une entreprise » doivent être ajoutés à la base imposable à la TVA. Dans cette hypothèse, l'abandon de créance est souvent accordé au débiteur qui réalise en même temps des opérations imposables à la TVA avec son client créancier pour compléter (voire se substituer totalement) le prix que lui doit ce dernier.

L'exercice du **droit à déduction de la TVA** sur les abandons de créance s'opère conformément aux règles du droit commun.

À noter :

L'abandon de créance peut également résulter de l'impossibilité pour le débiteur de régler une facture de son fournisseur. Dans ce cas, le créancier (fournisseur) peut avoir déjà acquitté la TVA facturée sur cette opération, s'il s'agit, par exemple, d'une vente, dans la mesure où la TVA y afférente est en principe exigible dans le mois suivant celui du fait générateur, constitué en l'occurrence par la livraison du bien, objet de sa créance.

L'article 26 de la loi sur la TVA prévoit la possibilité de récupérer la taxe acquittée à l'occasion des ventes ou des services qui sont par la suite résiliés ou annulés ou restent impayés **par voie d'imputation sur l'impôt dû pour les opérations faites ultérieurement**. Toutefois, le même article précise que la récupération de la taxe acquittée à raison de ces opérations annulées ou résiliées est subordonnée à l'établissement et à l'envoi au client d'une facture nouvelle annulant et remplaçant la facture initiale.

L'article 26 in fine de ladite loi ajoute que ***pour les opérations impayées, lorsque la créance est réellement et définitivement irrécouvrable****, la rectification de la facture consiste dans l'envoi d'un duplicata de la facture initiale avec des indications réglementaires surchargées de la mention « facture demeurée impayée pour la somme de... FCFA prix hors TVA et pour la somme de... FCFA représentant la TVA correspondante qui ne peut faire l'objet d'une déduction. »*

L'abandon de créance, également appelé « remise de dette », est souvent utilisé par des parties en relation d'affaires : *il consiste simplement pour un créancier à renoncer à recevoir paiement de la créance qu'il détient sur son débiteur.*

Le présent article a pour objet de présenter le régime fiscal de l'abandon de créance à caractère commercial entre entreprises[9].

Définition : est commercial l'abandon de créance qui trouve son origine dans les relations d'affaires de deux entreprises et qui est consenti soit pour maintenir des débouchés, soit pour préserver des sources d'approvisionnement. L'abandon de créance peut intervenir entre deux entreprises qui sont *juridiquement indépendantes* l'une de l'autre ; c'est ainsi que, par exemple, une entreprise de biens d'équipement peut venir en aide à son distributeur congolais en situation financière difficile. Il peut également exister entre *sociétés d'un même groupe* lorsque, par exemple, la société mère renonce à la créance qu'elle détient sur sa filiale qui commercialise ses produits au Congo.

Il n'existe pas de texte spécial régissant l'abandon de créance : l'opération peut résulter de l'accord des parties (remise de dette), écrit ou verbal, ou d'une situation étrangère à leur volonté (insolvabilité du débiteur).

---

[9] L'abandon de créance à caractère financier existant entre sociétés de même groupe fera l'objet d'une étude particulière dans une prochaine circulaire.

Nous présentons succinctement ci-après le régime fiscal applicable à cet abandon de créance, notamment en matière d'impôt sur les sociétés et de taxe sur la valeur ajoutée (TVA).

1. AU PLAN DE L'IMPÔT SUR LES SOCIÉTÉS

1.1. Du côté du bénéficiaire de l'opération (le débiteur)

L'opération se traduit au plan comptable par *la comptabilisation de la créance abandonnée en produit* par le débit du compte fournisseur.

Par conséquent, cette opération génère, en principe, un profit exceptionnel imposable à l'impôt sur les sociétés au titre de *produits divers et exceptionnels* (ou à l'impôt sur le revenu selon le cas).

Cette imposition devient toutefois théorique si le montant de l'abandon de créance consenti est totalement imputé sur les déficits de l'entreprise bénéficiaire de l'opération.

1.2. Du côté du créancier

L'abandon de créance constitue en principe, pour le créancier qui le consent, une perte qui doit venir en déduction de ses résultats imposables.

Toutefois, nous estimons qu'en l'absence de position claire de l'Administration fiscale sur la question, l'abandon de créance ne peut être admis en déduction que si l'entreprise créancière a effectué toutes les diligences nécessaires au recouvrement de sa créance.

Dans la pratique, ces diligences s'entendent de la production d'un dossier circonstancié indiquant que toutes les voies de recours contentieuses pour aboutir au recouvrement de la créance sont épuisées : mise en demeure, exploit d'huissier, conclusions d'avocat, décisions de justice, etc. L'envoi d'une simple lettre de rappel ou de mise en demeure ne suffit donc pas pour comptabiliser l'opération en perte déductible.

À noter :

L'entreprise créancière a la possibilité de constituer une provision pour créances douteuses qu'elle peut déduire de son résultat imposable si celle-ci remplit les conditions fiscales de déductibilité. Pour être déductibles, les provisions pour créances douteuses doivent notamment porter sur des créances nettement précisées dans leur montant dont le non-recouvrement est probable (et non simplement éventuel) et se rattacher à l'exercice au cours duquel l'événement qui les motive est survenu.

2. AU PLAN DE LA TAXE SUR LA VALEUR AJOUTÉE (TVA)

La loi n° 12-97 du 12 mai 1997 sur la taxe sur la valeur ajoutée (TVA) au Congo soumet les abandons de créance à caractère commercial à la taxe sur la valeur ajoutée.

En application des articles 1, 2 et 3.8 de ladite loi, les remises de prêts et les abandons de créances constituent des opérations comprises dans le champ d'application de la TVA congolaise.

Au regard de la législation applicable, l'abandon de créance consenti à une autre société en relation d'affaires constitue donc une opération imposable à la TVA (ainsi qu'aux centimes additionnels), car il est motivé par un objet commercial. Partant du principe qu'il n'existe pas de service gratuit entre deux entreprises en relations commerciales, l'Administration fiscale présume que l'avantage consenti à l'entreprise débitrice serait justifié par les relations commerciales existant entre elles.

Par conséquent, la TVA est due en rémunération d'un service particulier « innomé » (utilisé au Congo) fourni par l'entreprise débitrice de la créance.

En principe, la TVA est due lors de l'enregistrement comptable de l'opération par le bénéficiaire.

La TVA exigible sera calculée au taux de 18 % sur le montant de la créance abandonnée.

Il convient de noter que les abandons de créance destinés à compléter le prix d'une opération imposable à la TVA ou à compenser « globalement l'insuffisance de recettes d'une entreprise » doivent être ajoutés à la base imposable à la TVA. Dans cette hypothèse, l'abandon de créance est souvent accordé au débiteur qui réalise en même temps des opérations imposables à la TVA avec son client créancier pour compléter (voire se substituer totalement) le prix que lui doit ce dernier.

L'exercice du **droit à déduction de la TVA** sur les abandons de créance s'opère conformément aux règles du droit commun.

À noter :

L'abandon de créance peut également résulter de l'impossibilité pour le débiteur de régler une facture de son fournisseur. Dans ce cas, le créancier (fournisseur) peut avoir déjà acquitté la TVA facturée sur cette opération, s'il s'agit, par exemple, d'une vente, dans la mesure où la TVA y afférente est en principe exigible dans le mois suivant celui du fait générateur, constitué en l'occurrence par la livraison du bien, objet de sa créance.

L'article 26 de la loi sur la TVA prévoit la possibilité de récupérer la taxe acquittée à l'occasion des ventes ou des services qui sont par la suite résiliés ou annulés ou restent impayés **par voie d'imputation sur l'impôt dû pour les opérations faites ultérieurement**. Toutefois, le même article précise que la récupération de la taxe acquittée à raison de ces opérations annulées ou résiliées est subordonnée à l'établissement et à l'envoi au client d'une facture nouvelle annulant et remplaçant la facture initiale.

L'article 26 in fine de ladite loi ajoute que ***pour les opérations impayées, lorsque la créance est réellement et définitivement irrécouvrable****, la rectification de la facture consiste dans l'envoi d'un duplicata de la facture initiale avec des indications réglementaires surchargées de la mention « facture demeurée impayée pour la somme de... FCFA prix hors TVA et pour la somme de... FCFA représentant la TVA correspondante qui ne peut faire l'objet d'une déduction. »*

DROIT SOCIAL

LA REQUALIFICATION DU CONTRAT DE TRAVAIL À DURÉE DÉTERMINÉE

Le contrat de travail à durée déterminée est soumis au respect de certaines règles imposées dans le but de protéger le salarié.

À défaut de respecter celles-ci par l'employeur, le contrat de travail peut être requalifié en contrat de travail à durée indéterminée.

En effet, selon le Code du travail et la jurisprudence, on peut citer plusieurs cas dans lesquels le contrat de travail à durée déterminée peut être requalifié en contrat de travail à durée indéterminée :

- l'absence d'écrit constatant l'existence du contrat ;
- le renouvellement plus d'une fois du même type de contrat et la prorogation tacite de son exécution au-delà du terme ;
- la présence d'une clause de résiliation unilatérale.

Nous examinons ci-après chacun de ces cas.

1. L'ABSENCE D'UN ÉCRIT

Au Congo, il suffit que le contrat de travail à durée déterminée soit conclu pour plus de trois (3) mois pour qu'il soit soumis par l'employeur à la formalité du visa de l'inspection du travail territorialement compétente ; il doit donc être établi par écrit.

L'obligation d'un écrit est d'ailleurs prévue à l'article 32-3 du Code du travail qui dispose :

« Le contrat de travail à durée déterminée doit être écrit ; à défaut, il est présumé conclu pour une durée indéterminée. »

La loi précise les indications que doit comporter le contrat de travail, notamment :

- La définition précise de son projet,
- La qualification du travailleur remplacé lorsque son contrat a été conclu pour le cas d'absence temporaire ou de suspension

du contrat de travail d'un salarié ne résultant pas d'un conflit collectif du travail,

- Lorsqu'il comporte un terme précis, la date d'échéance du terme, le cas échéant, une clause prévoyant le report du terme sans pour autant que ce report n'ait pour effet de proroger le contrat au-delà de deux (2) ans,
- Lorsqu'il ne comporte pas de terme précis, la durée pour laquelle il a été conclu,
- La désignation du poste de travail de l'emploi occupé,
- La durée de la période d'essai éventuellement prévue,
- Les modalités de paiement et les éléments de la rémunération.

L'imprécision relative aux mentions imposées par le législateur entraîne la requalification quasi automatique du contrat en initial réputé avoir été conclu à durée déterminée en contrat de travail à durée indéterminée (Tribunal du Travail de Brazzaville, 6 février 1992).

Conformément à la règle *parallélisme des formes*, le renouvellement du contrat de travail à durée déterminée doit également être constaté par écrit.

Important : *L'écrit peut être un contrat de travail en bonne et due forme mais aussi une simple lettre avec les mentions obligatoires citées ci-dessus remise au salarié par l'employeur et dont le salarié a accepté les termes, expressément par sa signature.*

2. LE RENOUVELLEMENT PLUS D'UNE FOIS D'UN CONTRAT DE TRAVAIL ET LA PROROGATION TACITE DE LA DURÉE DU CONTRAT

L'article 32-5 dispose que « *le contrat de travail à durée déterminée ne peut être renouvelé qu'une fois pour une durée inférieure ou égale à celle de la période initiale. Dans tous les cas, cette durée ne peut excéder deux (2) ans renouvellement compris* ».

Il ressort de ces dispositions que le contrat de travail à durée déterminée peut être requalifié en contrat de travail à durée indéterminée dans les cas suivants :

- Le renouvellement plus d'une fois d'un contrat de travail à durée déterminée (Brazzaville, 28 février 1990, le salarié qui a vu son contrat de travail, soi-disant à durée déterminée, être prolongé au moins sept fois, était lié à l'entreprise par un contrat à durée indéterminée) ;

- Le renouvellement pour une durée supérieure à la durée initiale ;
- Le contrat à durée déterminée dont la durée excède deux (2) ans (Brazzaville, 13 juillet 1995, TPOM 862 P.24).

Lorsque l'exécution du contrat de travail se prolonge de façon tacite au-delà du terme fixé par les parties, le contrat se transforme en un contrat à durée indéterminée dès l'instant que le salarié a continué à travailler au-delà du terme initialement fixé (voir à ce propos Cassation 30 novembre 1978, *JO* 1979 ou Brazzaville 9 juin 198, TPOM 478 P.21).

Dans le cas où les parties décident de renouveler le contrat, ils peuvent aménager le terme initial. En pareille situation, en l'absence de toute clause dans le contrat, le renouvellement pourra être fait par le biais d'un avenant qui sera soumis au salarié avant l'arrivée du terme initialement convenu et signé par l'intéressé.

Il est préférable que la signature du salarié soit apposée sur l'avenant, au plus tard le dernier jour du contrat initial, c'est alors le même contrat qui se poursuit.

3. MENTION D'UNE CLAUSE DE RÉSILIATION UNILATÉRALE

En vertu des dispositions de l'article 37 nouveau du Code du travail « le contrat de travail à durée déterminée prend fin à l'expiration du terme fixé ».

Il en résulte que le contrat de travail doit en principe être maintenu jusqu'à l'arrivée du terme ; ce terme étant constitué par une date fixe ou résultant d'un évènement futur et certain, stipulé lors des négociations et dont la résiliation ne dépend pas exclusivement de la volonté des parties.

Le contrat de travail à durée déterminée ne peut donc être rompu avant l'échéance du terme qu'en cas de faute lourde ou de force majeure ou d'accord entre parties constaté par écrit.

La résolution du contrat de travail peut néanmoins être demandée par l'une des parties lorsque l'autre n'exécute pas ses obligations.

Il en résulte qu'à l'arrivée du terme convenu, le contrat prend fin sans pour autant qu'il soit nécessaire qu'une notification soit faite, ni la nécessité d'un préavis, sauf clause contraire insérée dans le contrat, ou d'une indemnité.

À l'approche du terme du contrat, il est conseillé à l'employeur d'informer le salarié dans un délai raisonnable (en fonction de la durée dudit contrat) de son intention de poursuivre ou d'arrêter les relations contractuelles ; cette préoccupation évitera une rupture brutale susceptible d'être utilisée, le cas échéant, comme un motif pour une réclamation de dommages et intérêts.

Toute rupture du contrat avant terme, peut donner lieu à des dommages et intérêts.

Par conséquent, le contrat de travail comportant une clause prévoyant pour chacune des parties une faculté de résiliation unilatérale pour quelque motif que ce soit, avant l'échéance du terme, peut être requalifié en contrat de travail à durée indéterminée.

LE BULLETIN DE PAIE

La contrepartie du travail fourni par un salarié est le salaire payé par son employeur. Le paiement du salaire par l'employeur doit être accompagné d'une pièce justificative appelée bulletin de paie.

Le bulletin de paie (1) doit contenir certaines mentions légales ou réglementaires (2). Il produit des effets tant à l'égard du salarié qu'à l'égard de l'Administration (3). Enfin, sa non-délivrance est assortie des sanctions (4).

1. L'OBLIGATION AU BULLETIN DE PAIE

La preuve du paiement du salaire est le bulletin de paie. L'article 90 alinéas 2 du Code du travail prévoit que « *sauf dérogation autorisée par l'Inspecteur du travail, les employeurs sont tenus de délivrer au travailleur, au moment du paiement, un bulletin individuel de paie...* ».

Le bulletin de paie n'a pas un modèle défini. Aucune règle n'est d'ailleurs requise par le Code du travail ou les règlements en vigueur, ce qui explique que dans la pratique, on rencontre différents types de bulletins de paie. Généralement, il se présente sous forme d'une fiche imprimée tenue manuellement ou sur support informatique.

Cependant, quel que soit le modèle, il s'applique aux parties pour valider leurs droits (salarié créancier) et obligations (employeur débiteur) réciproques dans le cadre des relations contractuelles qui les lient.

2. LE CONTENU DU BULLETIN DE PAIE

Le contenu du bulletin de paie est encadré par le Code du travail et ses règlements d'application. L'article 90 alinéas 3 prévoit en effet que « *la contexture du bulletin individuel de paie* » sera fixée par arrêté du ministre du Travail et de la Sécurité sociale après avis de la Commission Nationale Consultative du Travail.

Le bulletin de paie doit donc contenir certaines mentions obligatoires que nous présentons ci-dessous.

D'autres sont par contre formellement interdites (article 87 du Code du travail) telles que :

- le paiement de tout ou partie du salaire en alcool ou en boissons alcoolisées ;
- le paiement de tout ou partie du salaire en nature, sauf pour les cas strictement prévus aux articles 81 (ravitaillement de salariés déplacés) et 103 (concernant les économats).

Sous ces réserves, les conventions collectives, les accords d'établissement ou l'employeur peuvent prévoir des mentions supplémentaires.

Le bulletin de paie contient à quelques différences près les six grandes parties suivantes :

2.1. LES MENTIONS D'IDENTIFICATION

- Le timbre de l'employeur ;
- Les noms et prénoms du salarié, emploi, catégorie, Convention collective applicable, numéro d'immatriculation à la CNSS, la période correspondant au salaire payé, et la date de paiement.

2.2. LE SALAIRE BRUT

- Le salaire de base catégoriel ou contractuel au taux mensuel correspondant au nombre de jours ouvrés ;
- Les accessoires au salaire : primes et indemnités diverses conventionnelles ou contractuelles, avantages en nature. Ne sont pas considérées comme élément du salaire brut, les indemnités et primes non imposables comme les indemnités de transport ou de représentation.

C'est le salaire brut qui est soumis à l'impôt sur le revenu des personnes physiques (IRPP) ainsi qu'aux différentes retenues fiscales et cotisations sociales.

2.3. LES RETENUES SUR SALAIRE BRUT

Le bulletin de paie comporte obligatoirement la nature, les taux de base, ainsi que le montant des cotisations salariales et retenues sur le salaire brut.

Les éléments qui viennent en déduction du salaire brut sont les cotisations sociales salariales, ainsi que l'IRPP calculé suivant un barème donné par le code des impôts. Les avances, ou acomptes sur salaires consentis au salarié, doivent également être déduites du salaire à verser, mais doivent être comprises dans le salaire brut pour le calcul des différentes taxes et cotisations sociales.

2.4. LE REMBOURSEMENT DES FRAIS

Le bulletin de paie comporte les avantages accordés au salarié en application des dispositions législatives ou conventionnelles, voire contractuelles : indemnité de transport, indemnité kilométrique, prime de représentation et frais connexes.

2.5. LES COTISATIONS PATRONALES

Les cotisations patronales ne devraient en principe pas figurer sur le bulletin de paie. La doctrine fiscale a prescrit des mesures pour alléger le traitement et améliorer la lisibilité du bulletin de paie.

Les employeurs font tout de même figurer les cotisations patronales, ce qui permet de regrouper tous les traitements sociaux et fiscaux tant pour l'employeur que pour le salarié.

2.6. LE SALAIRE NET

Le bulletin de paie montre les différents traitements auxquels a été soumis le salaire brut. Le salaire net est obtenu en soustrayant au salaire brut les retenues salariales (cotisation sociale et IRPP) puis en ajoutant les divers avantages non imposables.

Enfin, le bulletin de paie doit comporter une mention lisible invitant le salarié à conserver son bulletin de paie sans limitation de durée.

3. LES EFFETS DU BULLETIN DE PAIE

3.1. LES EFFETS À L'ÉGARD DES PARTIES

Le bulletin de paie n'est opposable aux parties qu'en tant que moyen de preuve.

Cependant, il ne peut être opposable au salarié au titre du solde de tout compte ou toute autre mention équivalente souscrite par lui, soit au cours de l'exécution, soit après la résiliation de son contrat de travail (article 90 alinéa 4).

De même, l'acceptation par le salarié ne vaut pas renonciation au paiement du salaire et des primes et indemnités qui lui sont dus en vertu des dispositions législatives, réglementaires ou contractuelles (article 90 alinéa 5).

Enfin, il ne peut valoir compte arrêté et réglé.

3.2. LES EFFETS À L'ÉGARD DE L'ADMINISTRATION

L'article 90 dispose que :

« Le paiement du salaire doit être constaté par une pièce certifiée par l'employeur ou son représentant et émargée par chaque partie ou par deux témoins s'il est illettré. Ces pièces sont conservées par l'employeur dans les mêmes conditions que les pièces comptables et doivent être présentées à toute réquisition de l'inspection du travail. »

L'employeur est tenu de conserver les bulletins de salaire pour toute communication à l'administration. En matière de contrôle, les administrations suivantes interviennent :

- l'inspection du travail veille aux conditions de travail et de rémunération ;
- l'administration fiscale contrôle les prélèvements fiscaux opérés sur les salaires ;
- la Caisse Nationale de Sécurité Sociale contrôle les cotisations sociales reversées sur les salaires payés.

4. LES SANCTIONS

La non-délivrance du bulletin de paie au salarié expose l'employeur à différentes pénalités :

- condamnation au paiement des primes et indemnités *en cas de contestation* sur le paiement. Le non-paiement est présumé de manière irréfragable (article 90 alinéa 6) ;
- condamnation à des dommages-intérêts ;
- délit de dissimulation d'emploi salarié à l'administration ou au tribunal.

LA SAISIE DES SALAIRES

La saisie des salaires est une procédure qui permet au créancier de contraindre le débiteur au remboursement de sa dette en saisissant directement une partie des rémunérations dues par son employeur.

Cette saisie est réalisée selon des conditions et une procédure strictement définies par les articles 173 et suivants de l'Acte uniforme portant organisation des procédures simplifiées de recouvrement et des voies d'exécution (ci-après l'Acte uniforme).

1. CONDITIONS

Le créancier qui souhaite procéder à la saisie des salaires de son débiteur doit être muni d'un titre exécutoire et avoir au préalable effectué une tentative de conciliation.

1.1. TITRE EXÉCUTOIRE

Le titre exécutoire est l'instrument qui permet au créancier de recourir aux voies d'exécution forcée à l'encontre du débiteur défaillant.

À cette fin, le titre doit constater l'existence d'une créance liquide (évaluée ou évaluable en argent) et exigible (non affectée d'un terme suspensif), c'est-à-dire échue.

Le caractère certain (incontestable) de la créance n'est pas requis.

En effet, le créancier peut disposer d'un titre exécutoire par provision. Tel est le cas d'une ordonnance de référé qui ne statue pas sur le fond de l'affaire mais qui autorise la saisie.

À cet égard, l'article 32 de l'Acte uniforme précise que :

« L'exécution est alors poursuivie aux risques du créancier, à charge pour celui-ci, si le titre est ultérieurement modifié, de réparer intégralement le préjudice causé par cette exécution sans qu'il y ait lieu de relever de faute de sa part ».

Le titre exécutoire peut revêtir la forme d'une décision juridictionnelle ou d'un acte notarié revêtu de la formule exécutoire, d'un procès-verbal de conciliation signé par le juge et les parties ou d'une décision à laquelle la loi attache les effets d'une décision judiciaire.

1.2. TENTATIVE DE CONCILIATION

Conformément aux articles 179 et suivants de l'Acte uniforme, il incombe au créancier d'introduire par requête, auprès du président de la juridiction d'instance du lieu de domicile du débiteur (sauf clause attributive de compétence), une demande tendant à la conciliation préalable.

La requête indique :

- l'identité et l'adresse du débiteur ;
- l'identité et l'adresse de l'employeur du débiteur ;
- le détail des sommes dues (principal, frais et intérêts ainsi que l'indication du taux des intérêts) ;
- l'existence éventuelle d'un privilège ;
- les informations relatives aux modalités de versement des sommes saisies.

Il joint une copie du titre exécutoire à sa requête.

Le greffier convoque ensuite le débiteur au moins 15 jours avant la date de l'audience de conciliation et avise également le créancier.

En cas d'échec de la tentative de conciliation ou de non-comparution du débiteur à l'audience, le président autorise la saisie de son salaire.

Il dresse un procès-verbal et tranche éventuellement les contestations soulevées par le débiteur.

Toutefois, dans l'hypothèse où le débiteur ne comparait pas, le président peut, s'il l'estime nécessaire, le convoquer de nouveau.

2. LA SAISIE

La mise en œuvre de la saisie fait intervenir le greffier, l'employeur et éventuellement le tiers. Elle est régie par les articles 183 et suivants de l'Acte uniforme. La saisie ne peut porter que sur une fraction du salaire préalablement déterminée par le Code du travail. Elle peut être contestée par les voies de recours prévues par l'Acte uniforme.

2.1. LES INTERVENANTS

A. Le greffier

Dans les huit jours de l'audience de non-conciliation ou dans les huit jours qui suivent l'expiration des délais de recours, si une décision a été rendue, le greffier notifie par écrit l'acte de saisie à l'employeur.

Cette notification indique les modalités de calcul de la fraction saisissable du salaire de l'employé et les modalités de règlement.

Le greffier peut recevoir les fonds saisis à charge pour lui de les reverser au créancier dès réception.

Toutefois, en cas de pluralité de créanciers, il ouvre obligatoirement un compte dans une banque, à la poste ou au trésor public où les versements du tiers saisi sont faits.

Il est tenu de consigner les mouvements de fonds ainsi que toute autre décision ou formalité relative à la saisie dans un registre tenu au greffe à cet effet.

B. L'employeur

L'employeur, dès notification de l'acte de saisi, a l'obligation, dans les quinze jours suivants, d'informer le greffe de la relation juridique qui le lie au débiteur ainsi que de toutes les modalités qui pourraient affecter la procédure de saisie en cours.

En cas de modification significative de ces relations, l'employeur doit en informer le greffe dans les huit jours.

Tel serait le cas si le contrat de travail entre le travailleur et l'employeur était rompu.

L'employeur verse mensuellement le montant de la somme saisie au greffe soit directement entre les mains du greffier, soit par mandat à la poste. La quittance du greffier ou l'avis de réception du mandat le libère valablement de cette obligation.

Il joint à chaque versement un écrit mentionnant les noms des parties, le montant de la somme versée, la date et éventuellement les références de l'acte de saisi.

Dans le cas où l'employeur ne respecterait pas ses obligations d'information et de paiement, il peut être personnellement déclaré par le tribunal débiteur de la somme litigieuse.

C. Le tiers

Le débiteur peut avoir plusieurs créanciers. Aussi, l'article 190 de l'Acte uniforme permet-il à tout créancier muni d'un titre exécutoire, sans tentative de conciliation préalable, de se joindre à la procédure en cours afin de participer à la répartition des sommes saisies. Pour ce faire, il adresse une requête au tribunal d'instance du lieu du domicile du débiteur.

Cette requête doit comporter les mentions ci-après :

- l'identité et l'adresse du débiteur ;
- l'identité et l'adresse de l'employeur du débiteur ;
- le détail des sommes dues (principal, frais, intérêts ainsi que l'indication du taux des intérêts) ;
- l'existence éventuelle d'un privilège ;
- les informations relatives aux modalités de versement des sommes saisies ;
- une copie du titre exécutoire.

Il notifie ensuite par écrit son intervention au débiteur et aux créanciers qui sont déjà dans la procédure.

La répartition des sommes saisies est faite par le président du Tribunal.

2.2. LIMITATION DE LA SAISIE-ARRÊT À LA QUOTITÉ SAISISSABLE

Aux termes des dispositions de l'article 177 alinéa 2 de l'Acte uniforme :

« L'assiette servant de base de calcul de la partie saisissable de la rémunération est constituée par le traitement ou salaire brut global avec tous les accessoires, déduction faite :

- *des taxes et prélèvements légaux obligatoires ;*
- *des indemnités représentatives de frais ;*
- *des prestations, majorations et suppléments pour charge de famille ;*
- *des indemnités déclarées insaisissables par les lois et règlements de chaque État-Partie ».*

L'article 100 du Code du travail prévoit que le remboursement d'avances d'argent consenties par l'employeur au travailleur ne peut faire l'objet de retenues sur les appointements ou salaires que par saisie-arrêt ou cession volontaire souscrite devant le magistrat du ressort.

Cette disposition est réaffirmée par l'article 339 du Code de procédure civile, commerciale, administrative et financière du Congo en ces termes :

« Les traitements et salaires sont saisissables dans la mesure et suivant la procédure fixée par décret du Premier ministre ».

L'article premier du décret 84/209/ du 08/03/84 portant application de l'article 339 du Code de procédure civile, commerciale, administrative et financière sur la saisie-arrêt des traitements et salaires précise que :

« Les dispositions du présent décret sont applicables aux sommes dues à titre de rémunération à toutes les personnes salariées ou travaillant pour un employeur du secteur public, semi-public ou privé, quels que soient le montant et la nature de leur rémunération, la forme et la nature de leur statut ou de leur contrat. »

L'article 2 du décret précité, détermine la tranche de salaire saisissable comme suit :

Tranches de salaires (en francs)	Fraction	Montant de la retenue (en francs)	
		Par tranche	Cumulé
De 1 à 50 000	1/10e	5 000	5 000
De 50 000 à 100 000	1/5e	10 000	15 000
De 100 000 à 150 000	¼	12 500	27 500
De 150 000 à 250 000	1/3	33 333	60 833
Au-delà de 250 000	½		

2.3. LA NON-LIMITATION À LA QUOTITÉ SAISISSABLE

Il est important de signaler que l'alinéa 3 de l'article 2 du décret 84/209/ du 08/03/84, autorise par décision de justice, la saisie-arrêt de la portion insaisissable de la rémunération pour le paiement d'une pension alimentaire comme suit :

« Toutefois, en cas de saisie-arrêt faite pour le paiement d'une pension alimentaire accordée par décision de justice, le montant de la créance alimentaire sera prélevé intégralement chaque mois sur la portion insaisissable de la rémunération ».

Le contenu de ce texte marque bien la volonté indiscutable du juge de veiller à la justice sociale notamment en saisissant la portion incessible de la rémunération pour le paiement de la pension alimentaire.

2.4. LES VOIES DE RECOURS

La saisie peut faire l'objet de contestation aussi bien pendant les phases de conciliation préalable et de sa mise en œuvre qu'après son exécution.

A. Conciliation préalable

Lors de l'audience de conciliation, le débiteur peut élever toutes les contestations qu'il estime utiles par rapport à la créance litigieuse.

S'il ne comparait pas à l'audience de conciliation, il ne peut contester la décision prise par le juge par voie d'opposition. Le seul moyen de recours qui s'ouvre alors à lui est l'appel dans un délai de quinze jours à compter du prononcé du jugement.

B. Mise en œuvre

La procédure peut être contestée par l'employeur et à l'occasion de l'intervention d'autres créanciers.

a. Contestation de l'employeur

L'employeur, déclaré par le tribunal personnellement débiteur de la somme litigieuse en lieu et place du débiteur-saisi, peut, dans un délai de quinze jours à compter de la notification du jugement, former opposition au moyen d'une déclaration au greffe.

À défaut, la décision devient définitive et le seul recours qui s'ouvre à lui est l'appel.

a. Intervention d'autres créanciers

L'intervention d'autres créanciers à la procédure peut être contestée à tout moment. La contestation est jointe à la procédure. Elle entraîne la consignation des sommes revenant au créancier intervenant jusqu'à ce que le juge se prononce.

Si la contestation est rejetée, les sommes sont remises au créancier intervenant. Dans le cas contraire, elles sont remises au débiteur ou aux autres créanciers selon le cas.

Par ailleurs, la répartition des sommes faites par le Président du Tribunal suite à l'intervention d'autres créanciers peut faire l'objet de contestation.

Cette contestation est recevable dans le délai de quinze jours à compter de sa notification par opposition formée au greffe.

b. Après la saisie

Le débiteur peut toujours agir en répétition d'indu contre l'intervenant qui aurait été illégitimement payé. La saisie des salaires prend fin par un accord du ou des créanciers ou par le constat d'extinction de la dette par le Tribunal. Elle est notifiée à l'employeur dans les huit jours.

LES OBLIGATIONS SOCIALES D'ENTREPRISE

Dans le cadre de ses relations avec l'environnement externe (les administrations) et interne (gestion interne), l'entreprise doit détenir des documents qui sont soit utiles sur le plan social, soit obligatoires sur le plan juridique.

1. DOCUMENTS NON OBLIGATOIRES

1.1. L'ORGANIGRAMME

L'organigramme est une représentation graphique de toute la structure faisant apparaître les fonctions, les organes et les responsables. L'organigramme joue un rôle d'orientation et de guide et permet une meilleure connaissance de l'entreprise. C'est une base formelle et réglementaire conforme aux normes d'organisation.

1.2. LE MANUEL DE PROCÉDURES

Le manuel de procédures est un document contenant des instructions écrites relatives à l'exécution des missions de la société. Il permet à toute organisation de fonctionner de manière cohérente. C'est donc un instrument sans lequel il est impossible de faire fonctionner une organisation.

Les procédures évitent le fonctionnement à vue, basé sur la pratique. La pratique étant informelle, elle peut générer des dysfonctionnements, des blocages, voire des impasses.

1.3. LE DESCRIPTIF DES POSTES

La fiche de description des postes consiste à définir les fonctions, par poste et par catégorie professionnelle. C'est un document connexe à l'organigramme. En principe, c'est un référentiel qui neutralise les conflits et permet une meilleure information, en ce qu'il hiérarchise et clarifie la contexture de chaque poste d'emploi. Son extrait est notifié au personnel.

L'inexistence d'une description de postes et donc d'une définition précise des fonctions peut générer au sein d'une société des conflits de compétence, voire une certaine confusion.

2. LES DOCUMENTS JURIDIQUES DE LA SOCIÉTÉ SOUS L'ANGLE SOCIAL

La tenue des documents juridiques d'employeur est prescrite par la législation du travail. Elle permet à la direction de la société de s'assurer du respect des prescriptions légales, des orientations, des procédures ou des règlements qu'elle a instaurés dans la structure ou de ceux qui lui sont imposés par les Pouvoirs publics.

2.1. LE REGISTRE D'EMPLOYEUR

L'article 182 du Code du travail dispose que :

« *L'employeur doit tenir constamment à jour, au lieu d'exploitation un registre dit "registre d'employeur"... Ce registre comprend trois (3) parties : la première comprend : les renseignements concernant les personnes et les contrats de tous les travailleurs occupés dans l'entreprise...* »

La société doit détenir un registre d'employeur à soumettre au visa de la Direction départementale du travail.

La tenue du registre d'employeur doit être conforme au droit en vigueur, notamment l'observation de l'ordre chronologique des entrées, la mention des renseignements requis ainsi que les numéros et dates du visa des contrats de travail ou à défaut, ceux de l'établissement de la carte de travail. Enfin, les dates de cessation des contrats de travail.

Le défaut de mise à jour du registre d'employeur expose la société aux infractions prévues à l'article 251 nouveau du Code du travail, à savoir une amende de 10 000 FCFA à 20 000 F CFA et en cas de récidive de 20 000 FCFA à 36 000 FCFA.

L'amende peut être prononcée autant de fois qu'il y aura d'inscriptions omises ou erronées.

2.2. LE LIVRE DE PAIE

L'article 90 alinéa 2 dispose que :

« *Sauf dérogation autorisée par l'Inspecteur du travail, les employeurs seront tenus de délivrer aux travailleurs, au moment du paiement, un bulletin individuel de paie. Mention sera faite par l'employeur du paiement du salaire sur un registre tenu à cette fin dit "livre de paie" »*

La contexture du bulletin individuel de paie et du livre de paie sera fixée par arrêté du ministre du Travail et de la Sécurité sociale après avis de la Commission nationale consultative du travail.

Le registre de paie doit être coté, paraphé et visé par la Direction départementale du travail.

Nota : Le registre de paie peut être tenu sous forme électronique. Cette forme de registre est admise et tolérée par l'administration.

2.3. LE RÈGLEMENT INTÉRIEUR

Les articles 74 et 75 du Code du travail prévoient que :

« Un règlement intérieur est tenu dans les établissements de toute nature, qu'ils dépendent d'une entreprise privée ou de la puissance publique ».

« Le projet de règlement intérieur est établi par l'employeur, son contenu est exclusivement limité aux règles relatives à l'organisation technique du travail, à la discipline et aux prescriptions concernant l'hygiène et la sécurité nécessaires à la bonne marche de l'entreprise... avant de le mettre en vigueur, le chef d'entreprise doit communiquer le règlement intérieur au bureau syndical s'il en existe, pour étude de discussion, et à l'Inspecteur du travail qui peut exiger le retrait ou la modification des dispositions contraires aux lois et règlements en vigueur... »

Le défaut de règlement intérieur est puni d'une amende de 10 000 FCFA à 20 000 FCFA et en cas de récidive, de 20 000 FCFA à 36 000 FCFA.

L'absence d'un règlement intérieur prive l'employeur d'un instrument légal dans l'exercice de son pouvoir disciplinaire. Cette absence est source de contentieux et peut engendrer des conséquences financières importantes.

2.4. LES CONTRATS DE TRAVAIL

- **Personnel local**

Les articles 13 et 14 de la loi suscitée prévoient que tout engagement de salarié doit être constaté par écrit et que tout engagement de salarié doit être immédiatement déclaré et enregistré à l'agence de l'ONEMO du lieu où l'emploi doit être exercé.

Le défaut d'enregistrement du contrat de travail est passible d'une amende de 30 000 à 95 000 francs CFA par omission.

- **Personnel expatrié**

Les articles 25 et 26 de la loi n° 022/88 du 17 septembre 1988 disposent que :

« Le recrutement de travailleurs étrangers est soumis à l'autorisation du ministre chargé du Travail dans les conditions fixées par les articles 26 et 35. »

« La demande d'autorisation doit être accompagnée d'un contrat en 4 exemplaires signés par les parties sous conditions d'octroi de l'autorisation, à la déclaration d'offre d'emploi… »

Il est formellement interdit d'employer un salarié étranger sans autorisation. L'emploi sans autorisation est passible d'une amende de 1 000 000 FCFA maximum.

3. L'ENTREPRISE ET SES OBLIGATIONS SOCIALES

3.1. DÉCLARATION ANNUELLE DES SALAIRES « DAS »

L'article 23-1° du Code de la sécurité sociale dispose que :

> *« 1° L'employeur est tenu de produire chaque année une déclaration annuelle indiquant pour chacun des salaires qu'il a occupés au cours de l'année précédente, le montant total des rémunérations ou gains perçus, ainsi que la durée de travail effectué. Cette déclaration est adressée à la CNSS selon les modalités fixées par arrêté du ministre chargé de la Sécurité sociale.*
>
> *2° Le défaut de production aux échéances prescrites de ladite déclaration donne lieu à l'application des dispositions de l'article 179 du présent Code ».*

3.2. CAISSE NATIONALE DE SÉCURITÉ SOCIALE « CNSS »

L'article 22-1° du Code de la sécurité sociale dispose que :

> *« 1°/- Les cotisations font l'objet d'un versement par l'employeur à la Caisse dans les 15 jours de chaque mois si l'employeur occupe plus de vingt (20) travailleurs et dans les 15 premiers jours de chaque trimestre dans les autres cas.*

2°/- Les cotisations qui ne sont pas acquittées dans le délai prescrit sont passibles d'une majoration de retard dont les modalités seront fixées par arrêté du ministre chargé de la Sécurité sociale après avis de la commission nationale consultative du travail. »

La société doit s'acquitter de ses cotisations selon l'échéancier et tenir les bordereaux et quittances y afférents.

La contribution au titre de l'assurance vieillesse, invalidité, décès est de 12 % du salaire mensuel plafonné à 1 200 000 par mois (dont 8 % employeur et 4 % salarié). La contribution au titre des autres prestations sociales est 12,28 % du salaire mensuel plafonné à 600 000 par mois.

3.3. OFFICE NATIONAL DE L'EMPLOI ET DE LA MAIN-D'ŒUVRE « ONEMO »

La contribution patronale due au titre du Fonds national pour l'emploi est acquittée dans les mêmes conditions que la CNSS et la SOPROGI. Elle est de 0,5 % de la masse salariale brute.

3.4. "SOPROGI"

La contribution SOPROGI due au titre du Fonds national de construction est assise sur la même base que les prestations sociales CNSS.

3.5. IMPÔTS SUR LE REVENU DES PERSONNES PHYSIQUES « IRPP »

L'article 37 du CGI dispose que :

« Les traitements, indemnités, remises, gratifications, salaires, primes et émoluments de toute nature ainsi que les pensions et rentes viagères concourent à la formation du revenu global servant de base à l'impôt sur le revenu des personnes physiques. Les traitements, indemnités, remises, gratifications, salaires, primes et émoluments, sont imposables. »

Aux termes de l'article 41 dudit Code, pour la base de l'impôt, une déduction de 20 % est appliquée au montant net déterminé comme il est dit aux articles 39 et 40 ci-dessus.

3.6. TAXE D'APPRENTISSAGE « TA »

L'article 144 du CGI dispose que :

« Est assujetti à la taxe d'apprentissage tout établissement ou entreprise à caractère public, mixte ou privé installé en République du Congo, employant un ou plusieurs travailleurs liés à lui par un contrat de travail. »

L'article 149 prévoit que le taux de la taxe d'apprentissage est fixé à 1 % des salaires bruts. Ce taux ne peut être révisé que par la loi.

3.7. TAXE FORFAITAIRE « TF »

Selon l'article 171 bis, **les sommes** payées à titre de traitements, salaires, indemnités, pensions de retraite et émoluments, y compris les avantages en nature, donnent lieu à la perception au profit du budget de l'État d'une taxe forfaitaire, à la charge des personnes ou organismes autres que ceux expressément désignés à l'article 171 ter, qui paient les traitements, salaires, indemnités, émoluments et pensions.

La taxe forfaitaire est assise sur le brut et sur la fraction du revenu supérieure à 125 000 F CFA par mois.

L'article 171 quinquiès prévoit que le taux de la taxe est fixé à 5 % des sommes imposables. Le taux de la taxe est majoré de 4 % pour la fraction des rémunérations individuelles annuelles qui excèdent 1 500 000 FCFA à l'exception des entreprises industrielles et de manutention.

Les retenues faites aux titres des différentes taxes et impôts sont soumises à déclaration.

En effet, l'article 173 du CGI dispose que les retenues afférentes aux paiements effectués pendant un mois doivent être versées dans les quinze jours du mois suivant à l'Inspection divisionnaire des contributions directes et indirectes compétente, par chèque barré, libellé à l'ordre du payeur, percepteur ou agent spécial du lieu du domicile de la personne ou du siège de l'établissement ou du bureau qui les a opérées.

LA RETRAITE : INCIDENCE SUR LE CONTRAT DE TRAVAIL

La retraite peut être définie comme le moment pour une personne physique où elle se retire de la vie professionnelle. C'est normalement la période où cette dernière arrête totalement de travailler. Ce départ de la vie professionnelle a pour résultat le déclenchement de certains droits et indemnités.

Pour comprendre l'incidence que peut avoir la retraite sur le contrat de travail, trois points doivent être abordés :

1. le droit à la retraite ;
2. les modalités de la retraite ;
3. les effets de la retraite.

1. DROIT À LA RETRAITE

Aux termes de l'article 145 du Code de la sécurité sociale, l'âge requis pour la cessation d'activité salariée pour cause de retraite est fixé à 55 ans.

Cette disposition a été modifiée par la loi n° 10-2007 du 3 juillet 2007 qui relève l'âge d'admission à la retraite des travailleurs relevant du Code du travail à 60 ans. Pour prétendre à la retraite, le salarié devra avoir atteint l'âge de 60 ans, période qui constitue le point de départ pour faire valoir ses droits à la retraite.

Le droit à la retraite s'analyse suivant les modalités et les effets ci-après.

Nota : Le Code du travail ne fait pas mention de la retraite. Ce sont les conventions collectives qui énoncent le droit du salarié, l'obligation de mise à la retraite et l'indemnité y afférente qui incombe à l'employeur.

2. MODALITÉS DE LA RETRAITE

2.1. CONDITIONS DE MISE À LA RETRAITE

Le salarié (assuré) qui atteint l'âge de la retraite (60 ans actuellement) a droit à une pension de vieillesse s'il remplit les conditions d'ancienneté ci-dessous :

- Être immatriculé à la CNSS depuis au moins 20 ans ;
- Avoir accompli au minimum 60 mois d'assurance au cours des 10 dernières années précédant la date d'admissibilité à la pension ou compter au moins 240 mois d'assurance ;
- Avoir cessé définitivement toute activité salariée.

Cependant, l'article 145-3 du Code de la sécurité sociale prévoit que le contrat de travail peut être rompu avant l'âge de la retraite pour cause médicale :

« L'assuré ayant atteint l'âge de 50 ans, et accusant une usure prématurée de ses facultés physiques ou mentales le rendant inapte à exercer une activité salariée et qui remplit les conditions prescrites ci-dessus, peut demander une pension anticipée. »

Une circulaire du Directeur régional du travail du 1er juillet 1980 rappelait que la limite d'âge légal pour être admis à la retraite est fixée à 55 ans (60 ans depuis la loi de 2007) et prescrivait en conséquence aux employeurs de rompre tous les contrats de travail des vieux salariés. L'avènement des 55 ans constitue la cause de rupture systématique du contrat de travail. Si une jurisprudence condamne un salarié ayant falsifié son âge pour échapper à la retraite, il semble que la rupture est de droit à l'arrivée des 60 ans.

Rappel : Les prestations de la branche d'assurance vieillesse, décès, invalidité comprennent les pensions et allocations de vieillesse, les pensions d'invalidité, les pensions et allocations de survivants, les pensions proportionnelles ou anticipées.

En fonction de la situation du salarié, il lui est appliqué un régime social.

- La pension vieillesse : c'est la pension dite normale ou pleine (40 % + 2 % par année d'activité au-delà de 20 ans).
- Pension anticipée : la condition d'âge est de 50 ans. Conditions médicales : usure prématurée des facultés physiques et mentales rendant inapte à une activité salariée. La condition d'assurance prévue pour la pension vieillesse.

- Pension proportionnelle : la condition d'âge est de 60 ans. Condition d'inactivité : avoir cessé toute activité salariée. Autres conditions requises pour la pension vieillesse non satisfaites. La pension est alors calculée proportionnellement à la durée d'assurance (soit 2 % par année).

2.2. FORMALITÉS À L'EMBAUCHE

2.2.1. Formalités à l'embauche

Le droit à la pension est subordonné à une immatriculation préalable à l'embauche du salarié à la CNSS.

La demande doit être faite dans les 30 jours de l'embauche avec :

- un extrait d'acte de naissance du salarié ;
- deux (2) photographies d'identité ;
- un imprimé de déclaration d'embauche ;
- un contrat de travail signé de l'ONEMO.

En pratique, la CNSS exige en plus une photocopie légalisée d'une pièce d'identité.

L'employeur doit, soit remplir le livret de travail et d'assurance délivré à l'assuré par la Caisse, soit établir une demande de livret de travail et d'assurance comportant :

- les noms et prénoms du salarié ;
- la date d'embauche ;
- la qualification professionnelle ;
- l'adresse du salarié ;
- le nom ou la raison sociale de l'employeur, ainsi que son numéro d'inscription à la Caisse.

Nota : Nul ne peut être affilié à l'un quelconque des régimes d'assurance obligatoire gérés par la Caisse s'il ne présente pas une carte de travail en cours de validité et ne peut bénéficier des prestations s'il ne présente pas une carte de travail prouvant son état de salarié, de retraité ou d'invalide.

L'immatriculation à la CNSS est subordonnée à l'enregistrement préalable du salarié à l'ONEMO.

2.2.2. Au moment du départ à la retraite

À titre d'exemple, l'article 31 de la Convention collective des entreprises de recherche et de production d'hydrocarbures prévoit à la charge de l'employeur :

- la notification de mise à la retraite au salarié dans le délai normal de préavis. Ce délai correspond au nombre de mois fixé par la Convention collective pour la catégorie du salarié (2 mois pour les collèges Exécution et Maîtrise et 3 mois pour le collège Cadre) ;
- la transmission du dossier constitué par le salarié à la CNSS.

Le dossier comprend notamment :

- les certificats de travail indiquant les dates d'emploi avec les employeurs successifs du salarié ainsi que les fonctions occupées ;
- les 36 derniers bulletins de salaire ;
- Les pièces d'état civil du salarié, du conjoint et des enfants à charge ;
- Les décisions de justice d'adoption, de tutelle, etc.

Nota : il est recommandé avant tout de convoquer le salarié à une réunion préalable d'informations et d'explications afin de le préparer et convenir des dates de mise en œuvre.

3. LES EFFETS DE LA MISE À LA RETRAITE

Au moment du départ à la retraite, le salarié qui a cessé ses activités, bénéficie d'une d'indemnité en plus de ses droits à congés, du salaire mensuel et du 13e mois au prorata temporis.

L'indemnité de départ est prévue dans la presque totalité des conventions collectives (ex. : convention des entreprises de recherche et de production d'hydrocarbures, art. 31).

3.1. INDEMNISATION

L'article 31 de la Convention collective des entreprises de recherche et de production d'hydrocarbures prévoit en cas de départ à la retraite, le paiement d'une indemnité de départ dont le montant est calculé selon les modalités ci-après :

- 3 mois de salaire brut si ancienneté comprise entre 1 an et inférieure ou égale à 7 ans de présence ;
- 6,5 mois de salaire brut si ancienneté supérieure ou égale à 8 ans et inférieure ou égale à 20 ans ;
- 8,5 mois de salaire brut si ancienneté supérieure ou égale à 21 ans.

À cette indemnité s'ajoute un forfait de frais de transport équivalent à 50 % de l'indemnité de voyage congés annuels telle que fixée à l'article 44-3 de la même convention.

Il apparaît à notre avis que ce forfait de 50 % est attribué indistinctement à tous les salariés qu'ils soient déplacés de leur résidence au lieu d'emploi ou non.

3.2. RÉGIME FISCAL ET SOCIAL DE L'INDEMNITÉ DE DÉPART À LA RETRAITE

L'indemnité de départ à la retraite est exonérée d'impôt au regard du Code général des impôts. En effet, l'article 38, alinéa 15e du Code général des impôts, tome I, dispose que :

« Est affranchie de l'impôt : la prime de départ à la retraite dans la limite du montant prévu par le statut du personnel ou la Convention collective d'entreprises ».

EXPATRIATION OU DÉTACHEMENT : ASPECT DE DROIT SOCIAL

L'exécution du contrat de travail au Congo par les étrangers peut se faire selon deux options : le détachement et l'expatriation. Ce choix déterminera le régime juridique et social applicable à chaque situation.

1. LE DÉTACHEMENT

1.1. LA NOTION DE DÉTACHEMENT

Au plan du droit social général, le détaché est un salarié envoyé temporairement à l'étranger pour exercer des fonctions dans une entreprise de droit local, mais qui reste lié à son employeur initial par un contrat de travail.

En tout état de cause, la notion importante en matière de détachement est le caractère temporaire, et la qualité de détaché ne peut pas dépasser la durée de 6 années.

Au plan du droit de la sécurité sociale, le détaché est ce même salarié (envoyé temporairement à l'étranger pour exercer des fonctions dans une entreprise de droit local) et qui est maintenu pendant son détachement au régime français de sécurité sociale :

- soit du fait de l'existence d'une Convention de sécurité sociale conclue entre l'État où sont exercés le détachement et la France,
- soit par convention entre l'employeur et le salarié.

La distinction de la situation du salarié détaché dépend du critère jurisprudentiel qui est le maintien du lien de subordination avec la société qui l'a détaché.

Ce lien juridique n'est pas toujours facile à identifier compte tenu de la complexité et de la spécificité de chaque cas d'espèce.

1.2. CONSÉQUENCES DU DÉTACHEMENT

Le détaché continue à être salarié de son employeur, et son contrat de travail est maintenu avec certains aménagements ou incidences :

- suivant les conditions et la durée du détachement, le détaché pourra devenir également le salarié de l'entreprise de détachement, et il y aura cumul d'employeurs ;
- le détachement suppose l'existence d'une convention de détachement qui s'ajoute au contrat de travail en termes de lien juridique entre l'employeur et le salarié, cette convention constituant une modification au contrat initial, qui peut éventuellement être considérée comme substantielle (selon que le détachement fait partie des prévisions contractuelles ou non).

La loi applicable à la nouvelle relation contractuelle dépend de l'accord des parties, et il est extrêmement important de la déterminer lorsque le détachement se traduit par l'existence de deux contrats, l'un étant signé avec la société locale et régi par le droit local, l'autre demeurant le contrat initial régi par le droit étranger.

Dans ce cas de figure, il existe 3 liens relationnels :

- un contrat de travail initial ;
- un accord de détachement ;
- et un contrat de travail local.

Du fait du maintien de la relation salariée avec la société d'origine, on peut admettre l'existence de deux salaires, versés chacun par l'un des employeurs, et le régime fiscal et social de ces deux types de rémunération dépend des cas de figure.

Bien évidemment, le droit à réintégration fait partie du régime du détachement, à l'issue de ce dernier, à condition que le détaché ait effectivement eu la qualité de salarié de la société française qui l'a détaché, préalablement à ce détachement. En l'absence de relation de travail avec la société ayant procédé à l'embauche, cette dernière sera considérée comme un simple intermédiaire, et non comme l'employeur d'origine.

2. L'EXPATRIATION

2.1. LA NOTION D'EXPATRIATION

L'expatrié est un salarié qui n'est plus lié à son employeur initial, ou qui a été recruté directement à l'étranger par une entreprise étrangère pour effectuer son travail à l'étranger.

Son employeur est donc une société étrangère :

- qui prend l'initiative de recruter le salarié hors du territoire où il est appelé à exécuter son contrat de travail ;
- qui le déplace du lieu de sa résidence habituelle au lieu d'emploi.

Il faut signaler que d'un point de vue juridique, l'étranger engagé localement n'a pas le statut d'expatrié en dépit de sa nationalité qui est différente de celle du pays d'emploi.

2.2. CONSÉQUENCES DE L'EXPATRIATION

L'intéressé n'est plus lié à son entreprise d'origine sauf disposition contraire dans les accords entre les parties. De même, les relations de travail entre lui et son employeur sont soumises au droit local et non au droit étranger.

Cette conclusion doit être fortement relativisée pour la France dans le cas des groupes de sociétés dans la mesure où il existe une tendance jurisprudentielle dans le sens d'un maintien de la relation de travail entre la société « recruteuse » située en France et l'expatrié, du moins tant qu'il existe des éléments permettant de mettre en évidence un rattachement (instructions, décision d'augmentation du salaire, etc.).

3. RÉGIME DE LA SÉCURITÉ SOCIALE

Au Congo, trois principales lois hormis les textes réglementaires, régissent les relations de travail et de la sécurité sociale et, assujettissent tous les salariés employés sur le territoire sans distinction au régime de sécurité sociale ou encore en subordonnent la validation de tout droit aux prestations :

- Loi n° 4/86 du 25/02/86 portant Code de la sécurité sociale ;
- Loi n° 6/96 du 6/03/96 portant Code du travail ;
- Loi n° 88/22 du 17/09/88 portant création de l'Office national de l'emploi et de la main-d'œuvre.

À côté de ces lois nationales, coexiste une convention internationale en matière de sécurité sociale du 11/02/1987, passée entre la France et le Congo.

3.1. RÉGIME DES COTISATIONS EN SITUATION D'EXPATRIATION

3.1.1. Cotisations obligatoires au Congo

En principe, ce sont les lois nationales suscitées qui sont applicables. Le contrat expatrié étant soumis au droit local, le salarié doit être affilié à la Caisse de sécurité sociale du lieu d'emploi, sans exclure toutefois l'option d'affiliation contractuelle à des caisses privées françaises au titre d'assurance complémentaire.

Les rémunérations versées par l'employeur au salarié au titre de son contrat de travail sont assujetties aux cotisations mensuelles suivantes :

- Assurance vieillesse, invalidité et décès : taux à la charge de l'employeur : 8 % ; taux à la charge du salarié : 4 %.

Les rémunérations soumises à cotisation sont plafonnées à hauteur de 1 200 000 FCFA par mois.

Le reste des cotisations est à la charge de l'employeur seul :

- Accidents du travail : 2,25 %, plafonné à 600 000 FCFA par mois.
- Prestations familiales : 10 035 %, plafonné à 600 000 FCFA par mois.

3.1.2. Cotisations volontaires : exemple du régime français

On distingue les régimes suivants :

- Assurance maladie :

Il existe deux régimes en termes d'assurance maladie : soit le régime de la CFE / Caisse des Français à l'Étranger (régime de la sécurité sociale française), soit le régime des mutuelles spécialisées, qui est contractuel et résulte des accords entre l'employeur et la mutuelle.

La couverture de la CFE concerne le cotisant, son conjoint et ses enfants à charge. Il donne droit au remboursement des soins et médicaments sur la base du régime applicable en France par la sécurité sociale dans son régime de base. Il peut donc être utile de compléter ce régime par une mutuelle.

Une cotisation optionnelle et complémentaire à la cotisation de la CFE donne droit au versement d'indemnités journalières en cas d'arrêt de travail ainsi qu'au versement d'un capital en cas de décès.

Le régime des mutuelles diffère suivant les cotisations, les modalités contractuelles et les niveaux des cotisations, il est impossible d'en donner des indications précises.

- Accidents du travail :

Le régime est prévu par le CFE et couvre le seul cotisant. Il donne droit au remboursement des soins et médicaments sur la base du régime de la sécurité sociale en France dans son régime de base, c'est-à-dire avec des limitations en termes de montant d'honoraires des professionnels médicaux, et en termes de remboursement des médicaments.

Il est possible sur option de couvrir le risque d'accidents du travail en cours de voyage (trajet effectué entre le France et la résidence à l'étranger), pour un supplément de cotisations.

- Vieillesse

Le régime vieillesse de base est également prévu par la CFE. C'est le régime applicable en France au titre de la sécurité sociale française.

Il existe deux régimes vieillesses complémentaires, un pour les cadres (AGIRC), l'autre pour les non-cadres (ARRCO), sachant que les cadres doivent cotiser aux deux régimes cumulativement.

- Chômage

Il s'agit du régime prévu par le GARP (Groupement des Assedic de la région parisienne).

Il permet d'obtenir une indemnisation mensuelle supérieure à la moitié du salaire de référence (salaire moyen des 12 derniers mois), pour une durée de 18 mois, et à condition de justifier de 18 mois d'affiliation au cours des 2 dernières années[10]

3.2. RÉGIME DES COTISATIONS EN SITUATION DE DÉTACHEMENT

Les parties peuvent opter pour l'une des possibilités suivantes :

---

[10] Nous sommes à la disposition de nos abonnés pour leur fournir un état détaillé des taux et mécanismes des cotisations.

3.2.1. Détachement « pur »

Il s'agit d'une situation du détachement avec maintien du régime de sécurité sociale du droit français, pendant une durée conventionnelle de 1 an comprenant l'exclusion du régime du droit local.

Cette option se traduit par une absence de cotisation au régime local pendant la durée conventionnelle. Mais cette solution apparaît plus coûteuse que la solution fondée sur un statut d'expatrié, dans la mesure où le régime d'expatriation permet de moduler le niveau des cotisations en fonction d'un salaire de référence, et par l'absence de cotisations employeur (part patronale).

On note également au titre des inconvénients que le régime du détachement avec maintien du système français oblige à prendre en compte la rémunération brute perçue par l'intéressé, ce qui réintègre la plupart des avantages en nature conséquents dans la base des cotisations.

Voilà pourquoi il est parfois plus intéressant d'opter pour le choix ci-après « 3.2.2 ».

3.2.2. Le détachement juridique et non social

Il s'agit de la situation du détachement avec statut social d'expatrié, que nous préconisons.

Le salarié n'est pas placé dans le cadre de la convention de sécurité sociale même s'il a vocation à entrer dans son champ d'application.

Remarque : les organismes sociaux français ne sont pas en droit de remettre en cause le choix de l'employeur d'opter pour la solution de l'expatriation « sociale », plutôt que pour celle du détachement avec maintien du régime français, malgré le « manque à gagner » résultant du choix de cette option.

- Conséquences au plan du droit social du choix sur le statut de l'expatriation :

L'intéressé, sur le plan juridique, est un salarié qui reste en situation de détachement, ce qui maintient le lien entre la personne morale employeur initial et l'intéressé.

L'intéressé est, en principe également, pour des raisons juridiques internes à l'État d'exercice de l'activité salariée, lié à la société filiale de droit étranger par un contrat de travail régi par le droit local suivant le régime général des contrats avec des ressortissants étrangers.

- Au niveau de l'assurance chômage :

Pour la part employé des cotisations : le salarié français expatrié ayant conclu avec une société française un contrat de travail prévoyant un détachement à l'étranger (hors Union européenne), est tenu de s'affilier au régime d'assurance chômage français, et sera autorisé à bénéficier des prestations correspondantes en contrepartie.

Pour la part employeur des cotisations : l'employeur français ayant placé le salarié en situation de détachement à l'étranger, n'est pas tenu d'adhérer à l'assurance chômage, ce qui permet de se dispenser de la part employeur des cotisations.

4. LES CONVENTIONS DE SÉCURITÉ SOCIALE

Le Congo a signé avec la France une convention sur la sécurité sociale en date du 11 février 1987.

Remarque : les conventions de sécurité sociale présentent des intérêts théoriquement bilatéraux mais en réalité, l'intérêt est essentiellement avéré pour les nationaux étrangers en situation de détachement ou d'expatriation en France, dans la mesure où la Convention leur ouvre droit aux prestations sociales françaises qui se révèlent particulièrement intéressantes comparativement.

4.1. FONDEMENTS DES CONVENTIONS DE SÉCURITÉ SOCIALE

La Convention en vigueur entre la France et le Congo pose deux principes fondamentaux à savoir :

- L'égalité de traitement des salariés qui exercent leurs activités dans l'autre pays avec les nationaux de ce pays ;
- L'affiliation au régime de sécurité sociale du lieu d'emploi.

Toutefois, il est possible de maintenir les salariés au régime de sécurité sociale du pays d'origine pendant une certaine durée (cf. 4.2.1).

Il convient de noter que comparativement à la législation sociale en France, le Code de sécurité sociale (loi n° 4/86 du 25/02/86) en vigueur au Congo ne prévoit pas de régime d'assurance maladie au Congo.

4.2. OBJECTIFS ET INTÉRÊTS DES CONVENTIONS DE SÉCURITÉ SOCIALE

Les conventions de sécurité sociales ont pour objectif :

- de permettre aux nationaux de l'autre partie de ne pas être soumis au régime de sécurité sociale en vigueur dans le pays d'expatriation pendant une certaine durée (un (1) an au Congo), correspondant à la durée du détachement. C'est ce qui est d'autant plus intéressant que les cotisations sont chères dans le pays d'expatriation et donc notamment au Congo.
- de permettre aux nationaux de l'autre partie de percevoir une retraite au prorata des temps de cotisation dans l'État de détachement/expatriation, et de valider la période d'expatriation pour le calcul des droits dans le pays d'origine de l'expatrié (art. 26-II-A de la CSS F/Congo).
- de justifier sur le plan fiscal la déductibilité totale des cotisations liées au maintien du régime du droit français, alors que cette déductibilité n'est pas toujours acceptée au niveau du droit commun.

L'EMBAUCHE DU PERSONNEL LOCAL

L'embauche du personnel local est régie par la loi n° 022/88 du 17 septembre 1988 sur l'Office National de l'Emploi et de la Main-d'œuvre (ONEMO) et les circulaires d'application, notamment la circulaire n° 05/MTSS-Cab du 5 janvier 1999.

L'embauche du personnel est définie comme l'engagement d'un salarié ou le recrutement du personnel suite à un besoin exprimé par la société. C'est dans cette perspective que nous verrons les différentes modalités d'embauche du personnel congolais (I) et les sanctions inhérentes au non-respect de ces modalités (II).

I. MODALITÉS D'EMBAUCHE DU PERSONNEL CONGOLAIS

En vertu des dispositions de la loi n° 022/88 du 17 septembre 1988 et des textes subséquents, l'embauche du personnel est soumise à certaines obligations :

I.1. FORMALITÉS CONCERNANT L'OFFRE ET LA DEMANDE D'EMPLOI

La loi 022/88 du 17 novembre 1988 apporte des modifications substantielles au recrutement de la main-d'œuvre :

I.1.1. Obligation de communication de toutes les offres d'emploi à l'ONEMO

Toute offre d'emploi émanant d'une personne privée ou d'une personne morale de droit privé ou de droit public à l'exception de l'État, des collectivités locales et des établissements publics administratifs, doit être communiquée à l'ONEMO.

La déclaration d'offre d'emploi doit indiquer :

- le nom ou la raison sociale de l'offreur d'emploi ;
- le domicile ou le siège social de l'offreur d'emploi ;

- toutes autres conditions particulières exigées par l'offreur d'emploi.

La déclaration d'offre d'emploi est parfaite dès lors qu'elle est déposée à l'agence de l'ONEMO compétente.

Dès son dépôt, la déclaration d'offre d'emploi est enregistrée et **il est délivré un reçu, daté et signé avec mention du numéro d'enregistrement.** Sauf cas de force majeure, l'offre d'emploi ne peut plus être retirée.

Nota :

- La société se doit d'examiner au préalable les demandes d'emploi formulées par des personnes inscrites à l'ONEMO ;
- La société demeure libre de contracter avec des personnes non présentées par l'ONEMO dès lors que ces personnes sont enregistrées auprès de l'ONEMO comme demandeurs d'emploi.

I.1.2. Obligation d'enregistrement de toute demande d'emploi à l'ONEMO

Toute demande d'emploi à destination tant du secteur privé que des entreprises publiques, doit être enregistrée à l'agence de l'ONEMO du domicile ou de la résidence du demandeur d'emploi.

La déclaration de demande d'emploi doit indiquer :

- l'identité du demandeur ;
- la qualification professionnelle ;
- la nature de l'emploi ;
- le lieu de l'emploi souhaité ;
- les dates, la nature et le lieu de l'emploi précédent.

La déclaration de demande d'emploi est parfaite dès lors qu'elle est déposée à l'agence de l'ONEMO compétente. Sa durée de validité est d'un (1) an à compter de son dépôt.

La déclaration de demande d'emploi est enregistrée et il est délivré un reçu, daté et signé avec mention de son numéro d'enregistrement.

Le retrait de la déclaration de demande d'emploi emporte obligation de restitution du reçu (récépissé) prévu à l'article 5 de la loi n° 022/88 du 17 septembre 1988.

Nota :

- Il est interdit aux entreprises de diffuser par affichage ou par voie de presse, radio, TV, une offre ou une demande d'emploi qui n'aurait pas été préalablement enregistrée par une agence de l'ONEMO.
- Toute annonce d'offre ou de demande d'emploi doit mentionner son numéro d'enregistrement à une agence de l'ONEMO.

I.2. RÈGLES RELATIVES À L'EMBAUCHE DU PERSONNEL CONGOLAIS

I.2.1. Nécessité d'un écrit

L'article 13 de la loi n° 022/88 du 17 novembre 1988 dispose que :

« Tout engagement de salarié doit être constaté par écrit. L'écrit constatant l'engagement doit mentionner les conditions essentielles de l'emploi, notamment :

- *Nature de l'emploi ;*
- *Lieu et durée de l'emploi ;*
- *Catégorie de classement ;*
- *Montant de la rémunération ;*
- *Primes et indemnités éventuelles ;*
- *Nationalité du salarié. »*

I.2.2. Déclaration et enregistrement

L'article 14 de la loi ci-dessus citée dispose que :

« Tout engagement de salarié doit être immédiatement déclaré à l'agence de l'ONEMO du ressort d'exercice de l'emploi. La déclaration d'engagement s'accompagne du dépôt en trois (3) exemplaires originaux de l'écrit (contrat ou lettre d'embauche) constatant l'engagement ainsi que le certificat de nationalité du travailleur. Mention est faite de l'engagement avec son numéro d'enregistrement et sa date au dossier de l'employeur et du travailleur. »

I.2.3. Contrat de travail

- **Le visa du contrat de travail**

Le visa est à déposer auprès de l'agence de l'ONEMO du ressort, et est subordonné à la production des pièces et documents suivants :

- Trois (3) exemplaires du contrat de travail signés des parties ;
- Un (1) casier judiciaire datant de moins de trois (3) mois ;
- Un (1) certificat de nationalité ;
- Un (1) certificat médical datant de moins de trois (3) mois délivré par un médecin agréé à l'ONEMO ;
- Des copies certifiées conformes des diplômes et/ou certificats de travail ;
- Un (1) reçu de paiement des cotisations à l'ONEMO ;
- Une (1) carte de travail de salarié local signée des parties et revêtue d'un timbre fiscal ;
- Une (1) carte de contrôle ;
- Deux (2) photos d'identité.

➢ **Carte de travail**

Une carte de travail est délivrée au salarié à la demande de l'entreprise qui a procédé à l'embauche. Elle est valable pour une année.

La délivrance et le renouvellement de la carte de travail donnent lieu au paiement d'un droit de 500 F CFA au profit de l'ONEMO.

Le travailleur licencié, démissionnaire, mis à la retraite, décédé ou ayant été déclaré invalide, doit faire immédiatement déclaration à l'agence de l'ONEMO du lieu de son dernier emploi.

La carte de travail du travailleur licencié, démissionnaire, déclaré invalide ou à la retraite n'est pas renouvelable.

Nul travailleur licencié ou démissionnaire ne peut être enregistré comme demandeur d'emploi s'il n'a pas déclaré son licenciement ou sa démission.

II. SANCTIONS

Le fait d'embaucher un salarié dont la demande d'emploi n'a pas été enregistrée à l'ONEMO, de ne pas soumettre un contrat de travail à l'enregistrement ou de ne pas respecter la loi 022/88 du 17 novembre 1988 rend l'employeur passible d'une amende de 30 000 à 95 0000 FCFA.

PERMISSIONS EXCEPTIONNELLES

Le Code du travail congolais en son article 119 aliéna 6 a prévu des absences ou permissions exceptionnelles qui peuvent être accordées au travailleur à l'occasion de certains événements familiaux touchant directement le salarié.

Les conventions collectives sont intervenues pour préciser les différents cas et fixer les conditions à remplir.

Compte tenu du fait que les employeurs sont souvent réticents à accorder ce type d'autorisation, il nous est apparu opportun d'en rappeler le cadre juridique.

1. CAS ET DURÉE D'ABSENCE

Les conventions collectives précisent de manière explicite, les événements familiaux pouvant justifier une autorisation d'absence ainsi que la limite du nombre de jours d'absence autorisé par année **(Cf. tableau en annexe).**

Dans l'hypothèse où l'événement se produit hors du lieu d'emploi et nécessite le déplacement du salarié, les délais peuvent être prolongés d'accord des parties.

Par ailleurs, outre les événements à caractère familial, l'article 119 du Code du travail prévoit la possibilité pour tout salarié ayant au moins une ancienneté de deux (2) ans de bénéficier d'un congé non rémunéré pour affaires personnelles pour une durée d'un (1) an renouvelable une (1) fois sur l'autorisation de son employeur.

Au terme de cette disponibilité ou congés, le travailleur réintègre automatiquement son emploi.

Certaines conventions prévoient également des autorisations spéciales d'absence pour les activités syndicales.

2. EFFETS

L'employeur ne peut procéder à une retenue de salaire en cas d'absence autorisée ou justifiée.

Ces jours d'absence exceptionnels doivent donc être rémunérés car les congés exceptionnels pour événements familiaux sont assimilés à un travail effectif.

Cependant, dans les cas de prolongation des jours d'absence, cette prolongation ne donne pas lieu à rémunération.

Par ailleurs, le nombre de jours d'absence autorisé ne peut être déduit de la durée des congés acquis.

Ces permissions ne sont pas dues si l'événement se produit pendant la durée normale de congés du salarié.

3. CONDITIONS

D'une façon générale, si l'absence est prévisible, le salarié doit obtenir au préalable l'autorisation de l'employeur. Les deux parties conviendront ensemble de la date et de la durée de l'absence.

La demande peut être faite soit par écrit soit oralement dans un délai raisonnable et est justifiée.

Il en est autrement en cas d'événements imprévus tels que le décès d'un membre de la famille ou de l'accouchement de l'épouse du salarié.

Cependant, pour ne pas donner lieu à une sanction, ces absences doivent être déclarées à l'employeur dans un délai raisonnable en général de 48 heures au moins, par tout moyen à compter de la survenance de l'événement et justifiées (exemples certificat médical ou déclaration de naissance).

4. SANCTIONS

Toute absence non autorisée et non justifiée peut être considérée comme une faute professionnelle par l'employeur et donner lieu à des sanctions.

En principe, les autres absences pour des motifs valables et justifiées mais non prévues par les textes ou les conventions collectives doivent normalement s'imputer sur les droits à congés payés ou donner lieu à une retenue sur le salaire s'ils n'ont fait l'objet d'aucune compensation ou récupération des jours ainsi accordées.

TABLEAU ANNEXE

Exemples de quelques Conventions collectives	CC du commerce	Mines (Art. 39)	Auxiliaires de transports et assimilés	Entreprises des services pétroliers (Art. 43)	Travaux publics	Banque et assurance
Limite du nombre de jours d'absence par année civile (Jours ouvrables) la durée légale étant de 10 jours	10 jours	18 jours	16 jours	18 jours	15 jours	17 jours
Mariage du travailleur	4 jours	4 jours	7 jours	3 jours	4 jours	7 jours
Mariage d'un enfant, d'un frère, d'une sœur	2 jours	6 jours	3 jours	2 jours	3 jours (mariage d'un enfant)	3 jours pour mariage d'un enfant et 2 jours pour celui d'un frère
Décès d'un conjoint ou d'un enfant	7 jours (décès conjoint)		10 jours (décès conjoint)	5 jours	7 jours en cas de décès du conjoint et 4 jours en cas de décès d'un enfant	10 jours
Décès d'un descendant, ascendant direct, d'un frère, d'une sœur	3 jours	5 jours	X	4 jours	6 jours en cas de décès du père ou de la mère	3 jours, décès du père ou de la mère 7 jours
Accouchement de l'épouse	2 jours	4 jours	X	2 jours	4 jours	3 jours
Retrait de deuil par le salarié pour le décès du conjoint, du frère ou de la sœur, d'un descendant ou ascendant direct	x	2 jours	2 jours	2 jours	x	x
Baptême d'un enfant	1 jour	x	X	x	x	2 jours
Déménagement	X	x	X	x	2 jours	x

RÉGIME JURIDIQUE ET FISCAL DES GRATIFICATIONS

L'employeur est tenu de verser au salarié une rémunération en contrepartie du travail fourni, c'est le salaire de base.

Ce salaire peut cependant être majoré de primes, d'avantages particuliers généralement appelés gratification.

La gratification peut être définie comme une somme d'argent que l'employeur alloue à son personnel pour notamment marquer sa satisfaction du travail accompli (récompense) ou à l'occasion d'événements familiaux.

Ce terme a un sens très large (13e mois, prime de rendement ou de résultat, bonus, prime d'intéressement, etc.) et peut couvrir soit une simple libéralité, soit un véritable complément de salaire dont le paiement revêt un caractère obligatoire.

L'octroi de gratification est considéré comme une libéralité, c'est-à-dire l'allocation par l'employeur de somme d'argent n'ayant pas le caractère de salaire, lorsqu'il ne résulte pas d'un usage, d'une Convention collective ou d'établissement, d'un contrat individuel de travail.

Dans ce cas, l'employeur peut décider en toute libéralité de la faculté de son versement, de son montant tout comme de sa suppression ou de sa modification.

La présente circulaire se limitera uniquement à analyser, au plan juridique, les gratifications ayant un caractère de salaire et également le traitement de certaines difficultés en cas de départ d'un salarié ou lors du calcul de l'indemnité de congés. Au plan fiscal, nous analyserons l'impact de cette allocation tant au niveau du salarié qu'au niveau de l'entreprise.

1. AU PLAN JURIDIQUE

Pour revêtir un caractère obligatoire, la gratification doit résulter d'un contrat, d'une Convention collective, d'un accord d'établissement ou d'un usage. Dans ce cas, elle perd son caractère bénévole et devient un complément de rémunération.

Néanmoins, il existe souvent des difficultés quant au traitement de cette question en cas de rupture de contrat ou lorsque se pose la question d'indemnité de congés payés.

1.1. Les sources de la gratification

1.1.1. Gratifications contractuelles

Lorsque le paiement d'une gratification est prévu par le contrat, son versement est obligatoire au même titre que le salaire lui-même.

L'employeur peut néanmoins dans le contrat en subordonner l'octroi à certaines conditions, par exemple, le versement peut être subordonné au caractère bénéficiaire de l'entreprise.

Les gratifications ne peuvent être modifiées ou supprimées que dans les conditions prévues par la loi en cas de modification du contrat de travail.

Il s'agit là d'une modification substantielle du contrat de travail qui est subordonnée à l'accord du salarié lequel est libre d'accepter la modification ou de la refuser. En cas de refus, il appartient à l'employeur de tirer les conséquences à sa charge. Il peut, soit poursuivre le contrat dans les conditions initiales, soit prendre l'initiative d'une procédure de licenciement.

1.1.2. Gratifications conventionnelles

Au Congo, la quasi-totalité des conventions relayées par les accords d'établissement prévoient des gratifications sous forme de prime de fin d'année ou de treizième mois.

Lorsque la gratification est prévue par la Convention collective ou l'accord d'entreprise, la gratification a un caractère obligatoire.

Par conséquent, l'employeur ne peut la modifier dans un sens défavorable au salarié.

Il ne peut modifier ou supprimer la gratification que suivant la procédure mise en place par le texte qui l'institue.

1.1.3. Gratifications d'usage

L'usage est entendu comme une pratique habituellement suivie dans l'entreprise qui ne résulte pas forcément d'un écrit.

Pour qu'une pratique d'entreprise acquière la valeur obligatoire d'un usage dont les salariés pourront se prévaloir, certaines conditions définies par la jurisprudence doivent être remplies.

Ainsi la jurisprudence admet qu'une gratification devienne un élément permanent et normal du salaire et cesse d'être une libéralité lorsque son octroi est le fait d'un usage constant, fixe et général.

(i) Critère de généralité

Est considérée comme générale, la gratification versée à l'ensemble ou à une catégorie déterminée du personnel. Ainsi, la prime versée aux seuls salariés estimés « méritants » n'est pas une gratification à caractère général.

(ii) Critère de régularité

Est considérée comme constante, la gratification versée, sans réserves, pendant plusieurs années consécutives.

L'octroi occasionnel d'une gratification n'est donc pas suffisant pour faire naître un usage.

Il n'existe pas pour autant une durée minimale durant laquelle la gratification doit être octroyée. Les tribunaux apprécient au cas par cas, ainsi est considérée comme une pratique constante le versement régulier d'une prime à une même période.

(iii) Critère de fixité

Est considérée comme fixe, une gratification calculée selon les mêmes modalités même si elle est variable dans son montant.

Il est nécessaire que les conditions d'attribution et de détermination de l'avantage obéissent à des règles prédéfinies, constantes et reposant sur des critères suffisamment objectifs.

D'une manière générale, le critère de fixité est rempli dès lors qu'il existe un mode de calcul déterminé, sans qu'il ne soit nécessaire que le montant de l'attribution soit le même.

Nota : Ces trois conditions sont cumulatives.

Lorsque ces trois conditions sont remplies, la gratification a un caractère obligatoire pour l'employeur dès lors qu'il ne l'a pas dénoncé. En rappel, la dénonciation n'est valable que si trois conditions cumulatives sont remplies :

- l'employeur doit avoir informé les institutions représentatives du personnel ;
- doit informer individuellement chaque salarié ;
- doit respecter un délai de prévenance.

Lorsque ces conditions sont remplies, la dénonciation met fin à l'usage au terme du délai de prévenance sans pour autant avoir un effet rétroactif.

1.2. Le traitement de certaines difficultés particulières

1.2.1. Gratification et rupture du contrat de travail

Des difficultés se présentent souvent quant à l'obligation de payer ou non une gratification lorsque le travailleur quitte l'entreprise en cours d'année.

Au Congo, la plupart des conventions collectives admettent que la prime de fin d'année soit attribuée au prorata des mois de service de l'année considérée à tout salarié ayant au moins une (1) année d'ancienneté dans l'entreprise, congédié en cours d'année par suite d'une diminution d'activité de l'entreprise ou d'une réorganisation interne (Cf. article 65 de la Convention collective des entreprises de télécommunication et des technologies associées ou article 52 de la Convention collective des entreprises de services pétroliers).

Toutefois, certaines conventions collectives prévoient la possibilité pour l'employeur de supprimer ou de réduire la prime de fin d'année si le travailleur a fait l'objet de plusieurs sanctions confirmées par l'inspecteur du travail (Cf. Article 56 de la Convention collective du commerce ou article 52 de la Convention collective des entreprises des services pétroliers).

1.2.2. Gratification et indemnités de congés payés

L'allocation de congés est calculée en général sur la moyenne des salaires, indemnités et primes dont le travailleur a bénéficié au cours de la période de référence (douze mois précédant son départ en congés).

Cependant, des difficultés ont été soulevées à l'égard des gratifications : doit-on prendre en compte ou non les montants de celles-ci dans le calcul de l'indemnité de congés ?

En effet, on peut considérer que la prise en compte des gratifications dans le calcul des congés équivaut en quelque sorte à payer pour partie deux fois la gratification.

Cependant, lorsque l'on se réfère aux dispositions de la loi, doivent être pris en compte pour le calcul de l'indemnité de congés tous les éléments de rémunération versés au salarié au cours de la période de référence.

Ainsi doivent être inclus dans le calcul de base de l'allocation de congés :

- le 13e mois ;
- les primes d'intéressement ;
- les primes sur le chiffre d'affaires allouées en fin d'exercice en fonction des résultats bénéficiaires de l'entreprise ;
- les gratifications présentant un caractère discrétionnaire et bénévole ;
- le complément de rémunération versé au salarié en congé syndical.

2. AU PLAN FISCAL

L'allocation d'une gratification a un impact fiscal aussi bien au niveau du bénéficiaire qu'au niveau de l'entreprise.

Les gratifications versées à un employé sont considérées comme des compléments de salaires ; elles sont donc imposables quelle que soit la raison pour laquelle elles sont allouées.

Chez l'entreprise, la gratification allouée est déductible du résultat imposable. Toutefois, elle a un impact sur les impôts et taxes dus par l'entreprise sur les salaires.

2.1. Au niveau des salariés

2.1.1. Impôts et taxes fiscales

L'article 37 du tome I du Code général des impôts prévoit que sont imposables *« les traitements, indemnités, remises, gratifications, salaires, primes et émoluments de toute nature ainsi que les pensions et rentes viagères concourant à la formation du revenu global servant de base à l'impôt sur le revenu des personnes physiques »*.

La gratification que perçoit le salarié est imposable quelle que soit la raison pour laquelle elle est allouée.

Elle est donc soumise à l'impôt sur le revenu des personnes physiques (IRPP).

2.2. Au niveau de l'entreprise

2.2.1. Au regard de l'impôt sur les sociétés

Les sommes que l'entreprise alloue à son personnel comme gratifications constituent des dépenses de personnel et doivent, de ce fait, être comprises dans les charges déductibles de la société au titre des frais généraux.

En effet, l'article 110 du tome I du Code général des impôts dispose que *« Les rémunérations allouées au salarié ne sont admises en déduction des résultats que dans la mesure où elles correspondent à un travail effectif et ne sont pas exagérées. Cette disposition s'applique à toutes les rémunérations directes ou indirectes y compris les indemnités, allocations, avantages en nature et remboursements de frais ».*

Cet article pose le principe de la déductibilité des gratifications du bénéfice imposable de la société versante.

Ainsi, les sommes que l'entreprise alloue à son personnel comme gratification constituent des dépenses de personnel.

Elles doivent, de ce fait, être comprises dans les charges déductibles de la société au titre des frais généraux à condition que ces frais correspondent à des charges réelles, exposés dans l'intérêt direct de l'entreprise et justifiés dans leur montant. Ces frais doivent être compris dans les charges de l'exercice au cours duquel ils ont été engagés.

2.2.2. Au regard des taxes sur les salaires

La gratification octroyée par un employeur entre dans l'assiette de calcul de la taxe forfaitaire (TF) due par les employeurs et régie par les articles 171 bis et suivants du tome I du CGI.

Il en sera de même pour l'assiette de la taxe d'apprentissage (TA) régie par les articles 141 et suivants du tome I du CGI et le Fonds national de l'habitat (FNH) institué par la loi de finance 2008.

⇨ **Remarque :** Le montant correspondant à la gratification doit aussi être incorporé dans la base de calcul des cotisations sociales [Caisse Nationale de Sécurité Sociale, ONEMO] sous réserve du respect des plafonds mensuels desdites cotisations.

L'INDEMNITÉ DE RUPTURE DU CONTRAT DE TRAVAIL

Lorsqu'un salarié quitte l'entreprise à la suite d'un licenciement, diverses sommes d'argent lui sont versées au titre de la rupture du contrat de travail.

Remarque :

À titre général, on peut considérer que les régimes de droit social et de droit fiscal concernant les sommes versées à des salariés sont généralement similaires sauf dans des cas spécifiques qui seront alors relevés ci-après.

On peut aussi signaler que les sommes remises en réparation d'un préjudice ne devraient pas supporter de taxation ou de cotisation de par leur nature indemnitaire. Toutefois, il faut rester prudent dans l'application de cette considération notamment en cas de réparation d'un préjudice pécuniaire.

Les sommes versées aux salariés sont en principe soumises aux cotisations sociales (article 18 du Code de sécurité sociale) et imposables dans le cadre de l'impôt sur le revenu des personnes physiques (IRPP, article 37 Code général des impôts).

Par ailleurs, le régime applicable aux indemnités suivra logiquement le régime applicable aux revenus auxquels ces indemnités se substituent.

Exemples :

- L'indemnité de préavis est taxable et cotisable, car elle se substitue à des salaires versés pendant la période de préavis.
- L'indemnité de congés payés est taxable et cotisable parce qu'elle se substitue à des salaires payés pendant la période de congé considérée comme période de service effectif.
- Le 13e mois est taxable et cotisable et payé au prorata du temps d'activité.

- L'indemnité de rupture anticipée d'un contrat de travail à durée déterminée à l'initiative de l'employeur est taxable et cotisable car elle se substitue aux salaires qui seraient payés au salarié jusqu'au terme de son contrat de travail.

En pratique, compte tenu du caractère social de ces indemnités, le régime d'imposition est atténué par des exceptions légales qui exonèrent ces indemnités de l'impôt et des cotisations sociales (article 38 du CGI).

Cette mesure d'exemption peut être totale ou partielle, voire admise à partir d'un certain seuil.

Certaines indemnités sont ainsi affranchies de l'impôt soit par l'article 38 en ses alinéas 1 à 10 du CGI soit par un usage constant validé par l'administration fiscale ou par directive de l'administration sociale pour les cotisations.

Nous nous attacherons ci-après à faire un récapitulatif de ces principaux montants en examinant les incidences en matière de droit social et fiscal.

1. INDEMNITÉ DE LICENCIEMENT

Elle accompagne toute rupture de contrat du fait de l'employeur, hors cas de faute lourde. Elle est acquise dès lors que le salarié accomplit une certaine durée de service variant de 18 mois (Convention collective du bâtiment et TP) à 2 ans (Convention collective du commerce). Les modalités de calcul du montant de l'indemnité sont fixées par la Convention collective du secteur de l'employeur.

Dans cette limite, et malgré l'absence de disposition expresse des textes, son montant n'est clairement ni cotisable ni taxable (on peut considérer qu'il s'agit d'un cas d'application du caractère indemnitaire énoncé en remarque ci-dessus)

2. INDEMNITÉ DE DÉPART VOLONTAIRE OU NÉGOCIÉ (QUI S'AJOUTE AUX AUTRES SOMMES DUES)

Il s'agit d'une indemnité versée lors du départ volontaire du salarié pour motif économique. En pratique, elle est versée dans le cadre d'un plan social. Elle est prévue à l'article 39 alinéa 9 du Code du travail et à 38-10e du Code général des impôts.

2.1. Sous l'angle du droit social

Qu'il s'agisse du Code du travail ou du Code de la sécurité sociale, aucun des deux textes ne prévoit d'exonération de cotisation. Bien que le texte ne le prévoie pas, il est d'usage constant que l'administration reconnaisse que ces montants sont exonérés des cotisations sociales.

2.2. Sous l'angle du droit fiscal

C'est l'alinéa 10 de l'article 38 suscité qui prévoit que ces montants ne sont pas taxables à l'IRPP :

« L'indemnité de licenciement ou de départ volontaire versée dans le cadre d'un plan social global ».

Par ailleurs, l'administration a précisé certains points :

Sur la notion de fermeture **:**

Il a été accepté implicitement que les mesures sociales ne soient pas spécifiquement liées à un cas de fermeture mais doivent toujours respecter les conditions liées à l'existence d'un plan social.

- **Sur la référence à une limite prévue par la Convention collective du secteur employeur** :

Dans certains cas également, l'administration a pu considérer qu'il n'y avait pas de limite de montant en l'absence de référence dans la Convention collective.

3. INDEMNITÉ DE LICENCIEMENT VERSÉE À UN SALARIÉ PRÉCÉDEMMENT LICENCIÉ POUR MOTIF ÉCONOMIQUE.

Lorsqu'un salarié, suite à la reprise d'activités de la société, n'est pas réembauché pendant la période prioritaire d'un an, il est fondé à réclamer une indemnisation de son ex-employeur.

3.1. Sur le plan social

C'est la doctrine administrative qui a déterminé l'absence de cotisation.

3.2. Sur le plan fiscal

À défaut de texte, c'est également l'administration qui a accepté l'absence de taxation de ces montants considérés comme des compensations de préjudice.

4. INDEMNITÉ SPÉCIALE VERSÉE AUX VICTIMES D'ACCIDENT DU TRAVAIL OU DE MALADIE PROFESSIONNELLE

Hormis les mesures de protection inhérentes à la nature professionnelle ou non de l'accident ou de la maladie, la majeure partie des conventions collectives prévoit une indemnisation du salarié au cas où il se trouve dans l'impossibilité de reprendre son emploi et que la rupture du contrat s'avère inévitable.

L'indemnisation est équivalente à l'indemnité de licenciement (article 25, Convention collective du commerce) ou égale au montant de l'indemnité de licenciement et de préavis devant être perçues en cas de licenciement normal (article 28, Convention collective des entreprises de services pétroliers).

Le caractère indemnitaire évident de ces montants justifie l'absence de taxe ou de cotisation (cf. notre remarque au début de l'article).

5. INDEMNITÉ TRANSACTIONNELLE

L'hypothèse est similaire à un départ négocié, mais concerne un nombre limité d'individus hors cas du plan social (absence de motif économique). Pour partie, elle est versée pour réparer le préjudice subi par le salarié suite à la rupture de la relation de travail.

Elle revêt de ce fait et à due concurrence la nature de dommages-intérêts, non taxable et non cotisable. À condition d'établir qu'il s'agit de la réparation d'un préjudice.

Remarque : *La validation judiciaire apparaît toutefois tout à fait souhaitable pour limiter autant que possible le risque d'une contestation ultérieure par l'administration notamment.*

LA REPRÉSENTATION DES SALARIÉS DANS L'ENTREPRISE : LES DÉLÉGUÉS DU PERSONNEL

Le droit du travail repose sur la répartition des droits et devoirs du salarié et de l'employeur dans le cadre du contrat de travail. À cette conception s'ajoute une série de régulations des rapports de travail notamment par l'intermédiaire de la représentation du personnel.

Celle-ci est composée de trois (3) instances principales notamment les délégués syndicaux, le comité d'entreprise et les délégués du personnel. La présente étude est axée sur les délégués du personnel en tant que moyen d'expression des travailleurs au sein de la société.

L'arrêté 1110 MTFPSS/DGT relatif à l'institution des délégués du personnel a octroyé aux salariés, en tant que membres de la collectivité, un droit d'expression « directe et collective » dans le domaine du contenu et de l'organisation de leur travail.

Ce faisant, les représentants élus constituent pour le personnel des moyens privilégiés de s'exprimer collectivement dans l'entreprise. C'est à travers eux que les salariés mettent en œuvre à l'intérieur de l'entreprise les grandes libertés fondamentales de l'homme : liberté de penser, de s'exprimer, de s'associer, de s'informer.

Dans le cadre de cette étude, nous examinerons d'une part les modalités de désignation et les moyens d'action des délégués du personnel au sein de l'entreprise (I) et d'autre part, la protection des délégués du personnel contre les entraves à l'exercice de leurs fonctions (II).

1. LES MODALITÉS DE DÉSIGNATIONS ET LES MOYENS D'ACTION DES DÉLÉGUÉS DU PERSONNEL

1.1. Les conditions de désignation des délégués du personnel

Suivant les dispositions de l'article 173 du Code du travail repris par l'article 1er de l'arrêté n° 1110 MTFPSS/DGT, les délégués du personnel sont obligatoirement élus dans les établissements installés en République du Congo où sont groupés au moins sept (7) travailleurs reconnus comme tels au sens de l'article 2 du Code du travail.

L'élection des délégués du personnel doit avoir lieu au sein de l'entreprise, entendue comme une organisation économique de forme juridique déterminée, constituée pour une production de biens destinés à la vente ou à la fourniture de services rémunérés.

À ce titre, une entreprise peut donc comprendre un ou plusieurs établissements (usine, atelier, local, chantier de travail ou point de rassemblement des salariés). Il est donc possible que l'élection ait lieu dans tous ces sites.

1.1.1. Les critères de désignation

Les critères de désignation des délégués du personnel sont le nombre et l'effectif de l'entreprise.

1.1.1.1. Critère relatif au nombre

Le nombre minimum requis est de sept (7) salariés pour qu'une élection ait lieu. En fonction de l'effectif de l'entreprise ou de l'établissement, le nombre des délégués du personnel devra augmenter comme l'indique l'article 3 de l'arrêté précité ainsi qu'il suit :

- de 7 à 20 travailleurs : 1 délégué titulaire et 1 délégué suppléant ;
- de 21 à 50 travailleurs : 2 délégués titulaires et 2 délégués suppléants ;
- de 51 à 100 travailleurs : 3 délégués titulaires et 3 délégués suppléants ;
- de 101 à 200 travailleurs : 4 délégués titulaires et 4 délégués suppléants ;
- de 201 à 250 travailleurs : 5 délégués titulaires et 5 délégués suppléants, etc.

1.1.1.2. Critère relatif à l'effectif de l'entreprise

Peuvent constituer l'effectif de référence, pour la détermination du seuil de chaque entreprise, tous les salariés occupés régulièrement par elle, quel que soit le type de contrat :

- le personnel permanent ;
- les apprentis ;
- les travailleurs engagés à l'essai ;
- les travailleurs engagés ou rémunérés à l'heure ou à la journée, mais de façon assez régulière pour totaliser au cours d'une année l'équivalent de six (6) mois de travail au service de l'entreprise.

1.1.1.3. Critère relatif aux électeurs et aux candidats

Le droit d'avoir des délégués est un droit fondamental des travailleurs. L'employeur est tenu d'organiser les élections. Conformément aux dispositions de l'article 9 de l'arrêté 1110 précité, l'élection des délégués du personnel a lieu chaque année au mois de décembre pour le mandat de l'année suivante.

Sont électeurs, suivant les dispositions de l'article 7 de l'arrêté 1110, les salariés des deux (2) sexes de l'entreprise qui répondent aux conditions suivantes :

- avoir 18 ans révolus ;
- avoir au moins six (6) mois d'ancienneté dans l'entreprise ;
- ne pas avoir été déchu de ses droits civiques par décision de justice.

Sont éligibles les salariés réunissant les conditions pour être électeurs et qui ont travaillé sans interruption dans l'entreprise depuis douze (12) mois.

À noter :

Il convient de rappeler que suivant les conclusions de la dernière session de la Commission Nationale Consultative du Travail, les partenaires sociaux avaient fixé à deux (2) ans la durée du mandat des délégués du personnel.

1.1.2. Procédure d'élection des délégués du personnel

Le chef d'entreprise, d'établissement ou son représentant qui désire mettre en place les délégués du personnel est tenu de saisir les partenaires sociaux et d'observer les étapes ci-dessous :

1.1.2.1. Négociation de l'accord préélectoral

Le chef d'entreprise ou son représentant doit notifier aux organisations syndicales les plus représentatives au sein de l'entreprise son projet de mise place des délégués du personnel lequel porte sur la négociation de l'accord préélectoral.

La négociation concerne les points ci-après :

- les modalités d'organisation et de déroulement des opérations électorales ;
- le nombre de collèges électoraux ;
- la répartition des sièges entre les différents collèges électoraux ;
- le jour, le lieu, l'heure d'ouverture et de fermeture du bureau de vote.

Ces indications sont annoncées au moins quinze (15) jours avant la date du scrutin par un avis affiché par le chef d'entreprise ou son représentant aux emplacements habituels.

1.1.2.2. Constitution des listes et collèges électoraux

Le chef d'entreprise est chargé d'établir les listes électorales par collège conformément aux conditions arrêtées de commun accord entre lui et les organisations syndicales concernées.

Les listes sont constituées sur la base des catégories professionnelles existantes lesquelles constitueront des collèges électoraux.

D'une manière générale, on distingue au moins deux (2) collèges électoraux au sein de l'établissement ; d'une part, le collège des employés et ouvriers et d'autre part le collège groupant les ingénieurs, les chefs de service, techniciens, agents de maîtrise et assimilés.

À noter :

Il convient de souligner que lorsque l'importance de l'établissement le justifie, le nombre de collèges peut être augmenté pour permettre la représentation de manière séparée des ouvriers, des employés, des agents de maîtrise ou assimilés ainsi que les ingénieurs et chefs de service.

1.1.2.3. Affichage des listes

Les listes électorales (listes des électeurs et des candidats) constituées par les organisations syndicales sont transmises à l'employeur ou son représentant qui procède à l'affichage au moins dix (10) jours avant la date du scrutin aux emplacements habituels.

Les listes doivent contenir les noms, prénoms, âge, et durée de service (ancienneté) des candidats, ainsi que le collège syndical auquel ils appartiennent et éventuellement les dérogations accordées par l'inspecteur du travail.

1.1.2.4. Affichage des indications de vote

Le vote a lieu dans l'établissement. Le chef d'établissement ou son représentant en accord avec les organisations syndicales fixent le jour, le lieu, les heures d'ouverture ou de fermeture du scrutin.

Les indications de vote sont annoncées par affichage quinze (15) jours au moins avant la date du scrutin.

Toutefois, il est opportun de signaler qu'en cas de carence dûment constaté du chef d'entreprise, l'organisation des élections incombe à l'inspecteur du travail qui doit fixer le lieu, le jour, les heures d'ouverture et de fermeture du scrutin.

1.1.2.5. Moyens matériels du vote

L'organisation de l'élection incombe au chef d'entreprise ou à son représentant.

Pour cela, l'employeur doit fournir :

- les bulletins de vote en nombre égal pour chaque liste et en nombre suffisant ;
- les enveloppes (le scrutin est secret) ;
- les urnes ;
- les isoloirs.

1.1.3. Déroulement des élections

1.1.3.1. La mission incombant au chef d'entreprise dans le déroulement des élections

L'organisation et le déroulement des élections incombent au chef d'entreprise. Il se charge de la constitution du bureau de vote, de la rédaction du procès-verbal et du vote sous enveloppe et secret.

Cependant, en cas d'empêchement de ce dernier, cette mission d'organisation des élections des délégués du personnel peut à sa demande être confiée à une autre autorité par l'inspecteur du travail.

Le chef d'entreprise préside le bureau de vote. Il est assisté d'un représentant non candidat de chacune des listes en présence.

Ces représentants des listes prennent place au bureau, assistent au vote et au dépouillement du scrutin et signent le procès-verbal avec le représentant de l'employeur.

Il est procédé au vote des membres titulaires et suppléants en même temps, à la représentation proportionnelle.

Chaque liste est établie par les organisations syndicales les plus représentatives, séparément ou en commun. Les listes électorales ne peuvent comprendre un nombre de candidats supérieurs à celui du siège.

Le panachage est interdit. Seuls sont valables les votes allant à l'une des listes en présence. Les bulletins nuls et blancs ne sont pas pris en compte.

À noter :

Si le nombre des votants, déduction faite des bulletins blancs ou nuls, est inférieur à la moitié des électeurs inscrits, il est procédé, dans un délai de 2 semaines, à un scrutin pour lequel les électeurs peuvent voter pour des listes autres que celles présentées par les organisations syndicales.

Par ailleurs, il peut être accordé aux salariés non présents dans l'établissement au jour du scrutin, empêché ou se trouvant en congé ou suspendu pour les causes visées à l'article 47 du Code du travail, la possibilité de voter par procuration.

1.1.3.2. Le dépouillement du scrutin

Il est attribué à chaque liste autant de sièges que le nombre de voix recueillies par elle contient de fois le quotient électoral, celui-ci étant égal au nombre total des suffrages valablement exprimés par les électeurs du collège divisé par le nombre des sièges à pourvoir.

Toutefois, au cas où il n'aurait pu être pourvu à aucun siège ou s'il reste des sièges à pourvoir, les sièges restants sont attribués sur la base de la plus forte moyenne.

À cet égard, le nombre de voix obtenues pour chaque liste est divisé par le nombre augmenté d'une unité des sièges attribués à la liste des moyennes ainsi obtenues. Le premier siège non pourvu est attribué à la liste ayant la plus forte moyenne. Il est procédé successivement à la même opération pour chacun des sièges non pourvus jusqu'au dernier.

À supposer que deux (2) listes aient la même moyenne ou qu'il ne reste qu'un siège à pourvoir, le siège est attribué à la liste qui a le plus grand nombre de voix. Cependant, si deux (2) listes ont également recueilli le même nombre de voix, le siège est attribué au plus âgé des deux (2) candidats susceptibles d'être élus.

1.1.3.3. Rédaction du procès-verbal d'élection et diffusion des résultats

Le chef d'établissement ou son représentant est tenu d'établir en trois (3) exemplaires le procès-verbal des élections des délégués du personnel :

- le premier exemplaire du procès-verbal est transmis avec accusé de réception à l'inspecteur du travail du ressort quatre (4) jours après la tenue du scrutin ;
- le deuxième est affiché ;
- le troisième est conservé dans les archives de l'établissement.

À noter :

En ce qui concerne le contentieux électoral, celui-ci est de la seule compétence du tribunal d'instance.

1.1.4. Mission des délégués du personnel

Les délégués du personnel ont pour rôle de :

- présenter les réclamations du personnel à l'employeur ;
- collaborer à l'application de la législation du travail ;
- participer à la gestion de l'entreprise.

1.1.4.1. Présenter les réclamations du personnel auprès de l'employeur

Les délégués du personnel jouent le rôle d'intermédiaire entre l'employeur et les salariés.

Ils ont le droit de présenter à l'employeur des réclamations individuelles et collectives concernant :

- les salaires ;
- l'application du Code du travail, des conventions et des accords collectifs auxquels l'entreprise est assujettie, l'application des lois et règlements relatifs à l'hygiène et la sécurité.

Les relations entre les délégués du personnel avec les salariés sont facilitées par l'aménagement d'un panneau d'affichage destiné à recevoir exclusivement les renseignements d'ordre professionnel qu'il a pour mission de leur porter.

Néanmoins, il convient d'indiquer que les salariés ont toujours la faculté de présenter directement à l'employeur leurs revendications et suggestions.

1.1.4.2. Collaborer à l'application de la législation du travail

Les délégués du personnel ont le droit de présenter à la Direction départementale du travail toutes plaintes et observations concernant l'application des lois et règlements que sa fonction lui donne mission de contrôler.

Ils ont également la mission de veiller à l'application des prescriptions relatives à l'hygiène et à la sécurité des travailleurs et à la sécurité sociale.

Ils jouent le rôle d'auxiliaire de la Direction départementale du travail et peuvent ainsi prévenir ce dernier de toute infraction à la législation sociale.

Au moment des visites d'inspection, les inspecteurs du travail peuvent se faire accompagner des délégués du personnel.

Les délégués du personnel ont pour mission de donner leurs avis sur les conditions de licenciement envisagées par l'employeur à la suite des mesures de compression de personnel pour réorganisation de l'entreprise.

1.1.4.3. Participer à la gestion de l'entreprise

Les délégués du personnel ont également pour mission de communiquer à l'employeur toutes suggestions utiles tendant à l'amélioration de l'organisation et du rendement de l'entreprise.

1.2. Les moyens d'action mis à la disposition des délégués du personnel

Pour permettre aux délégués du personnel de mener à bien leur mission, ils doivent disposer des moyens d'action ci-après :

1.2.1. L'accord d'un crédit d'heure

L'employeur doit laisser à la disposition des délégués du personnel titulaires 20 heures de liberté par mois pour l'exercice de leur mission. Ce temps qui est rémunéré comme temps de travail au tarif normal doit être exclusivement consacré à l'activité de la mission des délégués du personnel.

Toutefois, ce temps peut être augmenté en fonction de l'étendue de l'établissement et de la dispersion du personnel.

Ainsi, les délégués du personnel ont la possibilité de quitter leur poste de travail, et se déplacer dans l'entreprise et à l'extérieur de l'entreprise, dans le cadre de l'utilisation des heures de délégation. Ils ont des contacts directs avec les salariés pendant le temps de travail, à condition qu'il n'en résulte pas de gêne importante dans le travail.

1.2.2. La mise à disposition d'un local

L'employeur doit mettre à la disposition des délégués du personnel un local, pour leur permettre de se réunir, et des panneaux d'affichage. Les conditions d'utilisation de ce local seront déterminées en accord avec l'employeur.

Le chef d'entreprise est tenu d'installer des boîtes aux lettres dans les lieux de travail.

Les délégués dans l'exercice de leurs missions sont habilités à afficher les communications qu'ils souhaitent porter à la connaissance du personnel sous réserve de transmettre une copie simultanément au chef d'entreprise.

1.2.3. La réception des délégués du personnel par le chef d'entreprise

Aux termes des dispositions de l'article 26 de l'arrêté 1110 précité, il est précisé que les délégués du personnel sont reçus collectivement par le chef d'entreprise ou son représentant au moins une fois par mois.

Ils sont aussi reçus en cas d'urgence sur leur demande. À cet égard, les délégués transmettent à l'employeur deux (2) jours avant la réception une note écrite exposant l'objet de leur demande.

La note ainsi que la réponse donnée par l'employeur sont consignées dans un registre spécial des revendications du personnel dans un délai de sept (7) jours.

Toutefois, l'arrêté 1110 accorde un délai d'un mois au chef d'établissement qui n'est pas décideur pour transmettre les revendications des délégués à la Direction générale hors du siège de l'établissement.

Remarque :

Force est d'admettre que dans la pratique, il n'y a pas toujours matière à une réunion mensuelle, surtout dans les petites entreprises. Il s'établit une sorte de consensus dans un climat de bonne foi réciproque, pour éviter des réunions sans objet. Néanmoins, l'employeur doit faire en sorte que l'abstention des délégués apparaisse bien comme un refus ou une défection de leur part.

Aussi, se doit-il de prévoir la réunion mensuelle à l'avance pour que les délégués soient à même de répondre dans les délais prescrits. Au cas où la réunion est reportée, une mention sera apposée sur le registre des délégués du personnel.

1.2.4. Le registre des délégués du personnel

Le registre des revendications du personnel est prévu pour enregistrer les réclamations et suggestions du personnel.

À cet effet, il doit être tenu pendant un jour ouvrable par quinzaine à la disposition des salariés et en permanence à la disposition de la Direction départementale du travail.

2. LA PROTECTION DES DÉLÉGUÉS DU PERSONNEL CONTRE LES ATTEINTES PORTÉES À LEURS ACTIVITÉS ET CONTRE LES LICENCIEMENTS ET LES MESURES AUTRES QUE LE LICENCIEMENT

2.1. Les atteintes à l'exercice des missions des délégués du personnel : le délit d'entrave

L'exercice du mandat de délégué du personnel confère à ce dernier une protection légale de nature à le mettre à l'abri des abus dont il peut être l'objet de la part de l'employeur.

Des prérogatives sont donc reconnues aux délégués du personnel afin que l'employeur ne porte pas atteinte au bon fonctionnement de cet organe dans l'entreprise.

Il est évident que tous les agissements de l'employeur ayant pour but d'empêcher l'exercice de ces prérogatives tombent sous le coup du délit d'entrave à l'exercice des missions des représentants du personnel.

Il convient d'indiquer qu'il n'est pas aisé de dresser de manière exhaustive une liste des situations caractérisant un délit d'entrave dans la mesure où le domaine d'application est océanique et dépend des interprétations qui en sont données.

Ainsi, les faits ci-après regroupés par catégorie peuvent être constitutifs de délit d'entrave :

⇨ ***En matière d'élection***

- Tentative d'influence concernant les élections et désignations des représentants du personnel ;
- Le refus d'organiser les élections ou de répondre à la lettre sollicitant l'organisation du scrutin ;
- L'inexécution des termes du protocole d'accord préélectoral ;
- Toute manœuvre dilatoire visant à retarder ou conduire à l'échec le processus électoral.

⇨ ***En matière d'exercice des missions de délégué du personnel***

- Entrave à l'usage des heures de délégation ;
- Le refus de recevoir les délégués du personnel qui ont régulièrement fait la demande ;
- La perturbation d'une réunion en empêchant l'instauration d'un dialogue normal avec les délégués du personnel par un minutage excessif de la réunion ;
- Le refus de convoquer la réunion mensuelle ;
- Le refus de payer des heures accomplies pour l'exercice du mandat de délégué du personnel ;
- La censure, a priori, de l'affichage des communications ;
- Le refus par l'employeur de mettre le local à la disposition des délégués du personnel.

⇨ ***En matière de protection des délégués du personnel***

- La modification des conditions de travail d'un délégué du personnel en vue d'entraver à sa mission ;

- Le licenciement d'un délégué du personnel prononcé au mépris des dispositions des articles 39 et 176 du Code du travail ;
- La mise à pied préventive prononcée de mauvaise foi, en l'absence de toute faute grave.
- Le délit d'entrave est constaté par l'inspecteur du travail et sanctionné conformément à l'article 254-b du Code du travail d'une amende de 36 000 à 100 000 FCFA et en cas de récidive de 60 000 à 200 000 FCFA.

2.2. La protection des délégués du personnel contre le licenciement

Exposés aux sanctions plus que les autres salariés parce que la mission qui leur est confiée peut dans une certaine mesure troubler la quiétude de l'employeur, les délégués du personnel sont protégés contre les licenciements et toutes sanctions disciplinaires, dans l'intérêt des institutions.

2.2.1. Les personnes protégées

Dans le cadre de l'exercice de leurs fonctions, la loi accorde une certaine protection aux délégués du personnel. Pour que cette protection soit efficace, il ne suffit pas simplement de protéger les représentants du personnel au cours de leur mandat, mais il faut également protéger les candidats à ces fonctions et ceux dont le mandat vient d'expirer comme suit :

⇨ ***Les candidats aux élections***

Les candidats aux fonctions de délégué du personnel sont protégés pendant la durée comprise entre la date de remise des listes de candidature au chef d'entreprise ou d'établissement et celle du scrutin.

⇨ ***Les candidats non élus***

Les candidats non déclarés élus bénéficient d'une protection pendant les trois (3) mois qui suivent la date de scrutin.

⇨ ***Les représentants élus, en cours de mandat***

Qu'il s'agisse de titulaires ou de suppléants, les délégués du personnel sont protégés pendant le cours de leur mandat. Le point de départ de cette protection est le jour de la proclamation du résultat des élections.

⇨ ***Les anciens délégués du personnel***

Les anciens délégués du personnel bénéficient d'un statut protecteur pendant les six (6) premiers mois qui suivent l'expiration de leur mandat.

2.2.2. Procédure de licenciement d'un délégué du personnel

Tout licenciement prononcé contre un délégué du personnel pour motif personnel ou économique obéit à une procédure particulière.

L'article 176 alinéas 1 du Code du travail réglemente la procédure de licenciement du délégué comme suit :

« Tout licenciement d'un délégué du personnel envisagé par l'employeur ou son représentant doit être soumis à l'autorisation de la commission de litiges prévue à l'article 39. Toutefois, en cas de faute présumée lourde par l'employeur, celui-ci peut prononcer immédiatement la mise à pied conservatoire du délégué du personnel en attendant la décision définitive de la commission de litiges. Cette mise à pied n'entraîne pas suspension du paiement du salaire de base. »

2.2.2.1. L'autorisation de commission de litiges : Condition de validité des licenciements des délégués du personnel

L'employeur qui envisage de licencier un délégué du personnel doit au préalable notifier à ce dernier sa décision en indiquant le motif et saisir la commission de litiges en vue d'obtenir l'autorisation de licenciement.

⇨ ***Licenciement d'un délégué du personnel consécutif à une faute lourde***

Un employeur qui désire licencier un délégué du personnel à la suite d'une faute lourde commise par ce dernier doit au préalable lui notifier une mise à pied conservatoire en indiquant le motif et saisir la commission de litiges en vue d'obtenir l'autorisation de licenciement.

Toutefois, il convient d'indiquer que le salarié protégé perçoit durant la période de suspension son salaire de base.

2.2.3. Les droits et avantages des délégués du personnel relatifs au licenciement

Les délégués du personnel bénéficient de certains droits et avantages à la suite de la rupture de leur contrat de travail en cas de licenciement abusif ou de licenciement irrégulier.

2.2.3.1. Les droits des délégués consécutifs au licenciement abusif

L'article 176 alinéa 5 du Code du travail dispose en effet qu'en cas de licenciement reconnu abusif, le juge du fond ordonne, à compter du prononcé du jugement, soit la réintégration du délégué du personnel dans ses fonctions au sein de l'entreprise, soit le versement des dommages-intérêts.

Il résulte des dispositions ci-dessus deux sanctions alternatives en cas de rupture abusive du contrat de travail des délégués du personnel :

- la réintégration des délégués du personnel ;
- le versement des dommages-intérêts correspondant à douze (12) mois du salaire de base, versement pouvant se faire à échéance mensuelle.

2.2.3.2. Les avantages des délégués du personnel relatifs à un licenciement irrégulier

Dans le cadre de la protection des délégués du personnel, l'article 176 alinéas 6 du Code du travail prévoit en effet :

« *Qu'en cas de licenciement irrégulier, le tribunal décide, soit la reprise de la procédure, soit le paiement des dommages-intérêts correspondant au préjudice subi.* »

Ainsi, la rupture du contrat de travail d'un délégué prononcée sans demande d'autorisation de licenciement adressée par l'employeur à la Commission de litiges peut être qualifiée d'irrégulière et dans le cadre de la mise en œuvre d'une instance judiciaire, le délégué du personnel irrégulièrement licencié peut obtenir de la juridiction sociale la reprise de la procédure.

Cette demande peut, soit porter sur la constatation par le juge de l'absence de motif légitime de licenciement rendant abusive la rupture du contrat de travail, soit à exiger du juge uniquement la constatation de la violation par l'employeur des règles de forme prévues en matière de licenciement des délégués du personnel en vue de tirer les conséquences qui s'imposent.

Toutefois, en lieu et place de la reprise de procédure, le délégué du personnel a la faculté de solliciter au juge le versement des dommages-intérêts.

2.3. La protection des délégués du personnel contre les mesures autres que le licenciement

Cette protection vise notamment la modification du contrat de travail du délégué ou le changement de ses conditions de travail.

En effet, aucune modification du contrat de travail, aucun changement des conditions de travail ne peut être imposé au délégué du personnel. Toute modification de la relation de travail, quelle que soit sa nature ou son importance, doit faire l'objet d'un accord exprès du délégué du personnel, préalablement à sa mise en œuvre effective.

Ainsi, en cas de refus par le délégué du personnel de la mesure envisagée par l'employeur, ce dernier est confronté à l'alternative suivante :

- soit, il maintient le salarié dans la situation antérieure et renonce ainsi à son projet ;
- soit, il entend effectivement mettre en œuvre la mesure envisagée.

Dans cette dernière hypothèse, l'employeur doit faire usage de la procédure spéciale de licenciement édictée par l'article 176 du Code du travail.

DROIT DES SOCIETES

LA LIQUIDATION AMIABLE DES SOCIÉTÉS COMMERCIALES

La dissolution d'une société entraîne en principe sa liquidation, exception faite des cas pour lesquels la loi prévoit une transmission universelle du patrimoine (dissolution des sociétés unipersonnelles, cas des opérations de fusion ou scission).

Il faut entendre par liquidation l'ensemble des opérations qui, après dissolution de la société, ont pour objet la réalisation des éléments d'actif et le paiement des créanciers sociaux, en vue de procéder au partage entre les associés de l'actif net subsistant.

La liquidation peut être forcée, c'est le cas notamment lorsqu'elle résulte d'une décision judiciaire mais elle peut également résulter d'une décision extraordinaire des associés, on parle alors de liquidation amiable.

Dans la présente étude, nous n'aborderons que la liquidation amiable de la société régie notamment par les dispositions des articles 203 et suivants de l'Acte uniforme sur les sociétés commerciales et le GIE de l'OHADA.

Ces dispositions sont relatives au maintien de la personnalité de la société en liquidation, à l'organe chargé de la liquidation, à sa mission et à la clôture de la liquidation.

Ce sont ces différents points qui seront successivement examinés.

1. MAINTIEN DE LA PERSONNALITÉ DE LA SOCIÉTÉ EN LIQUIDATION

Il résulte de l'article 05 de l'Acte uniforme que la personnalité morale de la société subsiste pour les besoins de la liquidation et jusqu'à la publication de la clôture de celle-ci.

Cette situation aura les conséquences suivantes.

- Quant à la dénomination sociale

La société en liquidation conserve sa dénomination sociale, laquelle est *obligatoirement suivie de la mention « société en liquidation ».*

Cette mention ainsi que le nom du ou des liquidateurs doivent figurer sur tous les actes et documents émanant de la société et destinés aux tiers, notamment sur toutes lettres, factures, annonces et publications.

- Quant au siège social

La société en liquidation conserve son siège social mais rien n'interdit son transfert en un autre lieu.

- Quant à la capacité juridique

La société ne survit que pour les besoins de sa liquidation. Par conséquent, elle ne saurait être transformée en une société d'une autre forme ni entreprendre de nouvelles activités.

Cette limitation de la capacité juridique s'impose même à l'assemblée générale des associés ou actionnaires, qui ne peuvent prendre que des décisions se rattachant aux opérations que commande la liquidation.

Le liquidateur doit donc se borner à terminer les affaires en cours. Exceptionnellement, il peut obtenir des associés pour que l'exploitation soit poursuivie.

- Quant au patrimoine social

Celui-ci est le gage des créanciers sociaux. Les actionnaires ne sauraient, par conséquent, y porter atteinte.

- Quant aux droits sociaux

Pendant la liquidation, les associés conservent leurs droits de nature mobilière (parts sociales ou actions). Ces droits peuvent être cédés dans les mêmes conditions qu'avant la dissolution.

2. L'ORGANE CHARGÉ DE LA LIQUIDATION : LE LIQUIDATEUR

2.1. NOMINATION

La désignation du liquidateur s'opère de façon variable selon la forme de la société :

- dans la société anonyme, sa nomination est faite par les actionnaires lors de la prise de décisions de dissolution, c'est-à-dire aux conditions de quorum et de majorité prévues pour les assemblées générales extraordinaires ;

- dans les sociétés en nom collectif, il est désigné à l'unanimité des associés ;
- dans les sociétés en commandite simple, il est désigné à l'unanimité des commandités et à la majorité en capital commanditaires ;
- dans les sociétés à responsabilité limitée, il est désigné *à la majorité en capital des associés.*

<u>Remarque</u> : *l'Acte uniforme ne prévoit rien sur la désignation du liquidateur en ce qui concerne les sociétés en participation et de fait. Ceci s'explique par le fait que ces sociétés ne disposent d'aucun patrimoine social et par conséquent, il n'existe aucun bien à répartir ni aucune dette à solder au niveau de la société elle-même. Dans ce cas, il sera simplement dressé un bilan de dissolution qui fera apparaître les comptes d'associés.*

La désignation du liquidateur n'est pas également prévue pour le Groupement d'intérêt économique. En général, les statuts déterminent les modalités de nomination et à défaut, il appartient aux membres du GIE de décider du mode de désignation du liquidateur.

Le liquidateur peut être choisi parmi les associés ou les tiers.

Il peut être par ailleurs une personne morale.

Si les associés n'ont pu nommer un liquidateur, celui-ci sera désigné par décision de justice à la demande de tout intéressé.

Il peut être désigné un ou plusieurs liquidateurs lesquels peuvent, selon les pouvoirs qui leur auront été dévolus dans l'acte de nomination, exercer leurs fonctions conjointement ou séparément. Toutefois, ils devront établir et présenter un rapport de liquidation commun.

2.2. PUBLICATION DE L'ACTE DE NOMINATION

L'acte de nomination du liquidateur est publié, dans le délai d'un mois à compter de ladite nomination, par *avis dans un journal d'annonces légales du siège social.*

C'est uniquement à compter de cette publication que la nomination sera opposable aux tiers.

Dès lors que la publication a été régulièrement effectuée, ni la société ni les tiers ne pourront, en vue de se soustraire à leurs engagements, se prévaloir d'une irrégularité dans la nomination ou la révocation du liquidateur.

2.3. RÉMUNÉRATION

Elle est fixée par l'assemblée ou par le tribunal, au cas où il procéderait à la nomination du liquidateur.

2.4. RÉVOCATION

Elle est faite dans les mêmes formes prévues pour la nomination. Il s'agit là des règles de quorum et de majorité, ainsi que les règles de publication dans un journal d'annonces légales.

Tout comme en matière de nomination, la révocation du liquidateur n'est opposable aux tiers qu'à compter de cette publication. Toutefois, tout actionnaire peut demander en justice la révocation du liquidateur si sa demande est fondée sur des motifs légitimes.

3. MISSION DU LIQUIDATEUR

3.1. RÉALISATION DE L'ACTIF SOCIAL

Le liquidateur est la personne qui est chargée de procéder aux opérations de liquidation, c'est-à-dire de vendre les actifs sociaux, d'apurer le passif, et le cas échéant, de répartir entre les associés le boni de liquidation. Il lui appartient donc d'organiser au mieux ces opérations.

Le liquidateur peut, soit décider de la vente globale des actifs, ou l'apport partiel à une autre société, ou la fusion par voie d'absorption de la société en liquidation, ou encore la scission de cette dernière au profit d'autres sociétés sous réserve de l'autorisation donnée par les associés dans des conditions de quorum et de majorité prévues pour chaque forme de société.

Hormis le cas de la société à responsabilité limitée où la majorité exigée est celle prévue pour des modifications statutaires soit les trois quarts du capital, les règles de quorum et de majorité pour chaque société sont les mêmes que celles prévues pour la désignation du liquidateur.

3.2. RESTRICTIONS

Certaines restrictions sont prévues par la loi en cas de cession d'actifs.

Ainsi, sauf consentement unanime des associés, il est interdit au liquidateur, en principe, de céder tout ou partie des actifs sociaux à des personnes ayant eu la qualité :

- d'associé en nom (cas des sociétés en nom collectif) ;
- de commandité (cas des sociétés en commandite simple) ;
- de gérant (cas des sociétés à responsabilité limitée, sociétés en commandite simple, sociétés en nom collectif) ;
- de membre du conseil d'administration, d'administrateur général (société anonyme) ;
- de commissaire aux comptes.

Cependant, pour les cas où en dépit de l'absence d'unanimité pour autoriser de telles cessions, le liquidateur estimera que celles-ci seraient utiles pour la liquidation, il peut alors demander, à cette fin, une autorisation auprès de la juridiction compétente.

En revanche, dans tous les cas, la cession des actifs sociaux est interdite au profit du liquidateur lui-même, de ses employés ou de leurs conjoints, ascendants et descendants.

4. CLÔTURE DE LA LIQUIDATION

4.1. DÉLAI DE CLÔTURE DE LA LIQUIDATION

La clôture de la liquidation doit intervenir dans le **délai maximum de trois ans** à compter de la dissolution de la société.

Dans l'hypothèse où les opérations de liquidation ne pourraient s'achever avant ce délai, le liquidateur peut présenter une requête en vue d'obtenir de l'autorité de justice une prorogation de ce délai.

À défaut, le ministère public ou tout intéressé peut saisir le tribunal afin qu'il soit procédé à la liquidation de la société ou, si celle-ci a été commencée, à son achèvement.

4.2. TENUE DE L'ASSEMBLÉE DE CLÔTURE

À défaut, tout associé peut demander au tribunal, statuant à bref délai, la désignation d'un mandataire chargé de procéder à la convocation.

Au cas où l'assemblée de clôture ne peut délibérer ou si elle refuse d'approuver les comptes du liquidateur, il reviendra au tribunal, à la demande du liquidateur ou de tout intéressé, de statuer sur les comptes et, le cas échéant, sur la clôture de la liquidation, en lieu et place de l'assemblée.

Dans ce cas, le liquidateur dépose ses comptes au greffe du tribunal où tout intéressé peut en prendre connaissance et obtenir à ses frais la délivrance d'une copie.

4.3. FORMALITÉS LIÉES À LA CLÔTURE DE LA LIQUIDATION

Les comptes définitifs établis par le liquidateur sont déposés au greffe du tribunal en annexe au registre du commerce. Il y est joint, soit la décision de l'assemblée statuant sur les comptes de liquidation, le quitus de la gestion du liquidateur et la décharge de son mandat, soi, à défaut, la décision de justice visée ci-dessus.

La clôture de la liquidation devra être publiée dans un journal d'annonces légales.

C'est sur justification de l'accomplissement de ces formalités que le liquidateur pourra demander la *radiation de la société au registre du commerce, dans le délai d'un mois* à compter de la publication de la clôture de la liquidation.

La société dans ce cas perd définitivement sa personnalité morale.

4.4. RESPONSABILITÉ DU LIQUIDATEUR

Le liquidateur est responsable à l'égard de la société et des tiers des conséquences dommageables des fautes qu'il commettrait dans l'exercice de ses fonctions.

En vertu des dispositions de l'article 221 de l'Acte uniforme, l'action en responsabilité contre le liquidateur se prescrit dans les délais suivants :

- 3 ans, à compter du fait dommageable ou, s'il a été dissimulé, à compter de sa révélation ;
- 10 ans, lorsque le fait est qualifié de crime.

Il convient d'ajouter que toute action contre les associés non liquidateurs ou leur conjoint survivant, héritier qui tient son droit (terme utilisé pour désigner la personne qui tient son droit d'une autre), se prescrit par 5 ans à compter de la publication de la dissolution de la société au registre du commerce.

L'action sociale contre le liquidateur ne pourra être engagée par les dirigeants sociaux qui, par hypothèse, ne disposent plus du moindre mandat dès la décision de dissolution. En revanche, cette action de la société pourra toujours être mise en œuvre par un ou plusieurs associés, quelle que soit leur participation dans le capital social.

Il est important de souligner que si le liquidateur est une personne morale, cette dernière n'étant pas tenue de désigner un représentant permanent, la personne physique représentant le liquidateur moral ne pourra pas être recherchée, à titre personnel, en responsabilité pour les faits dommageables du liquidateur.

LES AMÉNAGEMENTS STATUTAIRES DANS LA RÉPARTITION DE BÉNÉFICES

Le droit au dividende est une prérogative essentielle de l'associé. La détention d'une quote-part du capital lui donne droit à une partie des bénéfices proportionnellement au capital détenu.

Cependant, l'article 54 de l'Acte uniforme relatif aux sociétés commerciales et au groupement d'intérêt économique offre la faculté d'organiser dans les statuts une répartition différente des bénéfices.

Toutefois, ces aménagements statutaires n'ont été expressément prévus que pour les sociétés anonymes (articles 399 et 755 et suivants de l'Acte uniforme relatifs aux avantages particuliers et aux actions privilégiées) et les sociétés à responsabilité limitée (les articles 312 et 363 et suivants de l'Acte uniforme relatifs à la constitution et à l'augmentation de capital avec octroi d'avantages particuliers).

Signalons que l'absence de disposition expresse relative à la répartition des bénéfices n'empêche aucunement les autres sociétés commerciales d'y recourir (société en nom collectif, société en commandite, etc.). Il suffit que les actionnaires de ces sociétés organisent une répartition statutaire des bénéfices qui respecte la législation OHADA.

Les développements ci-après seront relatifs à la répartition statutaire des bénéfices dans les sociétés commerciales.

1. LES NOTIONS D'AVANTAGES PARTICULIERS ET DE DROITS SOCIAUX PRIVILÉGIÉS

L'Acte uniforme OHADA relatif aux sociétés commerciales et au groupement d'intérêt économique (ci-après l'Acte uniforme) prévoit deux types d'aménagements statutaires pour la répartition des bénéfices : la stipulation d'avantages particuliers et la création de droits sociaux privilégiés.

Ces deux notions doivent être distinguées :

- L'avantage particulier est attaché à la personne du bénéficiaire (techniquement, on dit qu'il y a un fort *intuitus personae*, c'est-à-dire que l'avantage n'existe que par rapport à telle personne et n'existera pas forcément avec telle autre).
- Les droits sociaux privilégiés, au contraire, sont des droits qui existent indépendamment de leur bénéficiaire.

Ainsi, les droits sociaux privilégiés sont librement transmissibles – sauf restriction particulière – tandis que la transmission des avantages particuliers est subordonnée à l'accord de l'assemblée générale extraordinaire.

1.1. LA NOTION D'AVANTAGE PARTICULIER

1.1.1. L'avantage particulier dans les sociétés anonymes

L'Acte uniforme ne définit pas la notion d'avantage particulier.

Elle est simplement énoncée dans les textes relatifs à la constitution d'une société anonyme avec apport en nature et/ou avantage particulier.

L'article 408 alinéa 3 de l'Acte uniforme précise que l'avantage particulier est lié à un bénéficiaire.

L'avantage particulier est généralement défini comme étant un droit de préférence sur les bénéfices ou sur l'actif social.

Concrètement, l'avantage particulier peut prendre l'une des formes suivantes :

- partage à égalité des bénéfices et des pertes alors que les apports initiaux ne sont pas de même valeur ;
- contribution plus limitée aux pertes ;
- droit plus important sur le boni de liquidation ;
- dividende prioritaire, etc.

L'avantage particulier a pour conséquence d'entraîner une rupture d'égalité entre les associés, c'est pourquoi il existe des limites telles que la prohibition des clauses léonines (cf. *infra*).

1.1.2. L'avantage particulier dans les sociétés à responsabilité limitée

De même que pour les sociétés anonymes, les articles relatifs aux avantages particuliers dans les sociétés à responsabilité limitée ne définissent pas cette notion. Il convient donc de se référer à la définition précitée qui est généralement admise.

Pour les sociétés à responsabilité limitée, ce sont les articles 312 et 363 et suivants de l'Acte uniforme qui réglementent la procédure de constitution et d'augmentation de capital en présence d'avantages particuliers.

Ainsi, l'article 312 dispose-t-il que les statuts doivent nécessairement comporter l'évaluation des avantages particuliers lors de la constitution du capital. De même, en cours de vie sociale, l'article 362 de l'Acte uniforme dispose qu'il convient de procéder à la même évaluation lors de toute augmentation de capital.

S'agissant de la forme des avantages particuliers dans les sociétés à responsabilité limitée, nous vous renvoyons aux développements relatifs aux sociétés anonymes.

1.2. LES DROITS SOCIAUX PRIVILÉGIÉS

1.2.1. L'action de priorité dans les sociétés anonymes

L'article 755 de l'Acte uniforme définit l'action de priorité comme étant l'action qui confère à son titulaire des *droits supérieurs* par rapport aux actions ordinaires.

Ces droits supérieurs peuvent notamment prendre la forme :

- soit d'une part majorée dans le bénéfice ou le boni de liquidation ;
- soit d'un droit de priorité ;
- soit de dividendes cumulatifs.

Les droits précités sont attachés aux actions (et non au bénéficiaire) et peuvent donc être cédés.

En pratique, on rencontre le plus souvent la stipulation d'un dividende prioritaire.

Il s'agit d'un dividende d'un montant déterminé ou déterminable devant être versé à ses bénéficiaires avant toute affectation du bénéfice distribuable (ce qui suppose l'existence de bénéfices, à la différence de la clause d'intérêt fixe qui oblige à une distribution de revenus, même en cas de résultat négatif).

Le dividende prioritaire peut être soit prioritaire, soit cumulatif ou réunir les deux qualités :

- le dividende prioritaire stricto sensu est celui qui est accordé au propriétaire de l'action en plus de sa part normale dans les bénéfices. Ce surplus de versement est *prioritaire* par rapport à l'attribution de bénéfices pour les détenteurs d'actions ordinaires ;
- le dividende cumulatif est celui qui peut faire l'objet d'un report sur les exercices suivants ou sur un nombre limité d'exercices si le bénéfice distribuable d'un exercice ne permet pas de verser ledit dividende en totalité.

Ces différentes formes de dividendes sont autorisées puisque les autres associés conservent leurs droits aux bénéfices.

1.2.2. La part sociale privilégiée dans les sociétés à responsabilité limitée

L'article 311 de l'Acte uniforme dispose que le capital social des sociétés à responsabilité limitée doit être d'un million de francs CFA au moins divisé en parts sociales égales d'une valeur nominale supérieure ou égale à 5 000 francs CFA.

À notre avis, et bien que le texte ne le précise pas, cette égalité n'est requise que pour la valeur des parts composant le montant du capital social. Dans ces conditions, rien n'empêche de conférer à certaines parts sociales des droits pécuniaires plus importants que ceux accordés à d'autres parts.

2. LES LIMITES À L'AMÉNAGEMENT STATUTAIRE DE RÉPARTITION DES BÉNÉFICES

Les aménagements précités sont limités par la prohibition des clauses léonines, d'une part et par l'interdiction de distribution des dividendes fictifs, d'autre part.

2.1. LA PROHIBITION DES CLAUSES LÉONINES

L'article 54 alinéa 2 de l'Acte uniforme donne la définition suivante des clauses léonines ainsi que le principe de leur interdiction :

« ... sont réputées non écrites[11] les stipulations attribuant à un associé la totalité du profit procuré par la société ou l'exonérant de toutes les pertes, ainsi que celles excluant un associé totalement du profit ou mettant à sa charge la totalité des pertes. »

Il est donc interdit d'attribuer à un associé la totalité des bénéfices ou de l'exonérer de toute perte ou encore de prévoir que tel associé supportera l'intégralité des pertes.

Ces clauses sont nulles et sans effet. En pratique, leur rédaction est rarement aussi explicite que les termes de l'article 54 alinéa précité. C'est pourquoi les tribunaux en font une appréciation au cas par cas.

Les dispositions sur la nullité des clauses léonines sont d'ordre public et concernent toutes les sociétés commerciales.

2.2. L'INTERDICTION DE DISTRIBUTION DE DIVIDENDES FICTIFS

Pour qu'un dividende soit distribué, il est impératif qu'il y ait un bénéfice distribuable.

Ainsi, avant toute distribution de bénéfices, il convient de respecter la chronologie suivante :

1) approbation des états financiers par l'assemblée générale ordinaire (assemblée annuelle) ;
2) apurement des éventuelles pertes antérieures ;
3) dotation de la réserve légale ;
4) dotations facultatives (réserve statutaire : si elle existe, elle a le même caractère obligatoire que la réserve légale ; réserve libre, etc.) ;
5) détermination du bénéfice distribuable (à condition qu'un bénéfice existe) ;
6) inscription éventuelle du reliquat en report à nouveau.

L'article 144 de l'Acte uniforme énonce que tout dividende versé en violation de l'ordre précité est un dividende fictif.

L'article 899 de l'Acte uniforme met à la charge du commissaire aux comptes la dénonciation du non-respect des dispositions précitées en faisant peser sur lui la menace de sanctions pénales.

[11] C'est-à-dire qu'elles sont nulles.

Ces dispositions sont donc une interdiction implicite des clauses d'intérêt fixe (cf. section 1.2.1.) par lesquelles la société est engagée à verser à un ou plusieurs associés ou actionnaires un intérêt au titre de leur apport, qu'un bénéfice existe ou que la société réalise des pertes.

3. LA PROCÉDURE D'OCTROI D'AVANTAGES PARTICULIERS ET DE DROITS SOCIAUX PRIVILÉGIÉS

3.1. L'OCTROI D'AVANTAGES PARTICULIERS

3.1.1. Dans les sociétés anonymes

Les avantages particuliers peuvent être octroyés lors de la constitution de la société (articles 399 et suivants de l'Acte uniforme) ou en cours de vie sociale (articles 619 et suivants de l'Acte uniforme).

♦ **Lors de la constitution de la société :**

- Un ou plusieurs commissaires aux apports désignés par les actionnaires sur une liste ou par décision de justice devront apprécier les avantages particuliers stipulés dans les projets de statuts ;
- Un rapport est déposé à l'adresse prévue au siège social dans les trois jours précédant l'assemblée générale constitutive afin que les souscripteurs puissent en prendre connaissance ;
- L'assemblée statue sur le rapport d'évaluation des avantages particuliers sans que le bénéficiaire ne puisse voter (ses actions ne sont pas prises en compte pour le calcul du quorum et de la majorité) ;
- L'assemblée ne peut réduire les avantages particuliers qu'à l'unanimité des souscripteurs et avec le consentement exprès du bénéficiaire ; en tout état de cause, lorsque la valeur attribuée aux avantages est différente de celle arrêtée par les commissaires aux apports, le consentement du bénéficiaire doit être mentionné au procès-verbal de l'assemblée générale constitutive.

À défaut d'approbation expresse, mention au procès-verbal de la part des bénéficiaires de tels avantages, la société n'est pas constituée.

♦ **En cours de vie sociale :**

En cours de vie sociale, notamment à l'occasion d'une augmentation de capital, des avantages particuliers peuvent être octroyés à certains actionnaires.

La procédure est assez proche de celle décrite ci-dessus, ainsi :

- Un ou plusieurs commissaires aux apports désignés dans les mêmes termes que précédemment évaluent le montant des avantages particuliers et remettent leur rapport à l'assemblée générale extraordinaire des actionnaires au moins huit jours avant la tenue de celle-ci ; parallèlement, un exemplaire du rapport est déposé au greffe du siège du tribunal du lieu du siège social ;
- Le commissaire aux apports peut être le commissaire aux comptes de la société ;
- L'assemblée générale extraordinaire statue sur ledit rapport sans que le bénéficiaire des avantages ne participe au vote. Ses actions ne sont pas prises en compte pour le calcul du quorum et de la majorité ;
- L'acceptation par l'assemblée générale extraordinaire des avantages octroyés constate la réalisation de l'augmentation de capital ; là encore, en cas de réduction des avantages, le bénéficiaire devra expressément approuver les modifications, à défaut de quoi, l'augmentation de capital n'est pas réalisée.

3.1.2. Dans les sociétés à responsabilité limitée (SARL)

De même que dans les sociétés anonymes, les avantages particuliers octroyés dans le cadre d'une société à responsabilité limitée peuvent l'être au moment de la constitution de la société (article 312 de l'Acte uniforme) ou en cours de vie sociale (même article).

- *Lors de la constitution de la société :*

L'article 312 précité dispose que l'évaluation des avantages doit figurer dans les statuts.

L'évaluation doit être faite par un commissaire aux apports lorsque la valeur des avantages particuliers conférés excède le montant de 5 000 000 de francs CFA ; en dessous de ce montant, le recours au commissaire aux apports est facultatif.

Sur ce point, encore, à défaut d'évaluation par le commissaire aux apports (lorsque sa présence est requise), ou s'il est passé outre son évaluation, les associés demeurent responsables de façon indéfinie et solidaire de l'évaluation faite des avantages particuliers pendant une période de cinq années.

♦ **En cours de vie sociale :**

À l'occasion d'une augmentation de capital, des avantages particuliers pourront être octroyés dans les mêmes conditions qu'indiqué ci-dessus.

De la même manière, le vote favorable de l'assemblée générale extraordinaire entérinera l'augmentation de capital tandis que la réduction desdits avantages nécessitera une approbation de la part du bénéficiaire, faute de quoi, l'augmentation de capital ne sera pas réalisée.

3.2. OCTROI DE DROITS SOCIAUX PRIVILÉGIÉS

3.2.1. Dans les sociétés anonymes

L'article 755 de l'Acte uniforme permet de créer des actions privilégiées lors de la constitution de la société ou en cours de vie sociale.

Cependant, aucune procédure particulière n'est prévue à cet effet.

Dans ce cas, la création de tels droits nécessitera un vote des associés détenant la majorité requise pour modifier les statuts.

3.2.2. Dans les sociétés à responsabilité limitée (SARL)

L'article 346 de l'Acte uniforme qui régit le droit aux bénéfices dans les sociétés à responsabilité limitée **ne prévoit pas la création de parts sociales privilégiées.**

Cependant, rien dans l'Acte précité n'interdit de conférer des droits pécuniaires à certaines parts. L'article 311 de l'Acte uniforme se contente d'indiquer que le capital social doit être divisé en parts sociales égales dont la valeur nominale ne peut être inférieure à cinq mille (5 000) francs CFA.

Ainsi, dès lors que le minimum légal est satisfait (1 000 000 de francs CFA pour les sociétés à responsabilité limitée), rien n'empêche de créer des droits sociaux privilégiés.

Là encore, en l'absence d'indication légale, la majorité requise pour la modification des statuts sera suffisante pour créer de tels droits.

4. LA SUPPRESSION DES CLAUSES STATUTAIRES DE RÉPARTITION DE BÉNÉFICES

4.1. RÉDUCTION OU SUPPRESSION DES AVANTAGES PARTICULIERS

L'Acte uniforme ne contient aucune disposition sur la suppression ou la réduction de tels avantages.

En pratique, il convient d'identifier l'origine du contrat ayant donné lieu à l'avantage particulier.

Ainsi, si l'avantage particulier résulte d'une clause statutaire, une décision de l'assemblée générale extraordinaire compétente pour la modification des statuts permettra de réduire ou de supprimer ces avantages.

En revanche, si l'avantage en question résulte d'un acte extrastatutaire, par exemple, d'un pacte d'actionnaire conclu entre la société et un ou plusieurs bénéficiaires, la société est alors engagée par une obligation inscrite dans ses statuts.

Dans ces cas, une décision de l'assemblée générale extraordinaire sera insuffisante et il faudra un acte de volonté de la part des bénéficiaires pour supprimer ou réduire l'avantage en question.

4.2. LA RÉDUCTION OU LA SUPPRESSION DES DROITS PRIVILÉGIÉS

Il n'existe pas davantage de procédure organisant la réduction ou la suppression de tels droits.

Comme ces droits sont créés par une décision de l'assemblée générale extraordinaire, ils devraient pouvoir être supprimés de la même manière.

LE RÉGIME JURIDIQUE DES RÉSERVES

1. DÉFINITION

De manière générale, constituent des réserves toutes sommes prélevées sur les bénéfices que l'entreprise conserve à sa disposition sans les incorporer au capital social et sans non plus les distribuer à ses actionnaires sous forme de dividendes.

2. LES DIFFÉRENTS TYPES DE RÉSERVES

À noter : Le présent article ne vise pas les sociétés auxquelles une réglementation spéciale impose la constitution des réserves catégorielles (par exemple : banques, sociétés d'assurance, sociétés minières...).

Il convient de distinguer les réserves imposées par l'Acte uniforme sur les sociétés, les réserves légales de celles qui résultent d'une disposition des statuts de la société ou d'une disposition fiscale.

2.1. LA RÉSERVE LÉGALE

Elle est prévue par l'article 346 de l'Acte uniforme pour les SARL et par l'article 546. 2e pour les SA.

Selon les dispositions de ces articles, à peine de nullité de toute délibération contraire, il doit être pratiqué sur **le bénéfice de l'exercice diminué, le cas échéant, des pertes antérieures, une dotation égale à 1/10e** au moins affectée à la formation d'un fonds de réserve dit « réserve légale ».

→ La dotation de la réserve légale cesse d'être obligatoire lorsque la réserve légale atteint 20 % (1/5e) du montant du capital social.

Exemple 1 :

– Bénéfice comptable : 30 000 000

– Report à nouveau déficitaire : - 10 000 0000

– Bénéfice net disponible : 20 000 000

– **Dotation réserve légale : 2 000 000**

(soit 20 000 × 1/10)

Exemple 2 :

– Capital social : 20 000 000

– Réserve légale antérieure : 6 000 000

– Bénéfice comptable à affecter : 15 000 000

– Report à nouveau déficitaire : -10 000 000

– Bénéfice net disponible : 5 000 000

– Dotation réserve légale : 500 000

(soit 5 000 000 × 1/10)

En l'espèce, cette dotation n'est pas obligatoire puisque la réserve légale est supérieure au 1/5e du capital social de la société.

À noter : La réserve légale est un minimum fixé par la loi : la société a toujours la possibilité de prévoir dans ses statuts un montant de dotation égal ou supérieur à ce minimum légal.

2.2. LES RÉSERVES STATUTAIRES

Ce sont des réserves dont la dotation est **prévue par les statuts de la société**.

Il peut s'agir des réserves ayant un caractère obligatoire ou un caractère simplement facultatif. Dans tous les cas, ces réserves sont dotées à partir du bénéfice disponible après *dotation de la réserve légale* s'il y a lieu.

- ***Les réserves obligatoires***

L'assemblée générale des actionnaires ou associés est liée par les dispositions statutaires. Elle a l'obligation d'effectuer le prélèvement nécessaire sur les bénéfices et doter lesdites réserves dans les conditions fixées par les statuts. La dotation de ces réserves doit être effectuée tant que les statuts n'auront pas été modifiés dans un sens contraire.

IMPORTANT : *Lorsqu'elles ont un caractère obligatoire (réserve légale ou statutaire), la dotation de ces réserves est un préalable à la distribution de dividendes aux actionnaires. En effet,* ***serait assimilable à un dividende fictif tout dividende distribué sans que la dotation desdites réserves ait été préalablement effectuée.***

- ***Les réserves facultatives***

En un tel cas, soit les statuts énoncent que telle réserve n'est dotée que si les actionnaires le décident, soit les statuts sont muets mais il est décidé par les actionnaires une dotation en « réserves libres » (une autre terminologie peut au demeurant être utilisée).

L'assemblée générale des actionnaires peut, chaque année, décider tous prélèvements sur ces réserves facultatives afin, par exemple, de les incorporer au capital social.

À noter : *L'opportunité de doter ces comptes de réserves est une question de fait qui relève de la libre appréciation de l'assemblée générale des actionnaires. Toutefois, la décision de doter ces comptes de réserves peut être constitutive d'un* ***abus de droit*** *notamment lorsque cela a pour conséquence de priver les associés du droit à dividende.*

3. LE SORT DES RÉSERVES

3.1. EN CAS DE DISTRIBUTION DE DIVIDENDES

Aux termes de l'article 143.2e de l'Acte uniforme, l'assemblée générale des associés peut, dans les conditions éventuellement prévues par les statuts, décider la distribution de tout ou partie des réserves ou leur incorporation au capital social, à la condition qu'il ne s'agisse pas de réserves stipulées indisponibles par la loi ou par les statuts. Dans ce cas, elle indique expressément les postes de réserves sur lesquels les prélèvements sont effectués.

ATTENTION : *Aucune distribution de dividendes ne peut se faire par prélèvement à partir de la réserve légale, du moins en deçà de son plafond de 20 % du capital social.*

3.2. EN CAS D'AMORTISSEMENT DU CAPITAL

Dans les sociétés anonymes, l'article 655 de l'Acte uniforme dispose que les sommes utilisées au **remboursement des actions** sont prélevées sur les bénéfices ou sur les réserves non statutaires.

Elles ne peuvent être prélevées ni sur la réserve légale ni, sauf décision contraire de l'assemblée générale extraordinaire des associés, sur les réserves statutaires.

LE RÔLE DU COMMISSAIRE AUX COMPTES

(Le rôle du commissaire aux comptes dans les sociétés anonymes régies par l'Acte uniforme relatif au droit des sociétés commerciales et du groupement d'intérêt économique)

Le présent article n'est pas une étude du commissariat aux comptes dans le droit des sociétés (Acte uniforme de l'OHADA) ; il vise simplement à résumer **le rôle plus important dévolu au commissaire aux comptes**, qui se traduit essentiellement, de manière pratique, par la préparation et l'émission d'un nombre accru de rapports destinés aux actionnaires[12].

Pour mémoire, le commissaire aux comptes a pour mission permanente de :

- vérifier les valeurs et documents comptables de la société ;
- contrôler la **conformité de la comptabilité de la société avec le plan comptable OHADA** (et/ou un plan comptable professionnel particulier) ;
- vérifier la sincérité et la concordance avec les états financiers de synthèse, des informations données :
    - dans le rapport de gestion du conseil d'administration ou de l'administrateur général (selon le cas) ;
    - dans les documents sur la situation financière et les états financiers destinés aux actionnaires ;
- s'assurer que l'égalité entre les actionnaires est respectée, et notamment que toutes les actions d'une même catégorie confèrent les mêmes droits.

[12] Il se traduit également par un droit d'investigation permanent et par une intervention active en cas de faits mettant en péril la continuité de la société. Ces points seront relevés dans un prochain article.

Remarque : *Si plusieurs commissaires aux comptes sont en fonction, ils peuvent procéder séparément à leurs investigations, vérifications et contrôles mais ils établissent un rapport commun. En cas de désaccord entre eux, chaque opinion est mentionnée dans le rapport.*

Principe général : Tous ces rapports sont destinés aux actionnaires de la société anonyme mais sont préalablement communiqués aux organes de direction de la société (conseil d'administration ou administrateur général, selon le cas).

1. LES RAPPORTS DESTINÉS À L'ASSEMBLÉE GÉNÉRALE ORDINAIRE ANNUELLE D'APPROBATION DES COMPTES

Le commissaire aux comptes est susceptible de préparer et tenir à la disposition des actionnaires, quinze (15) jours au moins avant la date de l'assemblée générale annuelle, sept (7) types de rapports.

1.1. LE RAPPORT GÉNÉRAL À L'ASSEMBLÉE GÉNÉRALE ORDINAIRE ANNUELLE D'APPROBATION DES COMPTES

Obligatoire, il est destiné à **certifier la régularité et la sincérité des états financiers**. L'opinion du commissaire aux comptes peut être formulée de 3 façons différentes :

1.1.1. La certification sans réserve

Elle répond à l'objectif même de la mission du commissaire aux comptes : certifier que les comptes annuels sont réguliers et sincères et donner une image fidèle de la société.

Cette certification suppose que les conditions suivantes ont été réunies :

- Les comptes annuels sont **établis selon les règles en vigueur** et les principes comptables de l'Acte uniforme relatifs au droit comptable de l'OHADA et appliqués de façon identique à celle de l'exercice précédent.
- L'information donnée dans les comptes annuels et leurs annexes donnent **une image fidèle** de la situation financière, du résultat des opérations et du patrimoine de la société.
- Le commissaire aux comptes a pu mettre en œuvre sans restriction toutes les diligences qu'il a jugé utiles ; il a pu satisfaire

aux normes d'exercice des missions et le résultat de ses contrôles s'est révélé satisfaisant.

1.1.2. La certification avec réserves

Le commissaire aux comptes émet des « réserves » dans un des cas suivants :

- Des erreurs, anomalies, voire des irrégularités dans l'application des règles et principes comptables dont l'incidence significative est estimée par lui insuffisante pour rejeter l'ensemble des comptes annuels ;

- Il n'a pas pu mettre en œuvre les diligences qu'il avait estimées nécessaires bien que les limitations qui lui ont été imposées ne lui semblent pas suffisamment importantes pour refuser de certifier ; ces limitations peuvent avoir été imposées par des évènements extérieurs (un incendie ayant détruit des pièces comptables) ou par les dirigeants (refus de mise à disposition de documents demandés, refus de recourir à un expert) ;

- Il a constaté **une ou des incertitudes affectant les comptes** annuels dont la résolution dépend d'événements futurs mais dont l'incidence significative est estimée par lui insuffisante pour refuser de certifier (l'entreprise ne dispose pas des informations nécessaires pour mesurer les conséquences financières et comptables d'un événement nouveau).

Le rapport général devra préciser la nature des erreurs, limitations ou incertitudes qui ont conduit le commissaire aux comptes à formuler des réserves, avec leur incidence chiffrée sur les comptes affectés.

1.1.3. Le refus de certification

Il peut être motivé par :

- Le relevé d'erreurs, anomalies ou irrégularités dans l'application des règles et principes comptables suffisamment importantes pour **affecter la validité de l'ensemble des comptes annuels** ;

- L'impossibilité de mise en œuvre des diligences estimées nécessaires et des limitations imposées (par les dirigeants ou les circonstances) telles qu'il n'a pas été possible de se former une opinion sur l'ensemble des comptes annuels ;

- Des incertitudes affectant les comptes annuels dont la résolution dépend d'évènements futurs dont l'importance est telle qu'il n'a pas été possible de se faire une opinion sur l'ensemble des comptes annuels ;

- Le rapport général devra préciser la nature des erreurs, limitations ou incertitudes qui ont conduit le commissaire aux comptes à refuser de certifier les comptes, avec leur incidence chiffrée sur les comptes affectés ;

- Le rapport général doit aussi donner l'opinion du commissaire aux comptes **sur la sincérité des informations données** dans le rapport du conseil d'administration ou de l'administrateur général (selon le cas) et des documents sur la situation financière et les états financiers de synthèse de la société destinés aux actionnaires ;

- Le rapport général doit enfin attester la sincérité et la concordance avec les états financiers de synthèse, des informations données dans le rapport de gestion du conseil d'administration ou de l'administrateur général (selon le cas).

1.2. LE RAPPORT SPÉCIAL SUR LES CONVENTIONS SOUMISES À AUTORISATION PRÉALABLE

Ce rapport sur les conventions ([2]) généralement appelées les **« conventions réglementées »** contient pour chaque convention :

1. l'énumération des conventions soumises à l'approbation de l'assemblée ;
2. le nom des administrateurs ou dirigeants concernés ;
3. la nature et l'objet des conventions ;
4. le contenu des conventions (indications du prix, des tarifs pratiqués, des ristournes ou des commissions consenties, des sûretés conférées) ;
5. toutes autres indications permettant aux actionnaires d'apprécier l'intérêt qui s'attachait à la conclusion des conventions analysées ;
6. l'importance des fournitures livrées et des prestations de services fournies ainsi que le montant des sommes versées ou reçues au cours de l'exercice en exécution des conventions.

1.3. LE RAPPORT DE CERTIFICATION DES RÉMUNÉRATIONS VERSÉES AUX 5 OU 10 DIRIGEANTS SOCIAUX ET SALARIÉS LES MIEUX RÉMUNÉRÉS DE LA SOCIÉTÉ (SELON QUE L'EFFECTIF EXCÈDE OU NON 200 SALARIÉS)

Ce rapport est obligatoire.

1.4. LE RAPPORT SPÉCIAL SUR LES RÉMUNÉRATIONS EXCEPTIONNELLES

Il s'agit des rémunérations que le conseil d'administration peut avoir allouées à ses membres pour **les missions et mandats** qui leur sont confiés ou **le remboursement de frais** de voyage, déplacements et dépenses engagées dans l'intérêt de la société (et qui ne sont pas des conventions réglementées).

1.5. LE RAPPORT SUR LA VALEUR D'UN BIEN ACQUIS PAR LA SOCIÉTÉ AUPRÈS D'UN ACTIONNAIRE DANS LES 2 ANS SUIVANT L'IMMATRICULATION DE LA SOCIÉTÉ, DONT LA VALEUR EST AU MOINS ÉGALE À 5 000 000 FCFA

1.6. LE RAPPORT SPÉCIAL À L'ASSEMBLÉE GÉNÉRALE SI LA CONTINUITÉ DE L'EXPLOITATION DEMEURE COMPROMISE

Ce rapport doit mentionner les **faits relevés de nature à compromettre** la continuité de l'exploitation et les diligences accomplies par le commissaire aux comptes.

1.7. LE RAPPORT ADDITIONNEL POUR LES SOCIÉTÉS INSCRITES EN BOURSE

Ce rapport contient attestation des états financiers de synthèse de la société, de la décision d'affectation du résultat, des états financiers de synthèse consolidés s'il y a lieu, du tableau d'activité et de résultat semestriel de la société et consolidé s'il y a lieu et enfin, du rapport d'activité semestriel de la société et consolidé s'il y a lieu.

2. LES RAPPORTS DESTINÉS À L'ASSEMBLÉE GÉNÉRALE EXTRAORDINAIRE DES ACTIONNAIRES

Le commissaire aux comptes est susceptible de préparer et tenir à la disposition des actionnaires, quinze (15) jours au moins avant la date de l'assemblée générale extraordinaire, 6 types de rapports.

2.1. LE RAPPORT SUR LA SUPPRESSION DU DROIT PRÉFÉRENTIEL DE SOUSCRIPTION

Relatif à une opération projetée d'augmentation de capital, le rapport contient l'avis du commissaire aux comptes sur :

1. la proposition de suppression du droit préférentiel de souscription faite par le conseil d'administration ou l'administrateur général (selon le cas) ;
2. le choix des éléments de calcul du **prix d'émission** des actions nouvelles et son montant ;
3. l'incidence de l'émission sur la situation des actionnaires actuels, appréciée par rapport aux capitaux nouveaux introduits.

2.2. LE RAPPORT SUR LA DÉLÉGATION DES POUVOIRS DONNÉS PAR L'ASSEMBLÉE AU CONSEIL D'ADMINISTRATION OU DE L'ADMINISTRATEUR GÉNÉRAL EN CAS D'AUGMENTATION DU CAPITAL

Relatif également à une augmentation de capital, ce rapport vérifie notamment la **conformité des modalités de l'opération au regard de l'autorisation donnée** par l'assemblée et des indications fournies à celles-ci. Il donne également son avis sur :

1. le choix des éléments de calcul du prix d'émission des actions nouvelles ;
2. le montant définitif du prix d'émission ;
3. l'incidence de l'émission sur la situation financière de l'actionnariat, notamment en ce qui concerne sa quote-part des capitaux propres à la clôture du dernier exercice.

2.3. LE RAPPORT CERTIFIANT L'EXACTITUDE DE L'ARRÊTÉ DE COMPTE EN CAS DE LIBÉRATION PAR COMPENSATION DE CRÉANCE

Toujours relatif à une augmentation de capital, en cas de libération d'actions par compensation de créances sur la société, le commissaire aux comptes doit certifier l'exactitude de l'arrêté de compte établi à cet effet par le conseil d'administration ou l'administrateur général (selon les cas).

Si les créances sont certaines, liquides et exigibles, ces apports sont considérés comme des apports en numéraire, sinon ce sont des apports en nature.

2.4. LE RAPPORT SUR LA RÉDUCTION DU CAPITAL SOCIAL

Ce rapport contient l'appréciation du commissaire aux comptes sur les causes et les conditions de la réduction de capital.

2.5. LE RAPPORT SUR LA TRANSFORMATION DE LA SOCIÉTÉ ANONYME

Sauf en cas de transformation de la société anonyme en société en nom collectif (qui demande l'unanimité des actionnaires), la décision de transformation (par exemple, en société à responsabilité limitée) est prise par l'assemblée sur rapport du commissaire aux comptes de la société, qui atteste que l'actif net est au moins égal au capital social.

2.6. LE RAPPORT DU COMMISSAIRE À LA FUSION

Le commissaire à la fusion, désigné par le président de la juridiction compétente, peut être le commissaire aux comptes de l'une des sociétés. Il établit un rapport sur les modalités de la fusion.

Il vérifie que les valeurs relatives attribuées aux actions des sociétés participant à l'opération sont pertinentes et que le rapport d'échange est équitable. Le rapport indique :

1. la ou les méthodes suivies pour la détermination du rapport d'échange proposé ;
2. si cette ou ces méthodes sont adéquates en l'espèce et les valeurs auxquelles chacune de ces méthodes conduit, un avis étant donné sur l'importance relative donnée à cette ou ces méthodes dans la détermination de la valeur retenue ;
3. les difficultés particulières d'évaluation, s'il en existe.

L'article 70 du SYSCOHADA révisé précise que « dans les entités qui désignent, volontairement ou obligatoirement, des commissaires aux comptes, ces derniers :

- soit émettent une opinion indiquant que les états financiers sont réguliers et sincères et donnent une image fidèle du résultat des opérations de l'exercice écoulé ainsi que de la situation financière et du patrimoine à la fin de cet exercice ;
- soit expriment en la motivant, une opinion avec réserve ou défavorable, ou indiquent qu'ils sont dans l'impossibilité d'exprimer une opinion. Les commissaires aux comptes se prononcent sur la sincérité et la concordance avec les états financiers, des informations données dans le rapport de gestion ».

LA PROCÉDURE D'ALERTE

Parmi les innovations majeures introduites en droit des sociétés de l'OHADA, figure l'instauration d'une procédure d'alerte dans les sociétés commerciales **en vue de préserver la continuité de l'exploitation**.

⇨ *Cette alerte, **destinée aux dirigeants des sociétés**, a pour objet d'attirer leur attention sur l'urgence d'apporter remède à une situation pouvant, si elle perdure, conduire à une cessation de paiements.*

Le « droit d'alerte » appartient au commissaire aux comptes, dans les sociétés qui en ont un, et, parallèlement, aux associés.

Il doit être distingué du « **règlement préventif** », destiné à éviter la cessation de paiement ou celle d'activité par le moyen d'un « concordat préventif », procédure qui sera étudiée dans un prochain article.

1. ALERTE PAR LE COMMISSAIRE AUX COMPTES

1.1. DANS LES SOCIÉTÉS EN NOM COLLECTIF [SNC], SOCIÉTÉS EN COMMANDITE SIMPLE [SCS], SOCIÉTÉS À RESPONSABILITÉ LIMITÉE [SARL]

Le commissaire aux comptes agit en plusieurs étapes :

1re étape : **Demande d'explication du commissaire aux comptes au gérant** sur tout fait de nature à compromettre la continuité de l'exploitation.

2e étape : Elle se présente sous forme d'une alternative :

(i) Soit ***le gérant donne sa réponse*** dans le mois de la date de réception de la demande :

- Si la continuité de l'exploitation semble, aux yeux du commissaire aux comptes, ***préservée*** par la décision de la gérance, les choses en restent là.

- Si la continuité de l'exploitation ***demeure compromise*** malgré la décision de gérance, le commissaire aux comptes **est tenu d'établir un rapport spécial** à soumettre aux associés dans les conditions définies ci-après.

  (ii) Soit ***le gérant ne répond pas*** dans le délai d'un mois et en ce cas, le commissaire aux comptes doit établir un rapport spécial à soumettre **par le gérant** aux associés dans **les 8 jours** de la réception de la demande du commissaire aux comptes de communication dudit rapport aux associés à la prochaine assemblée générale.

À NOTER :

. Le commissaire aux comptes engage sa responsabilité civile professionnelle en cas de non-établissement de son rapport spécial.

. Le gérant également peut, en cas de défaut de réponse, engager sa responsabilité en cas de déclenchement d'une procédure collective [règlement préventif, redressement judiciaire].

Ces remarques s'appliquent également aux commissaires aux comptes et aux dirigeants des sociétés anonymes [SA]

1.2. DANS LES SOCIÉTÉS ANONYMES [SA]

La procédure est alors la suivante :

1re étape : Demande d'explication du commissaire aux comptes au président du conseil d'administration, au président-directeur général ou à l'administrateur général.

2e étape : **L'alternative** est triple :

- Soit le commissaire aux comptes reçoit une ***réponse satisfaisante*** des dirigeants de la société anonyme, et la procédure s'arrête là.
- Soit il reçoit une ***réponse peu satisfaisante*** des dirigeants sociaux et il doit procéder à ***l'établissement d'un rapport spécial*** destiné à l'assemblée générale dans les conditions de forme et de délai ci-dessous indiquées.
- Soit enfin le commissaire aux comptes ne reçoit ***pas de réponse*** des dirigeants sociaux ; il doit alors inviter le président du conseil d'administration ou le président-directeur général **à faire délibérer le conseil d'administration** dans les **15 jours** de la réponse peu satisfaisante ou de la constatation du défaut de réponse.

En cas de réunion du conseil dans le délai **d'un mois** suivant la réception de la lettre du commissaire aux comptes et de délibérations du conseil [ou de décision de l'administrateur général] dans le sens d'une décision jugée satisfaisante, il ne sera pas nécessaire d'établir un rapport spécial.

En cas de réunion du conseil dans le délai légal et de décision du conseil ou de l'administrateur général jugée non satisfaisante, le commissaire aux comptes **sera tenu d'établir un rapport spécial à présenter à l'assemblée générale**.

À NOTER : *En cas d'urgence, le commissaire aux comptes peut convoquer cette assemblée après avoir clairement requis sa convocation par lettre.*

3e étape : Décision de l'assemblée générale des actionnaires

Dans le cas de réponse négative ou jugée peu satisfaisante et pour remédier aux risques de cessation de l'exploitation**, l'assemblée générale doit prendre les décisions qui s'imposent** en fonction des circonstances de fait qui ont pu perturber la continuation de l'exploitation.

Ces décisions peuvent être les suivantes :

- restructuration de l'entreprise ;
- augmentation du capital ;
- recherche de concours financiers ;
- dissolution anticipée de la société, au pire des cas.

⇨ Ces mesures peuvent s'accompagner de la **révocation** de tout ou partie des dirigeants sociaux (administrateur général ou administrateurs).

2. ALERTE PAR LES ASSOCIÉS

Cette forme de procédure d'alerte est la même aussi bien dans les SNC, SCS, SARL que dans les SA.

1re étape : Demande d'explication aux dirigeants

Tout associé non gérant ou tout actionnaire peut **2 fois par exercice** poser par écrit des questions, sur tout fait de nature à compromettre la continuité de l'exploitation, au gérant, au président du conseil d'administration, au président-directeur général ou à l'administrateur général.

2e étape : La réponse

Ces dirigeants sociaux susvisés doivent dans un délai **d'un mois** :

- répondre par écrit aux questions ;
- adresser copie de la question et de sa réponse au commissaire aux comptes s'il en existe un.

⇨ Bien qu'aucune forme légale ne soit requise pour ces questions et réponses, ***nous conseillons l'envoi par lettre au porteur contre récépissé ou par lettre recommandée avec avis de réception.***

AMORTISSEMENT DU CAPITAL SOCIAL DANS LES SOCIÉTÉS ANONYMES

1. DÉFINITION

On appelle amortissement du capital, l'opération par laquelle une société rembourse aux actionnaires tout ou partie du montant nominal de leurs actions.

Il s'agit d'une opération souvent ignorée et rare en pratique dans la mesure où compte tenu des difficultés que les entreprises rencontrent de plus en plus pour financer les investissements utiles à leur développement, on comprend aisément qu'elles aient du mal à envisager le remboursement de leurs actionnaires alors même qu'elles sont à la recherche de ressources !

Cependant, cette faculté est prévue dans l'Acte uniforme sur les sociétés commerciales de l'OHADA mais uniquement en ce qui concerne les sociétés anonymes.

2. COMPÉTENCE

La décision d'amortir le capital ne peut être prise que par une assemblée générale ordinaire. Toutefois, dans l'hypothèse où le remboursement est effectué en imputant sur des réserves statutaires, elle doit être prise par une assemblée générale extraordinaire.

3. MODALITÉS DE L'AMORTISSEMENT DU CAPITAL

Le remboursement des actions peut être partiel ou total. Il se fait de manière égalitaire pour toutes les actions de même catégorie.

Les sommes utilisées au remboursement peuvent être prélevées :

- sur les bénéfices ;
- sur les réserves statutaires ;
- sur les réserves non statutaires.

En aucun cas, le remboursement ne peut être effectué en imputant ces sommes sur la réserve légale ni sur les réserves statutaires indisponibles sauf si l'assemblée générale extraordinaire décide de rendre ces sommes disponibles.

La distribution des actionnaires n'est possible qu'à condition que la société dispose de capitaux propres suffisants. En effet, l'article 655 de l'Acte uniforme prévoit que le remboursement ne doit pas entraîner une réduction des capitaux propres à un montant inférieur au montant du capital augmenté des réserves légales et statutaires indisponibles.

4. CONSÉQUENCES

- **Les actions amorties deviennent « des actions de jouissance »**

Les actions intégralement ou partiellement amorties perdent à concurrence du montant remboursé :

- leur droit au premier dividende ;
- le droit au remboursement de leur valeur nominale.

Elles conservent néanmoins tous leurs autres droits notamment le droit au boni de liquidation, le droit de prendre part aux assemblées, etc.

- **Les sommes versées aux actionnaires leur sont définitivement acquises**

Les sommes versées aux actionnaires leur sont acquises en principe définitivement ce qui sous-entend qu'ils ne peuvent être poursuivis en reversement des sommes qu'ils ont touchées régulièrement.

La société peut toutefois demander le remboursement si ces sommes ont été prélevées sur des réserves non distribuables et que les bénéficiaires avaient connaissance du caractère irrégulier de la distribution ou ne pouvaient l'ignorer.

- **L'amortissement des actions n'entraîne pas de réduction du capital**

En effet, l'amortissement du capital ne donne lieu à aucune réduction du capital social qui demeure donc inchangé.

5. RECONVERSION DES ACTIONS NANTIES

Le remboursement des actions n'est pas une opération irréversible ; en effet, l'assemblée générale extraordinaire peut décider de reconvertir les actions nanties en actions de capital.

L'opération se réalise :

- soit en procédant au prélèvement, à concurrence du montant des actions à reconvertir, sur la part des bénéfices d'un ou plusieurs exercices revenant à ces actions après paiement du premier dividende pour les actions partiellement amorties ou de l'intérêt auquel ces actions partiellement amorties peuvent donner droit ;
- soit en demandant aux actionnaires de reverser à la société le montant amorti de leurs actions.

Il est important de préciser que le paiement du premier dividende visé ci-dessus, doit porter uniquement sur la partie non amortie des actions ; en effet, un paiement de dividende sur la partie remboursée des actions constituerait une distribution de dividende fictive.

Les sommes prélevées sur les profits sociaux, comme celles versées par les actionnaires sont inscrites à un compte de réserve.

Les actions ainsi reconverties retrouvent tous leurs droits notamment le droit au dividende statutaire et au remboursement du nominal.

LA COOPTATION DES ADMINISTRATEURS

Souvent source de confusion, le pouvoir de cooptation (ou d'adjonction) des administrateurs est méconnu dans ses applications et ses limites.

Au terme de l'article 429 de l'Acte uniforme sur le droit des sociétés commerciales et du GIE, le conseil d'administration peut coopter, entre deux assemblées, de nouveaux administrateurs, en cas de vacance d'un ou de plusieurs sièges d'administrateur. Les causes de vacance de sièges sont fixes, il s'agit du décès et de la démission.

La cooptation constitue donc une forme de nomination, mais de nomination à titre provisoire.

Nous verrons successivement les conditions de recours à la cooptation (1) et ses caractéristiques majeures (2).

1. LES CONDITIONS DE RECOURS À LA COOPTATION

1.1. LA DÉMISSION ET LE DÉCÈS

La cooptation ne peut intervenir qu'à la suite d'une démission ou d'un décès. En effet, le texte de l'Acte uniforme ne prévoit pas d'autres cas, comme, par exemple, celui de la révocation.

Ceci paraît normal puisque la révocation est de la compétence exclusive de l'assemblée générale laquelle pourra alors, elle-même, pourvoir au remplacement éventuel de l'administrateur révoqué.

1.2. L'EXIGENCE D'UNE VACANCE DE SIÈGE

La cooptation ne peut se faire que pour pourvoir au remplacement nécessaire, dans la limite des sièges devenus vacants. C'est ici une condition incontournable pour pouvoir coopter.

2. LES CARACTÈRES DE LA COOPTATION

2.1. LE CARACTÈRE TEMPORAIRE DE LA DÉCISION

La cooptation intervient de manière temporaire pour combler un vide en attendant la prochaine assemblée générale. Ce caractère qui découle de la définition même de la cooptation, constitue d'ailleurs la raison pour laquelle la faculté de coopter n'est reconnue au conseil qu'entre deux assemblées générales.

Cette faculté disparaît si elle n'a pas été utilisée le jour de la réunion de la première assemblée générale tenue après le décès ou la démission de l'administrateur concerné.

La cooptation doit être soumise à la ratification de la prochaine assemblée générale ordinaire, laquelle peut, le cas échéant, refuser cette ratification. Dans ce cas, le mandat du nouvel administrateur prend immédiatement fin. La fin de son mandat n'entraîne pas l'annulation des décisions auxquelles il aurait pu participer lors de la réunion du conseil éventuellement tenue entre sa nomination et la décision de l'assemblée.

2.3. LE CARACTÈRE FACULTATIF OU OBLIGATOIRE DE LA COOPTATION

Il convient de distinguer selon que la cooptation présente un caractère facultatif ou obligatoire et d'examiner aussi le cas où elle est interdite.

2.2.1. Caractère facultatif

Elle est facultative lorsque le décès ou la démission d'un membre du conseil ne fait pas tomber le nombre des administrateurs en fonction en deçà du minimum statutaire ou légal.

Exemple : les statuts fixent le nombre des membres du conseil à un minimum de six. S'il existe dix administrateurs au jour du décès de l'un d'entre eux, le conseil dispose toujours du minimum statutaire. Dans ce cas, la cooptation est purement facultative.

2.2.2. Caractère obligatoire

Elle est obligatoire lorsque l'un ou l'autre de ces évènements fait tomber le nombre d'administrateurs en fonction en deçà du minimum statutaire.

Exemple : les statuts fixent le nombre des membres du conseil à un minimum de six. S'il existe six administrateurs le jour du décès ou de la démission de l'un d'entre eux, le conseil ne sera alors composé que de cinq membres soit un nombre inférieur au minimum statutaire. Dans ce cas, la cooptation est obligatoire et doit être réalisée dans les trois mois du décès ou de la démission.

Elle est également obligatoire lorsque le décès ou la démission se traduit par le fait que le nombre des administrateurs actionnaires devient inférieur aux deux tiers des membres du Conseil.

Exemple : le conseil d'administration compte six membres dont quatre sont actionnaires et deux non actionnaires. Par hypothèse, il n'existe pas de minimum statutaire. L'un des administrateurs actionnaires démissionne. Le conseil est alors composé de trois membres actionnaires et de deux membres non actionnaires. L'Acte uniforme prescrivant que le nombre des administrateurs non actionnaires ne peut être supérieur au tiers des membres composant le conseil d'Administration, celui-ci devra donc coopter, dans les trois mois de la démission, un nouvel administrateur qui sera nécessairement actionnaire.

Il est à noter que cette cooptation peut être évitée par le retrait d'un des deux administrateurs non actionnaires.

2.2.3. L'interdiction de coopter

Dans le cas où le décès ou la démission fait tomber le nombre des administrateurs en deçà du minimum légal (c'est-à-dire trois), le conseil d'administration ne peut pas procéder à la moindre cooptation ; il a alors l'obligation de convoquer immédiatement l'assemblée générale qui nommera directement les administrateurs afin de reconstituer le minimum légal de ses membres.

Nota : Il convient de noter que pendant le délai de trois mois précité ou pendant le délai de convocation de l'assemblée, selon le cas, le conseil délibère valablement et peut prendre toute décision qu'il juge opportune.

L'ASSEMBLÉE GÉNÉRALE D'APPROBATION DES COMPTES DANS LA SOCIÉTÉ ANONYME

(*UN RAPPEL DE CE QU'EST L'ASSEMBLÉE GÉNÉRALE ANNUELLE*)

L'approbation des comptes sociaux suivie de l'affectation des résultats de l'exercice écoulé constitue l'une des prérogatives essentielles de l'assemblée générale ordinaire annuelle des actionnaires de la société anonyme, d'où son acronyme « AG AC », Assemblée Générale d'Approbation des Comptes…

La matière est régie par l'Acte uniforme OHADA (ci-après « l'Acte uniforme ») relatif au droit des sociétés commerciales et au GIE.

Dans beaucoup de sociétés, cette assemblée générale des actionnaires est la seule assemblée à se réunir, d'où sa fréquente dénomination d'« *assemblée générale annuelle des actionnaires* ».

Ainsi, six mois après la clôture de l'exercice 2007, *soit avant le 30 juin 2008*, l'assemblée générale annuelle devra obligatoirement se réunir afin, notamment, de porter un jugement sur la manière dont la gestion de la société a été conduite par les dirigeants sociaux.

Cependant, la réunion de cette assemblée exige l'accomplissement *d'un certain nombre de formalités* (qui constituent une procédure incontournable) que nous examinerons dans la présente étude à laquelle est annexé un calendrier des opérations.

Nous soulignerons la procédure particulière aux diverses affectations possibles des résultats dès lors que les comptes sociaux ont été approuvés par l'assemblée.

1. LA PROCÉDURE DE RÉUNION DE L'ASSEMBLÉE GÉNÉRALE EN VUE DE L'APPROBATION DES COMPTES ET DE L'AFFECTATION DES RÉSULTATS

1.1. LES FORMALITÉS PRÉALABLES À LA TENUE DE LA RÉUNION DE L'ASSEMBLÉE

Les principales étapes de la procédure sont les suivantes :

1.1.1. Réunion du conseil d'administration en vue :

- **d'arrêter les états financiers** de synthèse de la société ;
- d'établir un **rapport de gestion** sur la situation de la société ;
- de décider de convoquer l'assemblée générale des actionnaires (et le commissaire aux comptes) et de fixer son ordre du jour.

1.1.2. Convocation des actionnaires

1.1.2.1. Qui peut convoquer l'assemblée générale ?

La loi attribue la compétence de convoquer l'assemblée générale à quatre organes ou personnes, et seulement à ceux-ci, à savoir :

- au conseil d'administration (situation normale) ;
- au commissaire aux comptes, mais seulement après qu'il ait préalablement mis en demeure le conseil d'administration de le faire et constaté sa carence ;
- à un mandataire, désigné en justice ;
- et aux liquidateurs pendant le cours de la liquidation de la société.

1.1.2.2. Les formalités de convocation

Formalités préliminaires à la convocation

Il s'agit :

- de l'avis de réunion adressé aux actionnaires ;
- du dépôt des projets de résolution par les actionnaires.

La convocation proprement dite

- *Mode de convocation*

En principe, ce sont les statuts qui fixent les règles de convocation des assemblées d'actionnaires. Néanmoins, ils ne peuvent déroger en aucune manière aux prescriptions de l'Acte uniforme.

En pratique, la convocation des actionnaires se fait :

- par lettre, dans les sociétés non cotées ;
- par publication de l'avis de convocation dans un journal d'annonces légales, et par lettre s'il existe des actions nominatives, dans les sociétés cotées.

- *Contenu de l'avis de convocation*

L'avis de convocation doit comporter les mentions suivantes :

1. La dénomination sociale, éventuellement suivie du sigle de la société ;
2. La forme de la société ;
3. Le montant du capital social ;
4. L'adresse du siège social ;
5. Le numéro d'immatriculation de la société au registre du commerce ;
6. Les jours, heure et lieu de l'assemblée ;
7. La nature de l'assemblée ;
8. Et enfin l'ordre du jour de la réunion.

- *Délai de convocation*

Le délai entre la date, soit de publication de l'avis de convocation, soit de l'envoi des lettres de convocation et la date de l'assemblée générale ordinaire, doit être au moins de :

- **Quinze jours** sur première convocation ;
- Six jours sur deuxième convocation.

Ces délais doivent être respectés quelle que soit la personne à qui est adressée la convocation (actionnaires ou commissaire aux comptes).

- *Ajournement de l'assemblée*

L'assemblée peut être ajournée, c'est-à-dire reportée à une date postérieure à celle primitivement fixée :

- soit par l'auteur de la convocation ;

- soit par l'assemblée elle-même, à la suite d'incidents survenus en séance ;
- soit par décision de justice, mais seulement dans des cas exceptionnels.

→ ***À NOTER :*** *L'Acte uniforme prévoit des sanctions civiles relatives à la convocation des assemblées générales.*

C'est le cas notamment, lorsque l'une des dispositions régissant l'ordre du jour a été méconnue (nullité de plein droit). Il en est également ainsi, lorsque l'irrégularité porte sur une règle quelconque concernant le régime de la convocation autre que celle relative à l'ordre du jour.

Dans ce cas, l'assemblée peut être annulée.

1.2. LA COMMUNICATION DE DOCUMENTS

La communication doit être faite au commissaire aux comptes et aux actionnaires des documents sociaux avant la tenue de l'assemblée générale.

1.2.1 Communication au(x) commissaire(s) aux comptes

Les états financiers de synthèse et de rapport de gestion sont communiqués aux commissaires aux comptes, **quarante-cinq jours (45)** au moins avant la date de l'assemblée générale ordinaire.

1.2.2. Droit de communication des actionnaires

Afin que les actionnaires puissent se faire une opinion personnelle sur la gestion de la société, la réglementation leur permet de connaître à l'avance les principaux documents qui vont être soumis aux assemblées auxquelles ils sont appelés à participer et, en dehors de toute réunion d'assemblée, de se renseigner sur les délibérations antérieures.

À chacune de ces possibilités correspond un droit de communication :

1.2.3. Droit de communication préalable à une assemblée ou droit de communication temporaire

Préalablement à une assemblée générale, tout actionnaire a le droit de prendre connaissance au siège social :

- de l'inventaire, des états financiers de synthèse et de la liste des administrateurs ;

- des rapports du commissaire aux comptes et du conseil d'administration qui sont soumis à l'assemblée ;
- le cas échéant, du texte de l'exposé des motifs, des résolutions proposées, ainsi que des renseignements concernant les candidats au conseil d'administration ;
- de la liste des actionnaires ;
- du montant global certifié par les commissaires aux comptes des rémunérations versées aux dix ou cinq dirigeants sociaux et salariés les mieux rémunérés.

1.2.4. Droit de communication permanent

Le droit de communication permanent porte sur les documents suivants des trois derniers exercices :

- les inventaires et les comptes annuels (bilans, compte de résultat et annexe) ;
- les procès-verbaux et les feuilles de présence des assemblées tenues au cours de ces trois dernières années ;
- tous autres documents, si les statuts le prévoient.

Toutefois, il convient de souligner que l'Acte uniforme permet à l'actionnaire auquel est refusée la communication de documents, de s'adresser au président du tribunal de première instance du lieu du siège social, statuant à bref délai, qui pourra ordonner à la société, sous astreinte, de communiquer les documents prévus.

→ **À NOTER** : Indépendamment des informations communiquées ci-dessus, *les actionnaires peuvent poser des questions écrites auxquelles le conseil d'administration sera tenu de répondre au cours de l'assemblée.*

2. LA RÉUNION DE L'ASSEMBLÉE ANNUELLE

2.1. FORMALITÉS PRÉLIMINAIRES

2.1.1. Feuille de présence

À chaque assemblée, il doit être tenu une feuille de présence des actionnaires.

- **Contenu de la feuille de présence**

Elle doit comporter tous les renseignements nécessaires pour l'identification des actionnaires présents ou de leurs représentants ainsi que le nombre d'actions de chacun et le nombre de voix auquel le total de ces actions donne droit.

- **Émargement et certification de la feuille de présence**

La feuille de présence est signée par les actionnaires présents et les mandataires au début de la réunion. Elle est ensuite certifiée exacte par les membres du bureau.

- **Documents annexes**

Sont annexés à la feuille de présence, les pouvoirs des actionnaires représentés, ainsi que les bulletins de vote par correspondance.

2.1.2. Bureau de l'assemblée

Ce bureau est composé :

- **D'un président de séance**

L'assemblée peut être présidée par :

  - le président-directeur général ou le président du conseil d'administration ;
  - l'actionnaire (acceptant) ayant et/ou représentant le plus grand nombre d'actions.

- **De deux scrutateurs nommés par l'assemblée**

Il s'agit des deux actionnaires (acceptants) représentant le plus grand nombre d'actions par eux-mêmes ou comme mandataires.

On remarquera que contrairement au droit français, on prend en considération **le nombre d'actions et non le nombre de voix**, pour déterminer quel est l'actionnaire qui doit être choisi comme scrutateur : ceci peut avoir un intérêt dans le cas d'actions à vote double ou dans celui de la limitation du nombre de voix dont un actionnaire pourrait disposer.

- **D'un secrétaire**

Nommé par l'assemblée pour établir le procès-verbal des débats. Il peut être choisi en dehors des actionnaires.

2.2. LES PARTICIPANTS À L'ASSEMBLÉE

Ce sont :

- Les actionnaires ou leurs représentants ;

- Toutes personnes habilitées à cet effet par la loi, par les statuts, par le président de la juridiction compétente, par le bureau de l'assemblée ou par l'assemblée elle-même.

2.3. L'OBJET DE LA RÉUNION DE L'ASSEMBLÉE GÉNÉRALE ANNUELLE

L'assemblée générale ordinaire a essentiellement pour objet de statuer sur :

- L'approbation annuelle des comptes de l'exercice écoulé ;
- Le **quitus** à donner aux dirigeants pour leur gestion pendant cet exercice ;
- L'approbation des conventions réglementées ;
- **L'affectation du résultat** de cet exercice écoulé et notamment la détermination du montant du dividende, après constatation de l'existence de sommes distribuables ;
- S'il y a lieu, la **nomination** (ou ratification de cooptation) ou le remplacement des membres des organes d'administration (administrateurs) ou de contrôle (commissaires aux comptes).

3. LES FORMALITÉS POSTÉRIEURES À LA RÉUNION DE L'ASSEMBLÉE GÉNÉRALE ANNUELLE

À l'issue de la réunion de l'assemblée générale statuant sur les états financiers de l'exercice écoulé, un certain nombre de formalités restent à remplir.

Deux cas peuvent se présenter :

- **L'assemblée générale a approuvé les comptes**

Dans ce cas, la société anonyme est tenue de **déposer au greffe du tribunal**, pour être annexée au Registre du commerce et du crédit mobilier, les états financiers de synthèse, à savoir le bilan, le compte de résultat, le tableau financier des ressources et des emplois et l'état annexé de l'exercice écoulé. Cette formalité doit être effectuée dans **le délai de 1 mois** à compter de la date de réunion de l'assemblée générale d'approbation des comptes.

- **L'assemblée générale a refusé d'approuver les comptes**

Dans un tel cas, une *copie de la délibération* de l'assemblée doit être déposée au greffe dans le même délai de 1 mois.

Enfin, il convient de ne pas oublier une formalité non moins importante. En effet, un original du procès-verbal de l'assemblée des actionnaires doit être inséré dans le *registre des délibérations, document que chaque société doit obligatoirement tenir et mettre à jour.*

4. CONSIDÉRATIONS SUR LE RÉSULTAT À AFFECTER

4.1. DÉTERMINATION DU RÉSULTAT À AFFECTER

Le bénéfice ou, le cas échéant, **la perte** de l'exercice apparaît dans le compte de résultat par différence entre les produits et les charges de l'exercice et après déduction des amortissements et provisions.

4.2. LES RÉSERVES

En principe, on entend par « réserve » toute somme prélevée sur les bénéfices et affectée à une destination déterminée ou, tout simplement, conservée à la disposition de la société.

4.2.1. Réserve légale

Dans les sociétés anonymes, une fraction du bénéfice doit obligatoirement être portée à un compte de réserve intitulée **« réserve légale »**, à peine de nullité de toute délibération contraire.

- **Masse de calcul de la dotation à la réserve légale**

La réserve légale est dotée par un prélèvement sur le bénéfice de l'exercice diminué, le cas échéant, des pertes antérieures.

- **Montant de la dotation à la réserve légale**

Le prélèvement pour la dotation à la réserve légale est de 10 % au moins du bénéfice de l'exercice. Il cesse d'être obligatoire lorsque la réserve a atteint 20 % du capital social.

4.2.2. Réserves statutaires ou facultatives

Indépendamment du fonds de réserve légale, les statuts autorisent ou parfois imposent, la formation de réserves supplémentaires. On distingue ainsi, indépendamment des réserves particulières à constituer par certains types de sociétés en raison de leurs activités (banques, assurances, par exemple) :

4.2.2.1. Les réserves statutaires

Leur dotation est prescrite par les statuts et s'impose à l'assemblée générale ordinaire annuelle appelée à répartir elle-même, les bénéfices sociaux de l'exercice écoulé.

4.2.2. Les réserves facultatives

Il est prévu, dans les statuts, la possibilité pour l'assemblée générale ordinaire de prélever sur le bénéfice toute somme qu'elle juge convenable de fixer en vue de leur affectation à un ou plusieurs comptes de réserves (appelés, par exemple, « **réserve extraordinaire** » ou « *réserve de prévoyance* » ou encore « *réserve générale* »).

4.3. DISTRIBUTION DES BÉNÉFICES

4.3.1. Notion de bénéfice distribuable

On entend par « bénéfice distribuable », **le bénéfice de l'exercice** :

- **diminué des pertes antérieures** à compenser et des prélèvements pour la dotation de la **réserve légale** ainsi que, s'il en existe, des réserves statutaires ;
- **augmenté du report à nouveau bénéficiaire.**

4.3.2. Sommes distribuables

Outre le bénéfice distribuable tel que défini ci-dessus, l'assemblée générale peut décider la mise en ***distribution de sommes prélevées sur les réserves*** dont elle a la disposition. Dans ce cas, la décision de l'assemblée doit indiquer expressément les postes de réserve sur lesquels les prélèvements sont effectués.

4.4. LES DIVIDENDES

Est appelée dividende, la part de bénéfice revenant à chaque action.

L'assemblée générale ne peut décider la distribution d'un dividende qu'après avoir :

- d'une part, approuvé les comptes de l'exercice écoulé ;
- d'autre part, constaté l'existence de sommes distribuables.

⇨ **À noter** : L'Acte uniforme fixe un **délai de mise en paiement** des dividendes. Ce délai est de **neuf mois** au maximum **après la clôture** de l'exercice, ***soit au plus tard le 30 septembre 2008***, *en ce qui* *concerne l'exercice 2007*. Toutefois, ce délai peut être prolongé par le président du tribunal de première instance du lieu du siège social.

4.5. SORT DES PERTES SOCIALES

En cas de pertes, l'assemblée générale peut :

- soit, laisser subsister cette perte dans un ***compte « report à nouveau »*** lequel, bien que « débiteur », figure au passif du bilan, mais en déduction du total des autres comptes de situation nette [capital, réserves, primes d'émission] ;
- soit, l'imputer sur les comptes réserves [y compris la réserve légale], s'il en existe.

Si la société adopte la première solution [affectation au compte « report à nouveau »], ***les bénéfices ultérieurs devront être utilisés par priorité à l'apurement de ce compte***, avant même la dotation à la réserve légale, et c'est seulement une fois que ce compte sera soldé [ou redevenu créditeur] que les distributions de bénéfices pourront être reprises.

5. CALENDRIER DES OPÉRATIONS D'APPROBATION DES COMPTES DE LA SOCIÉTÉ ANONYME AVEC CONSEIL D'ADMINISTRATION

OPÉRATIONS	DÉLAIS
• **Clôture des comptes annuels : [Art. 548]** - Inventaire - Bilan - Compte de résultat - Annexe	Date de clôture de l'exercice social **J-6 mois maximum**
• **Convocation du conseil d'administration : [Art. 453]** - Administrateurs - Commissaire aux comptes [lettre recommandée avec AR] [**Art. 722**]	**J-53**
• **Réunion du conseil d'administration [ou de l'administrateur général] qui arrête les comptes de l'exercice écoulé [Art. 137, 452]**	30 jours au moins avant la convocation de l'assemblée
• **Mise à disposition du commissaire aux comptes, au siège social : [Art. 140]** - Bilan - Compte de résultat - Annexe - Rapport de gestion - Rapport de la gestion du groupe [éventuellement]	**J-45**
▪ En cas de demande d'un ou plusieurs actionnaires, le conseil d'administration [ou l'administrateur général] leur adresse un avis de réunion par lettre recommandée indiquant la date prévue pour l'Assemblée générale ordinaire et l'ordre du jour envisagé.	**J-36**
▪ Possibilité pour certains actionnaires de demander par lettre recommandée avec accusé de réception l'inscription de projets de résolutions [Art. 520]	**J-26 au moins**
▪ Accusé de réception par le Président des demandes d'inscription de projets de résolutions	Dans les 5 jours de la réception de la demande
• **Convocation des actionnaires et du commissaire aux comptes à l'assemblée générale ordinaire [Arts 518,721]** - soit par journal d'annonces légales et lettres simples ; - soit par lettres recommandées ; - le commissaire aux comptes est convoqué par lettre recommandée avec accusé de réception.	**J-15** 15 jours au moins avant l'assemblée générale ordinaire
• **Mise à la disposition des actionnaires au siège social : [Art. 525]** - Les mêmes documents que ci-dessus - Inventaire - Certification des rémunérations par le commissaire aux comptes - Liste des actionnaires	**J-15**
▪ Date limite d'inscription ou de dépôt des titres [Art. 541]	**J-5**

OPÉRATIONS	DÉLAIS
• **Réunion de l'assemblée :** - Mise à disposition des actionnaires des documents ci-dessus - Procès-verbal à établir [Art. 134, 535]	**J :** Assemblée générale ordinaire
• **Information des actionnaires :** - *Nombre total des droits de vote existant à la date de l'assemblée générale ordinaire [sociétés cotées]*	**J + 15 maximum**
• **Dépôt au greffe du Tribunal : [Art. 269]** - 2 exemplaires certifiés conformes des états financiers, compte de résultat, annexe, comptes consolidés éventuellement - 2 exemplaires du procès-verbal (mandats administrateurs et commissaires aux comptes) (**Art. 33 DCG**) **En cas de refus d'approbation :** **Copies certifiées conformes d'un extrait du procès-verbal de l'assemblée contenant la délibération du refus d'approbation**	**J + 30 maximum**
• Dépôt à l'Administration fiscale : (procès-verbal conseil et assemblée, rapports commissaires aux comptes) (**Art. 930 CGI**) - Centre des Services fiscaux - Inspection de l'Enregistrement (Bureau des Sociétés)	**J + 30 maximum**

LES SOCIÉTÉS EN PARTICIPATION

Le régime juridique de la société en participation est défini par les articles 854 à 863 de l'Acte uniforme OHADA sur le droit des sociétés commerciales et du groupement d'intérêt économique.

Ce régime est caractérisé par une certaine souplesse dans les règles de création, d'existence, de fonctionnement et de dissolution de la société.

Nous étudierons ici successivement son régime juridique (1) puis son régime fiscal (2).

1. RÉGIME JURIDIQUE DE LA SOCIÉTÉ EN PARTICIPATION

1.1. CRÉATION ET EXISTENCE

La société en participation peut se définir comme une société inachevée ou imparfaite :

- Elle n'est pas soumise à l'immatriculation au Registre du commerce et du crédit mobilier ;
- Elle n'est pas soumise aux formalités constitutives habituelles ;
- Elle n'a pas de personnalité morale. En conséquence de ce qui précède :
- La société en participation n'a pas de raison sociale, de ce fait, elle n'a pas non plus de signature sociale. Le gérant ou tout autre participant intervenant dans les opérations de la participation agit en son nom personnel ;
- Elle n'a pas de capital social.

Il est important de noter que d'une manière générale, la participation revêt un caractère occulte. Toutefois, les associés peuvent décider de la révéler aux tiers : dans ce cas, les associés seront solidairement responsables des actes accomplis par l'un d'eux à l'égard des tiers.

La société en participation peut être constituée pour une durée déterminée ou non et sa dissolution peut intervenir à tout moment sur simple manifestation de volonté d'un associé, de bonne foi, lorsque celle-ci est régulièrement notifiée aux associés. Elle doit être constituée avec un minimum de deux associés.

En règle générale, la société en participation est constituée pour l'exécution en commun de tâches bien déterminées. En effet, elle est utilisée, dans la plupart des cas, afin d'exécuter à plusieurs un même marché qui requiert des compétences et des tâches multiples, et de régler les rapports entre les différents intervenants, ainsi que vis-à-vis du client final.

La société en participation n'a pas l'obligation de détenir des statuts mais il est fortement conseillé d'établir au minimum un acte écrit, signé par tous les associés afin de préciser l'objet de la société en participation et les droits ainsi que les obligations de chaque partie et les règles de fonctionnement applicables.

1.2. FONCTIONNEMENT DE LA SOCIÉTÉ EN PARTICIPATION

Les règles d'organisation interne et de fonctionnement de la société en participation sont librement fixées par les associés. Au cas où les statuts ne prévoyaient pas ces règles d'organisation, ce sont les règles régissant les sociétés en nom collectif (article 270 à 292 de l'Acte uniforme sur les sociétés commerciales et les GIE) qui s'appliqueraient.

1.2.1. La gérance de la société

De manière courante, les associés nomment un ou plusieurs gérants dans l'acte constitutif ou dans un acte ultérieur. Les pouvoirs du gérant peuvent être soit limités à certains actes, soit au contraire étendus à tous les actes de gestion.

Le gérant de la société agit vis-à-vis des tiers en son nom personnel : il est personnellement engagé par les actes qu'il accomplit dans la mesure où l'accord qui le lie aux autres associés n'est pas connu des tiers.

En revanche, les associés sont tenus solidairement, à l'égard du gérant, des dettes sociales de la société.

1.2.2. Les apports

Les apports en propriété à la société en participation ne sont pas possibles. Les associés ne peuvent que faire des apports en jouissance, qu'ils soient en nature ou en numéraire. À défaut, ils peuvent procéder à de simples mises à disposition. Les biens mis à la disposition de la société demeurent par conséquent la propriété de l'apporteur.

S'ils désirent préserver le caractère occulte de la société en participation, les participants conviennent dans la plupart des cas que le gérant sera en apparence le propriétaire des biens. À cet effet, le gérant a les pouvoirs les plus étendus à l'égard des tiers.

La société en participation peut bénéficier d'apports indivis, dans ce cas, les associés ne peuvent sortir de l'indivision avant la dissolution de la société.

Les apports sont ou deviennent indivis pour les raisons suivantes :

- les biens étaient déjà indivis avant leur apport ;
- les participants décident de mettre en indivision les biens apportés ;
- les biens résultent de l'emploi ou du réemploi de deniers indivis pendant la durée de la société.

1.3. FIN DE LA SOCIÉTÉ EN PARTICIPATION

La société en participation est dissoute de plein droit, sauf clause contraire dans l'acte constitutif, dans l'un des cas suivants :

- décès d'un associé ;
- révocation d'un gérant si tous les associés sont gérants ;
- liquidation ;
- faillite personnelle d'un associé ;
- arrivée du terme ;
- résiliation ou l'extinction de l'objet ;
- décision des associés ;
- annulation du contrat de société ;
- dissolution judiciaire (à ne pas confondre avec la liquidation judiciaire).

Il faut préciser que les associés ont la possibilité de convenir dans les statuts ou dans un acte ultérieur que la société continuera en dépit de ces évènements.

La dissolution de la société en participation n'est pas sujette à publication. Il est simplement procédé à une reddition des comptes entre les associés. Les biens sont ensuite retournés à chaque associé ou en cas de décès.

Les associés peuvent prévoir dans le contrat de société en participation les règles de partage des biens indivis.

2. RÉGIME FISCAL DE LA SOCIÉTÉ EN PARTICIPATION

De manière générale, dans le pays de la zone OHADA, les Codes généraux des impôts accordent la transparence fiscale aux sociétés en participation.

Toutefois, lorsque les Codes ne prévoient pas de dispositions explicites, en pratique, c'est ce principe de transparence qui est retenu par les administrations fiscales.

Il en résulte que la société en participation n'est pas elle-même soumise à l'impôt sur les sociétés et n'est pas non plus redevable de l'impôt de distribution. En revanche, elle est assujettie à la taxe sur la valeur ajoutée.

LA DÉNOMINATION SOCIALE

À l'instar des personnes physiques, les sociétés, personnes morales ont une appellation qui permet de les identifier et les distinguer les unes des autres. C'est ce que l'on appelle généralement leur dénomination sociale.

Cependant, le choix de la dénomination sociale doit être entouré de précaution (1). La dénomination sociale fait l'objet d'une certaine protection (2). Le changement ou la modification de la dénomination sociale doit faire l'objet de certaines formalités (3).

1. LE CHOIX DE LA DÉNOMINATION

1.1. La liberté du choix

1.1.1. Principe

Les sociétés sont libres de choisir leur dénomination. Il peut s'agir d'une appellation de fantaisie, du nom d'une ou plusieurs personnes associées ou non. Cependant, la dénomination ne doit pas être exclusivement composée de ce nom.

Le risque dans l'hypothèse où la dénomination est composée du nom d'une personne associée, est qu'en cas de retrait de la société, l'associé ne peut, sauf clause contraire, exiger que la dénomination soit modifiée. En effet, ce nom patronymique doit dans ce cas être considéré comme un signe distinctif qui s'est détaché de la personne physique qui le porte pour s'appliquer à la personne morale et constituer un objet de propriété incorporelle. Ainsi, la société acquiert un droit irrévocable sur ce nom.

La dénomination sociale peut aussi consister en un rappel de l'activité de l'entreprise.

1.1.2. Les limites

Dans les sociétés en commandite simple (SCS), l'article 294 de l'Acte uniforme relatif au droit des sociétés commerciales et du GIE de l'OHADA interdit d'incorporer dans la dénomination sociale le nom d'un associé commanditaire, à défaut de quoi, ce dernier répond indéfiniment et solidairement des dettes sociales.

Une société ne peut prendre la dénomination d'une autre société déjà immatriculée au Registre du commerce et du crédit mobilier. Le nom appartient en effet à celui qui en fait usage le premier ou qui l'a enregistré le premier.

De même, on ne peut choisir comme nom commercial, le nom ou la désignation qui, par sa nature ou l'usage, est contraire aux bonnes mœurs ou à l'ordre public.

1.2. Formalités préalables au choix

Tenant compte du fait que la dénomination sociale appartient en premier à celui qui en fait usage, il est préférable avant de choisir une dénomination de faire une recherche d'antériorité auprès du greffe du tribunal de commerce et de l'Organisation africaine de la propriété intellectuelle (OAPI), pour savoir si le nom existe avant d'adopter une dénomination. Cela permet d'éviter tout risque de confusion ou d'usurpation.

2. LES OBLIGATIONS LIÉES AU CHOIX DE LA DÉNOMINATION

La dénomination doit figurer obligatoirement dans les statuts et faire l'objet de formalités de publicité. Ainsi, elle doit être indiquée dans le Registre des Sociétés et lors de l'insertion de l'avis de constitution de la Société dans un journal d'annonces légales ou lors de toute modification du contrat social.

La dénomination sociale doit également figurer dans tous les actes et documents émanant de la société et destinés aux tiers (factures, lettres, annonces et publication diverses…).

Elle doit être précédée ou suivie immédiatement de l'indication de la forme de la société et du montant de son capital, de l'adresse du siège social et de la mention de son immatriculation au Registre du commerce et du crédit mobilier.

Remarque : *Particularité des sociétés en liquidation : dans le cadre d'une liquidation, il est important de souligner que la société conserve* *sa dénomination mais celle-ci doit être suivie de la mention « Société en liquidation ».*

Cette mention devra figurer sur tous les actes et documents émanant de la société et destinés aux tiers.

3. LA PROTECTION DE LA DÉNOMINATION SOCIALE

3.1. La protection du fait de l'usage

La dénomination d'une société est protégée contre les usurpations. En effet, l'usurpation d'un nom peut avoir des conséquences préjudiciables pour une société car elle peut conduire à un détournement de clientèle.

La société qui s'estime victime d'une utilisation illicite de sa dénomination sociale peut agir contre l'auteur en concurrence déloyale sur la base de l'article 1382 du Code civil.

Cette action est ouverte même pour les sociétés en liquidation qui conservent ainsi les droits liés à leur nom et peuvent exercer une action en concurrence déloyale en cas d'usurpation de celui-ci.

Pour savoir si l'action en concurrence déloyale est fondée, les juges rechercheront le plus souvent si les sociétés concernées ont des activités identiques ou voisines et si, de ce fait, cette similitude de dénomination peut entraîner une confusion dans l'esprit du public, et par conséquent, une perte de clientèle pour la société dont le nom a été usurpé.

Ils peuvent prendre en compte également la zone géographique où l'activité est exercée et où la société est connue du public.

Si ce fait est avéré, l'usurpateur pourra être condamné à changer sa dénomination et verser des dommages et intérêts.

La jurisprudence va plus loin en condamnant le risque même de confusion engendré par cette similitude sans pour autant qu'il y ait détournement de clientèle.

Ainsi, la société dont le nom a été usurpé peut s'opposer à l'usage de son nom par une autre société alors même qu'elles ont des activités différentes. Ce cas de figure se rencontre le plus souvent pour les sociétés dont le nom a acquis une certaine notoriété.

3.2. La protection dans le cadre de l'Accord de Bangui sur l'OAPI

La société peut demander la protection de son nom contre toute imitation susceptible de lui porter préjudice, et ce, même dans le cas où la personne qui en est l'auteur ne lui fait pas concurrence.

Il faut noter que la protection de la dénomination sociale est renforcée lorsque celle-ci est protégée en tant que nom commercial ou de marque.

3.2.1. La protection en tant que nom commercial

3.2.1.1. Principes

Les sociétés peuvent utiliser un nom commercial distinct de leur dénomination sociale ou exploiter celle-ci dans la vie commerciale à titre de nom commercial. Ce nom est un élément du fonds de commerce susceptible de propriété et qui peut donc être cédé en même temps que le fonds, conformément à l'article 104 de l'Acte uniforme sur le droit commercial. En effet, il est un moyen d'attirer ou de retenir la clientèle et a donc une valeur patrimoniale.

Le nom commercial est protégé du fait de l'usage mais également par le biais de l'enregistrement.

En effet, avec l'OAPI (Organisation africaine de la propriété intellectuelle) créée par l'Accord de Bangui du 2 mars 1977 à l'initiative de quinze (15) pays africains et dont le but est de protéger efficacement et de façon uniforme les droits de propriété industrielle, le nom commercial a vu sa protection renforcée.

3.2.1.2. Modalités de protection

– *L'enregistrement*

Le nom commercial est protégé dans le cadre de l'OAPI par le biais de l'enregistrement.

La demande d'enregistrement peut être adressée directement ou de façon indirecte à l'OAPI. En cas d'examen concluant, l'arrêté d'enregistrement est délivré quatre mois après le dépôt de la demande.

Le titre s'obtient moyennant le paiement de droits. La délivrance de ce titre donne naissance à des droits qui sont valables dans tous les États membres de l'Organisation.

– Conditions de la protection

La protection n'est assurée qu'à condition qu'il y ait un risque de confusion pouvant conduire à un détournement de clientèle. Il n'est pas besoin que l'usurpateur ait agi intentionnellement.

Le droit sur le nom commercial n'est protégé que contre les atteintes des commerçants vendant des produits identiques et similaires susceptibles de faire concurrence à ceux des premiers titulaires.

– Opposition

Toute personne qui y a intérêt peut s'opposer à l'enregistrement d'un nom commercial dans les six mois suivant la publication du nom commercial au Bulletin officiel de l'organisation.

La commission des oppositions, organe interne de l'OAPI, est chargée de statuer sur toutes les requêtes aux fins d'opposition à l'enregistrement d'un nom commercial.

– Sanctions en cas d'atteinte à un droit protégé

En cas de violation de droits d'un nom enregistré à l'OAPI, la société usurpatrice peut se voir infliger des sanctions civiles et des sanctions pénales.

– *Durée de la protection* :

Elle est de dix ans à compter de la date de dépôt de la demande d'enregistrement. Cette protection peut être conservée sans limitation de durée à condition de renouveler systématiquement tous les dix ans.

À défaut de renouvellement, le titulaire peut demander que son nom soit restauré. Cependant, il ne peut intervenir que dans le délai de deux ans à compter du jour où le renouvellement devait intervenir.

3.2.2. La protection de la dénomination en tant que marque

3.2.2.1. Principes

La protection du nom est également garantie lorsque la dénomination est déposée à titre de marque de service.

Dans ce cas, la dénomination pourra être protégée par le droit des marques si elle remplit les conditions de validité de la marque et fait l'objet d'un enregistrement à l'OAPI.

Ainsi, une société ne peut choisir pour dénomination une marque déposée si les produits ou services devant faire l'objet de l'activité sociale sont identiques ou similaires à ceux énumérés dans l'acte d'enregistrement de la marque.

Cependant, on ne peut opposer ce droit à une société qui utilisait ce nom dans sa dénomination avant son enregistrement à titre de marque ou en cas d'utilisation par un tiers de bonne foi employant son nom patronymique.

3.2.2.2. Modalités de protection

– *L'enregistrement*

Le nom commercial est protégé dans le cadre de l'OAPI par le biais de l'enregistrement.

La demande d'enregistrement peut être adressée directement ou de façon indirecte à l'OAPI. En cas d'examen concluant, l'arrêté d'enregistrement est délivré sept mois après le dépôt de la demande.

Le titre s'obtient moyennant le paiement de droits. La délivrance de ce titre donne naissance à des droits qui sont valables dans tous les États membres de l'Organisation.

- *Opposition*

Toute personne qui y a intérêt peut s'opposer à l'enregistrement d'un nom commercial dans les six mois suivant la publication du nom commercial au Bulletin officiel de l'organisation.

La commission des oppositions, organe interne de l'OAPI, est chargée de statuer sur toutes les requêtes aux fins d'opposition à l'enregistrement d'une marque de produits ou de services.

- *Sanctions en cas d'atteinte à un droit protégé*

En cas de violation de droits d'un nom enregistré à l'OAPI, la société usurpatrice peut se voir infliger des sanctions civiles et des sanctions pénales.

- *Durée de la protection :*

Elle est de dix ans à compter de la date de dépôt de la demande d'enregistrement. Cette protection peut être conservée sans limitation de durée à condition de renouveler systématiquement tous les dix ans.

À défaut de renouvellement, le titulaire peut demander que son nom soit restauré. Cependant, il ne peut intervenir que dans le délai de deux ans à compter du jour où le renouvellement devait intervenir.

4. MODIFICATION DE LA DÉNOMINATION SOCIALE

Les parties peuvent librement décider de changer le nom de la société. Cependant en vertu de l'article 18 de l'Acte uniforme relatif au droit des sociétés commerciales et du GIE de l'OHADA, le changement de nom ne peut se faire que dans le respect des conditions prévues par l'Acte uniforme pour la modification des statuts.

Ainsi, la décision ne peut être prise que par l'assemblée générale extraordinaire dans les conditions de quorum et de majorité prévues pour chacune des formes de Sociétés commerciales.

Tout changement de nom commercial doit faire l'objet de formalités de publicité, notamment au Registre du commerce et du crédit mobilier et dans un journal d'annonces légales.

5. CESSION DE LA DÉNOMINATION SOCIALE

Conformément à l'article 104 de l'Acte uniforme sur le droit commercial, le nom a une valeur patrimoniale et constitue un élément du fonds de commerce, susceptible de propriété.

À ce titre, le nom ou la dénomination sociale peut être donc cédé en même temps que le fonds car il est un moyen d'attirer ou de retenir la clientèle.

D'un point de vue fiscal, il convient de noter que l'administration fiscale pourrait dans certains cas considérer la cession de la dénomination sociale comme la cession d'une partie des éléments du fonds de commerce et réclamer les droits d'enregistrement au taux de 10 %.

POUVOIRS ET RESPONSABILITÉS DANS LA GÉRANCE DE LA SARL

L'Acte uniforme sur les sociétés commerciales et le GIE (ci-après Acte uniforme) consacre les articles 323 à 332 à la direction de la SARL. Il dispose que la gestion de la société à responsabilité limitée doit s'effectuer par le biais de la gérance.

Le gérant, selon l'Acte uniforme, a le statut de commerçant. Par conséquent, la nomination du gérant entraîne la modification des mentions au Registre du commerce et du crédit mobilier, ainsi que l'obtention d'une carte de commerçant exigée par le droit congolais.

Les associés de la SARL peuvent nommer un ou plusieurs gérants.

Le présent article a pour objet de présenter les pouvoirs et la responsabilité du (ou des) gérant(s) envers les associés et les tiers.

1. LES POUVOIRS DU (OU DES) GÉRANT(S)

1.1. Notion

Le gérant est habilité à faire tous les actes de gestion nécessaires à l'intérêt de la SARL. La notion d'acte de gestion recouvre à la fois des actes d'administration et des actes de disposition. Les actes d'administration sont les actes destinés à assurer la gestion normale et courante d'un patrimoine, sans en engager gravement l'avenir (réparations d'entretien) tandis que les actes de disposition sont les actes qui entraînent la disparition d'un élément du patrimoine et, plus généralement, tout acte qui dépasse la simple administration.

Il est ainsi possible dans le cadre de l'organisation interne de la direction de la société que les statuts prévoient certaines restrictions dans les pouvoirs du gérant. Il peut, par exemple, être exigé que les associés prennent une décision expresse pour certains actes tels que le nantissement du fonds, du matériel, des stocks, la souscription à des emprunts d'une certaine importance… Il est aussi envisageable que les statuts prévoient pour ces mêmes types d'actes la signature des cogérants dans le cas de gérance multiple.

1.2. Le gérant face aux tiers

L'Acte uniforme dispose en son article 329 que : « Dans les rapports avec les tiers, le gérant est investi des pouvoirs les plus étendus pour agir en toutes circonstances au nom de la société… »

L'existence de ce mandat dispense ainsi le tiers de vérifier les pouvoirs statutaires du gérant.

Ainsi, le gérant engage valablement la société par les actes entrant dans l'objet social. Un gérant, par exemple, qui procède au bail d'un immeuble pour y exploiter le fonds de commerce de la SARL, engage cette société vis-à-vis du propriétaire de l'immeuble même si les associés n'en avaient pas donné accord.

En conséquence, la société est engagée même par les actes du gérant qui ne relèvent pas de l'objet social, à moins qu'elle ne prouve que le tiers savait que l'acte dépassait cet objet ou qu'il ne pouvait l'ignorer compte tenu des circonstances, étant ici précisé que la seule publication des statuts suffise à constituer cette preuve.

Par exception, les actions du (ou des) gérant(s) qui toucheraient au pouvoir souverain des associés tel que l'approbation d'une convention intervenue entre la SARL et un gérant de la société, ne sont pas valables face aux tiers et par conséquent n'engagent pas la société.

1.3. Dans les rapports entre gérants

Dans les SARL où la gérance est multiple, l'Acte uniforme dispose que les gérants détiennent séparément les pouvoirs prévus à un seul gérant, sauf le droit pour chacun de s'opposer à toute opération avant qu'elle ne soit conclue.

L'Acte uniforme ne prévoit pas de forme particulière pour qu'un gérant manifeste ainsi son opposition. Toutefois, il serait prudent de faire en sorte que l'opposition puisse être facilement prouvée (lettre avec accusé de réception ou exploit d'huissier, par exemple). L'opposition du gérant peut être adressée aux associés et/ou aux tiers concernés.

L'opposition formée par un gérant aux actes d'un autre gérant est sans effet auprès des tiers, à moins qu'il ne soit établi qu'ils en aient eu connaissance. Toutefois, l'intérêt d'une telle opposition est qu'elle permet de dégager la responsabilité du gérant dissident.

1.4. Les rapports avec les associés

Dans les rapports entre associés et en l'absence de la détermination de ses pouvoirs par les statuts, le gérant peut faire tous les actes de gestion dans l'intérêt de la société.

2. LA RESPONSABILITÉ DU (OU DES) GÉRANT(S)

Trois (03) exigences fondamentales sont attendues du (ou des) gérant(s) de la SARL. Il s'agit de la diligence, de la vigilance et de la loyauté, dans le strict respect des principes de gestion. Et c'est le non-respect de ces différentes obligations qui engage les responsabilités (civiles ou pénales) du (ou des) gérant(s).

Les gérants sont responsables individuellement ou solidairement, selon le cas, envers la société ou envers les tiers, soit des infractions aux dispositions législatives ou réglementaires applicables aux sociétés à responsabilité limitée, soit des violations des statuts, soit des fautes commises dans leur gestion.

Est réputée non écrite toute clause des statuts ayant pour effet de subordonner l'exercice de l'action sociale à l'avis préalable ou à l'autorisation de l'assemblée ou qui comporterait par avance renonciation à l'exercice de cette action.

Outre l'action en réparation du préjudice subi personnellement, les associés représentant le quart des membres composant le capital social et le quart des parts sociales peuvent, soit individuellement, soit en se regroupant, intenter l'action sociale en responsabilité contre le gérant.

2.1. L'action individuelle

L'action individuelle d'un associé contre le ou les gérants est régie par l'article 162 de l'Acte uniforme. Il est ainsi disposé que « l'action individuelle est l'action en réparation du dommage subi par un tiers ou par un associé, lorsque celui-ci subit un dommage distinct du dommage que pourrait subir la société, du fait de la faute commise individuellement ou collectivement par les dirigeants sociaux dans l'exercice de leurs fonctions ».

Dans le cadre de cette action individuelle, la faute peut être individuelle ou collective à plusieurs gérants. À cet égard, chaque gérant est responsable individuellement des fautes qu'il commet.

La faute ne sera déclarée que sur la base d'une faute prouvée et elle consistera, par exemple, en des agissements destinés à léser frauduleusement un associé.

Cette faute doit provoquer un préjudice à l'encontre d'un associé et l'associé doit démontrer que le préjudice subi trouve bien son origine dans la faute du gérant poursuivi.

2.2. L'action sociale

L'action sociale est intentée en réparation du dommage subi par la société du fait de la faute commise par le (ou les) gérant(s) dans l'exercice de leurs fonctions.

Deux critères doivent être réunis :

- une faute commise par le ou les gérants de la SARL dans l'exercice de leurs fonctions ;
- un dommage subi par la société.

Le principe de la faute demeure le même qu'en matière d'action individuelle, il convient cependant de prouver que la faute pourrait se matérialiser lors de la constitution de la société par l'accomplissement irrégulier d'une formalité légale ou lors de la gestion de l'entreprise par une négligence, le silence sur des opérations hasardeuses et, finalement, préjudiciables à la société.

Il faut souligner que bien évidemment, et sous réserve de la prescription, les dirigeants qui ne sont plus en fonction peuvent être poursuivis pour des fautes antérieures à leur cessation de fonctions.

Quant au dommage, il doit avoir été subi par la société en sa propre personne.

2.3. Les modalités de l'action

Les demandeurs sont habilités à poursuivre en réparation de l'entier préjudice subi par la société à laquelle, le cas échéant, des dommages et intérêts sont alloués.

Aucune décision de l'assemblée ne peut avoir pour effet d'éteindre une action en responsabilité contre le (ou les) gérant(s) pour des fautes commises dans l'accomplissement de leur mandat.

Le quitus, qui aurait été notamment donné au gérant à l'occasion de l'assemblée générale ordinaire, n'empêche pas la société de remettre en cause ultérieurement la gestion du gérant et de rechercher sa responsabilité.

Par ailleurs, le (ou les) gérant(s) encourt(ent) une responsabilité personnelle en cas de faillite de la SARL.

Ces actions en responsabilité se prescrivent par trois ans à compter du fait dommageable ou s'il a été dissimulé, à compter du jour de sa révélation. En cas de crime, l'action se prescrit par dix ans.

Le gérant est d'ailleurs pénalement responsable en cas d'abus de biens sociaux, de présentation de faux bilan dissimulant la véritable situation de la SARL, de majoration frauduleuse d'apport en nature, de distribution de dividendes fictifs en l'absence de bilan ou de bilan frauduleux.

LE RÉGIME JURIDIQUE DU GROUPEMENT D'INTÉRÊT ÉCONOMIQUE (GIE)

Le GIE est une forme juridique particulière entre la société et l'association et définie, dans l'Acte uniforme portant droit des sociétés commerciales et du GIE, comme : « *celui qui a pour but exclusif de mettre en œuvre, pour une durée déterminée, tous les moyens propres à faciliter ou à développer l'activité économique de ses membres, à améliorer ou à accroître les résultats de cette activité* ».

Il découle de cette définition que le GIE, par son fonctionnement, présente un avantage préservant l'indépendance de ses membres.

Il convient toutefois de rappeler qu'à côté des avantages que présente le GIE, notamment la grande liberté dans sa constitution et son fonctionnement, l'absence d'un capital minimum et le droit de retrait de ses membres, il y a également des inconvénients comme la responsabilité solidaire et indéfinie des membres.

Comme indiqué dans notre intitulé, nous aborderons dans cet article le régime juridique du GIE qui relève des articles 869 et suivants de l'Acte uniforme OHADA sur les sociétés commerciales et le GIE.

1. LES CARACTÉRISTIQUES DU GIE

1.1. L'objet

À la différence de la société qui peut avoir n'importe quel objet, pourvu qu'il soit légal, le GIE ne peut avoir pour but exclusif que de mettre en œuvre, pour une durée déterminée, tous les moyens propres à faciliter ou à développer l'activité économique de ses membres et à améliorer ou à accroître les résultats de cette activité. Le GIE ne doit donc pas exploiter, lui-même et directement, une activité économique, et son activité propre ne peut avoir qu'un caractère auxiliaire à celle de ses membres, tout en s'y rattachant essentiellement.

Cette distinction fondamentale empêche d'utiliser le cadre juridique du GIE à la place de celui d'une société commerciale, lorsqu'il s'agit, par exemple, de réunir des personnes qui voudraient créer une entreprise. De même, un GIE ne peut avoir pour conséquence de supprimer l'activité de ses membres, lesquels doivent conserver une totale indépendance dans la conduite de leurs affaires ; un GIE qui se substituerait totalement à l'activité économique de ses membres serait frappé de nullité.

Par contre, le GIE constitue un cadre juridique approprié pour réaliser ou développer des activités, des fonctions ou des services qu'il serait malaisé ou plus coûteux de développer isolément comme, par exemple, un service de recherches, une étude de marché, une campagne commune de publicité, un bureau d'achats ou de ventes, un organisme commun d'importation ou d'exportation, un service commun de traitement de l'information, la gestion d'un matériel de capacité supérieure aux besoins d'une seule entreprise, l'étude et l'exploitation de méthodes de gestion d'un coût élevé, le développement d'un label de qualité ou l'utilisation commune d'une marque, d'un procédé ou d'un système, etc.

Tout en ayant nécessairement un but économique, le GIE peut être commercial ou civil selon la nature de son activité ; il peut notamment regrouper des personnes exerçant une profession libérale, même lorsque celle-ci est soumise à un statut légal particulier ou lorsque son titre est protégé.

Le GIE n'a pas nécessairement vocation, par lui-même, à réaliser et à partager des bénéfices, mais il ne lui est toutefois pas interdit d'en faire et de les répartir entre ses membres comme il serait prévu dans le contrat de groupement.

1.2. Le capital

Le GIE peut être constitué avec ou sans capital, mais s'il y en a un, il ne peut être représenté par des titres négociables.

L'absence de capital n'empêche pas le GIE de recevoir de la part de ses membres des apports en numéraire ou en nature, voire en industrie (exemple : l'apport en jouissance de biens d'exploitation pendant une certaine durée).

En présence d'un capital, celui-ci peut être fixé et libéré librement, selon les dispositions du contrat constitutif qui peut même organiser sa variabilité.

1.3. La responsabilité des membres

Les membres du GIE sont indéfiniment et solidairement responsables des dettes du groupement : c'est là le principal inconvénient du GIE, auquel doit être particulièrement attentive toute personne avant d'y entrer.

Toutefois, le contrat de GIE peut prévoir d'exonérer un membre des dettes nées avant son entrée dans le groupement (une telle exonération doit alors être publiée) et les créanciers du groupement ne peuvent rechercher ce membre qu'après l'avoir vainement mis en demeure.

Dans leurs relations entre eux, chaque membre est responsable des dettes pour une part égale (sauf répartition différente éventuellement prévue dans le contrat de groupement).

1.4. La personnalité morale

À la différence de la « société en participation », le GIE jouit de la personnalité juridique qu'il obtient avec son inscription au Registre du commerce et du crédit mobilier (RCCM).

Cette inscription – obligatoire – n'entraîne pas de présomption de commercialité du GIE, lequel reste civil s'il a un objet civil.

2. LA CONSTITUTION

Pour se constituer, un GIE doit réunir au moins deux personnes ; il n'y a pas de nombre maximum. Un GIE qui en viendrait à ne comporter qu'un seul membre cesserait d'exister.

Les membres du GIE peuvent être des personnes physiques ou des personnes morales (sociétés, associations, autres GIE…).

Chaque membre doit exercer l'activité économique dont le prolongement constitue l'objet du groupement.

La constitution du GIE est constatée par un « contrat constitutif » écrit et signé par tous les membres (le terme « statuts » doit être évité).

Dans la mesure où, comme on l'a vu plus haut, le GIE se distingue nettement de la société et que sa constitution se constate par un « contrat » et non par des « statuts », il semble que ledit contrat ne doive pas nécessairement revêtir la forme notariée (ou authentique) comme prévu à l'article 10 de l'Acte uniforme sauf, bien entendu, si le contrat comporte des dispositions devant être obligatoirement constatées par acte notarié ou par une autre disposition légale (apport de biens immobiliers, par exemple, pour certains États parties).

Le contrat de GIE doit comporter toutes les dispositions nécessaires relatives au capital (le cas échéant), à l'organisation, au fonctionnement et à la dissolution – liquidation du groupement.

Le contrat doit être publié et déposé au greffe, comme doivent l'être également les modifications qui viendraient à lui être apportées ultérieurement.

3. LE FONCTIONNEMENT DU GIE

Le contrat organise librement le fonctionnement du groupement et détermine les modalités d'admission de nouveaux membres.

3.1. L'administration

Une ou plusieurs personne(s), physiquc(s) ou morale(s), membre(s) ou non du groupement, administre(nt) le GIE dans les conditions (nomination, révocation, rémunération…) et avec les pouvoirs déterminés par le contrat ou par décision collective des membres.

Une personne morale nommée administrateur du GIE doit obligatoirement désigner un « représentant permanent » qui encourt les mêmes responsabilités que s'il était personnellement désigné comme administrateur.

Vis-à-vis des tiers, tout administrateur du GIE dispose des pleins pouvoirs pour engager le GIE, dans la limite toutefois de son objet, qu'il y aura donc lieu de définir et limiter soigneusement dans le contrat, compte tenu de la responsabilité indéfinie et solidaire des membres.

3.2. Les décisions collectives

Le contrat de groupement fixe librement les conditions (convocation, droit de vote, quorum, majorité, modalités…) requises pour la prise des décisions collectives des membres du groupement.

Sauf disposition particulière contraire du contrat, celles-ci se prennent en assemblée générale et à l'unanimité, chaque membre disposant d'une voix.

L'assemblée générale est habilitée à prendre toutes les décisions sans qu'il soit obligatoire de distinguer entre décisions ordinaires et décisions extraordinaires ; elle peut notamment décider la prorogation ou la dissolution anticipée du groupement, de même que sa transformation, mais seulement en société en nom collectif (SNC), sous peine de perdre la personnalité morale.

Le quart (1/4) au moins des membres peut convoquer une réunion de l'assemblée générale.

3.3. Le contrôle

Le GIE est soumis à deux sortes de contrôle : le contrôle de la gestion et le contrôle des états financiers de synthèse (dont l'établissement est obligatoire), dans les conditions prévues librement par le contrat de groupement.

Le contrôle de la gestion doit obligatoirement être confié à une ou plusieurs personnes physiques. Celles-ci sont nommées par l'assemblée générale lorsque le GIE a émis des obligations (un GIE n'ayant pour membres que des SA autorisées à émettre des obligations peut en émettre lui-même).

Le contrôle des états financiers annuels est assuré par un ou plusieurs commissaires aux comptes (experts-comptables inscrits) nommés par l'assemblée générale pour une durée de six (6) exercices. Ces commissaires aux comptes exercent leur mandat dans les mêmes conditions que celui des SA.

4. LA DISSOLUTION DU GIE

Le GIE est dissout par :

- l'arrivée du terme ;
- la réalisation ou l'extinction de son objet ;
- la décision de ses membres aux conditions fixées par le contrat ;
- une décision de justice pour justes motifs ;
- décès ou dissolution de l'un de ses membres (sauf clause contraire du contrat ou décision unanime des autres membres).

La dissolution entraîne la liquidation du groupement, cependant, la personnalité morale subsiste pendant toute la durée de la liquidation.

Celle-ci est réalisée aux conditions prévues au contrat ou, à défaut de dispositions particulières, par les soins d'un liquidateur nommé par l'assemblée des membres ou par décision judiciaire.

DROIT COMMERCIAL

LA VENTE D'UN FONDS DE COMMERCE (1. RÉGIME JURIDIQUE)

INTRODUCTION

Depuis le 1er janvier 1998, date d'entrée en vigueur de l'Acte uniforme OHADA sur le droit commercial général, la vente de fonds de commerce (appelée « cession » par les puristes du droit que nous ne sommes certes pas) est régie par les articles 115 à 136, sous réserve des textes spécifiques à l'exercice de certaines activités commerciales.

Seront examinés les conditions de la vente du fonds (1), les mesures de publicité obligatoires de cette vente (2), les obligations générales de chaque partie (3), le droit d'opposition à la vente (4) et les garanties du vendeur (5).

1. CONDITIONS DE LA VENTE DU FONDS DE COMMERCE

1.1. CONDITIONS DE FOND

Pour qu'elle soit valablement considérée comme telle, et donc régie par l'Acte uniforme, la vente doit avoir pour objet un fonds commercial.

Quelles sont les caractéristiques du fonds commercial ?

Le fonds commercial est en quelque sorte le « noyau dur » indispensable pour qu'il y ait fonds de commerce. Il ne comprend que deux (2) éléments :

- La clientèle, élément fondamental qui retient le fonds : le vendeur ne peut prétendre avoir vendu son fonds s'il s'en réserve la clientèle ;
- L'enseigne ou le nom commercial, éléments permettant d'identifier le commerçant et son entreprise.

Accessoirement, la vente ou cession du fonds de commerce peut porter sur d'autres éléments *à condition* de les préciser *expressément* dans l'acte de cession. Ces éléments sont les suivants :

- les installations ;
- les aménagements et agencements ;
- le matériel ;
- le mobilier ;
- les marchandises en stock ;
- le droit au bail ;
- les licences d'exploitation ;
- les brevets d'invention, marques de fabrique et de commerce, dessins et modèles, et tout autre droit de propriété intellectuelle nécessaire à l'exploitation.

Attention : Les parties doivent déterminer dans l'acte de vente et de manière précise les éléments qu'elles entendent vendre/acheter (la vente de la clientèle et du nom commercial étant obligatoires).

1.2. CONDITIONS DE FORME

La cession du fonds de commerce doit être réalisée *par acte sous seing privé* ou *par acte authentique* pour des raisons pratiques liées à la publicité concernant l'inscription du privilège du vendeur et celle de l'acquéreur au Registre du commerce et du crédit mobilier.

L'acte doit revêtir certaines mentions obligatoires afin de renseigner l'acquéreur sur la valeur réelle du fonds. Il s'agit notamment des mentions ci-après :

- L'état civil du vendeur et de l'acheteur pour les *personnes physiques* ;
- Les noms, dénomination sociale, forme juridique, adresse du siège social du vendeur et de l'acheteur pour les *personnes morales* ;
- Leurs numéros d'immatriculation au Registre du commerce et du crédit mobilier ;
- L'origine de la propriété du chef du précédent vendeur, s'il y a lieu ;
- L'état des privilèges, nantissements et inscriptions grevant le fonds ;

- Le chiffre d'affaires réalisé au cours de chacune des trois dernières années d'exploitation ou depuis son acquisition, si le fonds n'a pas été exploité depuis plus de trois (3) ans ;
- Les résultats commerciaux réalisés pendant la même période ;
- Le bail, sa date, sa durée, le nom et l'adresse du bailleur et du cédant, s'il y a lieu ;
- Le prix convenu ;
- La situation et les éléments du fonds vendu ;
- Le nom et l'adresse de l'établissement bancaire désigné en qualité de séquestre si la vente a lieu par acte sous seing privé.

Attention : L'omission ou l'inexactitude des énonciations citées ci-dessus peut **entraîner la nullité** de la vente sur demande de l'acheteur. L'acquéreur **doit** dans ce cas **prouver** que cette omission ou inexactitude a affecté la consistance du fonds cédé et lui a causé un préjudice.

La demande en nullité doit être formée dans un **délai d'un (1) an** à compter de la date de l'acte.

2. PUBLICITÉ DE LA VENTE

2.1. PUBLICITÉ AU REGISTRE DU COMMERCE ET DU CRÉDIT MOBILIER

Tout acte constatant une cession de fonds de commerce doit être déposé en deux (2) copies certifiées conformes par le vendeur et l'acheteur au Registre du commerce et du crédit mobilier.

Aucun délai n'est fixé par l'Acte uniforme pour effectuer cette formalité.

2.2. PUBLICITÉ PAR AVIS DANS UN JOURNAL D'ANNONCES LÉGALES

Elle doit être faite dans les **quinze (15) jours francs** suivant la date de l'acte sous forme d'avis ou d'extraits dans un journal habilité à recevoir des annonces légales. Elle est faite **une seule fois**.

→ *Cette annonce ouvre un droit à opposition d'un (1) mois au profit de tout créancier du vendeur.*

Ce journal doit paraître dans le lieu où le vendeur est inscrit au Registre du commerce et du crédit mobilier.

Remarque : Cet avis doit contenir les mentions obligatoires que doit contenir l'acte de vente (voir point 1.2 ci-avant).

3. OBLIGATIONS GÉNÉRALES DES PARTIES RÉSULTANT DE LA VENTE DU FONDS DE COMMERCE

3.1. OBLIGATIONS DU VENDEUR

Le vendeur du fonds doit :

(i) **Mettre le fonds à la disposition de l'acheteur** à la date prévue dans l'ace de cession.

Les modalités de mise à disposition sont diverses ; elles peuvent consister, par exemple, dans la remise de la liste des noms et adresses des clients.

À noter : Le vendeur **peut refuser la prise de possession du fonds tant que l'acquéreur n'a pas payé le prix** : c'est le cas où le paiement du prix n'est pas au comptant et où le vendeur est de ce fait exposé à l'insolvabilité et même au risque de cessation des paiements de l'acquéreur.

(ii) S'abstenir de tout acte de nature à gêner l'acquéreur dans l'exploitation du fonds.

(iii) Assurer à l'acquéreur la possession paisible de la chose vendue par une obligation de non-concurrence et de non-rétablissement.

Important : Les **clauses de non-rétablissement** sont admises par l'Acte uniforme lorsqu'elles **sont limitées dans le temps et dans l'espace**.

Par exemple, le vendeur tant par lui-même que par personne interposée s'engage pendant dix (10) ans à ne pas exercer un commerce similaire dans un rayon de 5 km du siège du fonds vendu.

(iv) **Le garantir contre toute revendication** exercée par un tiers prétendant avoir un droit sur le fonds vendu, par exemple, dans le cas d'une vente antérieure du fonds ou sur élément essentiel dont l'éviction entraînerait la disparition du fonds (droit au bail, brevet d'invention…).

(v) **Garantir l'acheteur contre les vices cachés**. Selon l'article 124, *le vice caché doit être de nature à diminuer la clientèle.*

(vi) Procéder à sa radiation du Registre du Commerce conformément à l'article 36 dudit Acte qui impose à toute personne qui cède son activité de demander **dans le délai d'un (1) mois sa radiation**. *Cette obligation ne court que si les fonds vendus constituaient l'unique activité du vendeur.*

3.2. OBLIGATION DE L'ACHETEUR

La principale obligation de l'acheteur est **le paiement du prix au jour et lieu fixés** dans l'acte de vente entre les mains d'un notaire ou d'une banque désignée par les parties en qualité de séquestre.

Le délai de conservation des fonds est de trente **(30) jours et court au jour de la parution de la publicité de la vente dans un journal d'annonces légales**.

En l'absence d'opposition, le prix devra être tenu à la disposition du vendeur.

En cas d'opposition dans les délais prescrits, le prix ne sera disponible qu'après justificatif de la main levée de toutes les oppositions.

Remarque : Le prix doit être réel et sincère : ainsi, toute lettre ou contre-lettre de dissimulation du prix est nulle et de nul effet.

Au regard du droit fiscal, l'administration fiscale peut procéder à **un redressement,** si le prix de cession lui paraît trop insuffisant.

4. CONDITIONS RELATIVES AU DROIT D'OPPOSITION ET DE SURENCHÈRE

Les **créanciers du vendeur**, avertis de la vente du fonds et de son prix par les publications exposées ci-dessus, peuvent former *opposition* au paiement de prix et pratiquer une *surenchère*.

4.1. DROIT D'OPPOSITION

(i) Forme et délai de l'opposition

- ***Forme***

L'opposition est notifiée par **acte d'huissier** :

– au notaire où à la banque désignée comme séquestre ;

– à l'acquéreur ;

– au greffe du tribunal où est **inscrit le vendeur**.

L'acte d'opposition énonce le montant et les causes de la créance ainsi que l'élection de domicile dans le ressort de la juridiction où est tenu le registre du commerce.

L'Acte uniforme frappe de nullité l'inobservation de cette formalité à la charge de l'opposant.

- ***Délai***

Le délai d'opposition est de trente **(30) jours** à compter de *la parution de la publicité* de la vente dans un journal d'annonces légales.

(ii) Effets de l'opposition

- ***Indisponibilité du prix***

La conservation des fonds doit se faire obligatoirement pendant le délai de trente (30) jours par le notaire ou la banque, séquestre. Autrement, tout règlement fait **hors de ce délai** sera déclaré **inopposable** aux créanciers du vendeur.

- ***Fixation de la créance à l'égard des créanciers***

L'opposition empêche la compensation ou la cession de la créance du prix. Cependant, la signification de la cession par le cessionnaire dans le délai légal vaut opposition au paiement entre les mains du vendeur.

- Impossibilité de modifier le montant du prix au détriment des créanciers
- Saisie-arrêt en cas de validité de l'opposition

L'acheteur paie le prix non pas au vendeur mais aux créanciers de ce dernier qui ont régulièrement fait opposition ou non, lorsque le prix aura été versé au vendeur avant ce délai de trente (30) jours.

Cependant, lorsque l'opposition n'est pas justifiée, le vendeur peut en demander la main levée auprès du président du tribunal compétent et être autorisé à recevoir le prix de la vente.

4.2. DROIT DE SURENCHÈRE

Le droit de surenchère est un moyen de protection des créanciers contre un prix dérisoire ou une dissimulation de prix.

(i) Procédure de la surenchère

- ***Qui peut former une surenchère ?***

Ce sont les créanciers ayant inscrit un privilège ou un nantissement ou ayant fait opposition dans le délai légal.

- ***Quand procéder à la surenchère ?***

Les créanciers inscrits ou opposants peuvent former une surenchère dans **le délai d'un (1) mois** à compter de la publication légale de la vente, si le taux annoncé ne suffit pas à les désintéresser.

- ***Où et comment procéder à la surenchère ?***

La surenchère se fait par la mise aux enchères du fonds auprès du tribunal du lieu du fonds, après accomplissement des formalités de publicité prévues à cet effet.

(ii) Effets de la surenchère

Elle a pour effet d'adjuger le fonds *au plus fort enchérisseur*. S'il n'y en a aucun, c'est **le créancier surenchérisseur du sixième** qui est déclaré acquéreur.

Il doit en conséquence payer le nouveau prix, le précédent acquéreur étant déchargé.

5. PRIVILÈGE ET ACTION RÉSOLUTOIRE DU VENDEUR

5.1. PRIVILÈGE DU VENDEUR

L'inscription du privilège au registre du commerce fait disposer au vendeur d'un droit de préférence et de suite sur les fonds vendus au cas où le prix n'est pas payé au comptant.

(i) Conditions d'opposabilité aux tiers

Le privilège du vendeur est opposable aux tiers aux conditions suivantes :

1re condition – la vente doit être constatée dans un acte authentique enregistré ;

2e condition – la vente doit être inscrite au Registre du commerce et du crédit mobilier.

(ii) Le droit de préférence

Le vendeur prime sur tous les créanciers chirographaires et nantis du chef de l'acquéreur.

Nota : L'Acte uniforme sur les procédures collectives en son article 98 fait *primer le privilège du vendeur du fonds de commerce* sur celui du bailleur d'immeuble.

(iii) Le droit de suite

Il a également un droit de suite lui permettant d'exercer ses droits, même si le fonds est entre les mains d'un tiers acquéreur.

5.2. ACTION RÉSOLUTOIRE

Elle a pour objectif de **mettre fin à la vente**. Le vendeur peut également exercer l'action résolutoire en cas de non-paiement, cela, conformément au droit commun.

(i) Procédure

- Notification de la demande en résolution de la vente par acte d'huissier ou un écrit aux créanciers inscrits ;
- Inscription (pré-notation) au Registre au Commerce et du Crédit Mobilier.

Cette pré-notation est autorisée par le président du tribunal du lieu du fonds, par ordonnance sur requête.

(ii) Effets de l'action

Tout d'abord, la résolution de la vente ne pourra être prononcée que par le tribunal où est inscrit le vendeur du fonds.

La résolution de la vente entraîne la reprise rétroactive du bien vendu dans le patrimoine du vendeur.

LE STATUT DE COMMERÇANT

INTRODUCTION

L'Acte uniforme sur le droit commercial général définit en son article 2 : « *le commerçant comme celui qui accomplit des actes de commerce et en fait sa profession habituelle* ».

L'on peut rappeler ici que cette disposition est pratiquement la copie conforme de la définition du commerçant telle qu'elle figurait dans l'article 1er du Code du commerce français de 1807. Cette définition renvoyait ainsi à l'article 632 du Code de commerce, lequel énonçait que la loi réputait « *acte de commerce* » tout achat de denrées, de marchandises pour les revendre, etc.

L'Acte uniforme ne définit pas la notion d'acte de commerce mais fournit une liste non exhaustive d'opérations qui constituent des actes de commerce, soit en raison de leur nature même, soit en raison de leur forme.

1. LES ACTES DE COMMERCE

1.1. LES ACTES DE COMMERCE PAR NATURE

L'Acte uniforme en son article 3 cite à cet égard :

- l'enseigne ou le nom commercial, éléments permettant d'identifier le commerçant et son entreprise ;
- l'achat de biens, meubles ou immeubles, en vue de leur revente ;
- les opérations de banque, de bourse, de change, de courtage, d'assurance et de transit ;
- l'exploitation industrielle des mines, carrières et de tout gisement de ressources naturelles ;
- les opérations de location de meubles ;

- les opérations de manufacture, de transport et de télécommunication ;
- les opérations des intermédiaires de commerce, telles que commissions, courtage, agences, ainsi que les opérations d'intermédiaires pour l'achat, la souscription, la vente ou la location d'immeubles, de fonds de commerce, d'actions ou de parts de société commerciale ou immobilière.

1.2. LES ACTES DE COMMERCE EN RAISON DES PERSONNES QUI EXÉCUTENT CERTAINES OPÉRATIONS

L'on relèvera que les contrats entre commerçants pour les besoins de leur commerce ainsi que les actes effectués par les sociétés commerciales ne constituent pas des actes de commerce par nature. De tels actes peuvent être parfois civils par nature, mais ce n'est qu'en raison des personnes qui les exécutent qu'ils seront considérés comme des actes de commerce.

Il convient de noter à ce propos que certaines sociétés sont commerciales en raison de leur forme, quel que soit leur objet. C'est le cas des sociétés anonymes, des sociétés à responsabilité limitée, des sociétés en nom collectif et des sociétés en commandite simple. Leur nature commerciale est édictée par un autre Acte uniforme, celui régissant les sociétés commerciales et le GIE.

En outre, l'Acte uniforme sur le droit commercial général prévoit que constituent des actes de commerce par nature l'exploitation de tout gisement de ressources naturelles, les opérations de télécommunications ainsi que les opérations d'intermédiaires.

1.3. LES ACTES DE COMMERCE PAR LA FORME

L'article 4 de l'Acte uniforme apporte la précision suivante :

« Ont le caractère d'actes de commerce, et ce par leur forme, la lettre de change et le billet à ordre, et le warrant. »

On notera ici que le chèque n'est pas cité. Il ne s'agit pas en effet d'un instrument exclusivement commercial et la nature civile ou commerciale du chèque dépend exclusivement de celui qui l'émet.

1.4. L'EXÉCUTION D'UN ACTE DE COMMERCE NE CONFÈRE PAS SYSTÉMATIQUEMENT LA QUALITÉ DE COMMERÇANT

Il peut arriver qu'une personne exécute des actes de commerce sans pour autant qu'elle puisse se prévaloir ou qu'on puisse lui opposer la qualité de commerçant. Pour avoir cette qualité, il faut que la personne exécute des actes de commerce constituant sa profession habituelle.

Il en résulte que des actes de commerce isolés ne constituent pas un critère pour accorder ou non la qualité de commerçant pas plus semble-t-il que des actes de commerce répétés si ceux-ci ne se traduisent pas en termes de revenus.

2. LES INCOMPATIBILITÉS

Il existe un certain nombre de cas qui s'oppose à la possibilité d'exercer le commerce.

2.1. LES INCAPACITÉS

L'Acte uniforme relatif au droit commercial général prévoit que nul ne peut accomplir des actes de commerce à titre de profession habituelle, s'il n'est juridiquement pas capable d'exercer le commerce.

Le mineur non émancipé ne peut en aucun cas avoir la qualité de commerçant ni accomplir un acte de commerce.

Il convient de relever ici que l'Acte uniforme est muet en ce qui concerne le majeur incapable.

2.2. LES INCAPACITÉS PROPREMENT DITES

L'exercice d'un certain nombre de professions est incompatible avec la possibilité d'avoir le statut de commerçant. L'article 9 de l'Acte uniforme cite à cet égard :

- les fonctionnaires et personnels des collectivités publiques et des entreprises à participation publique ;
- les officiers ministériels et auxiliaires de justice : avocat, huissier, commissaire-priseur, agent de change, notaire, greffier, administrateurs et liquidateurs judiciaires ;
- les experts-comptables agréés et comptables agréés, commissaires aux comptes et aux apports, conseils juridiques, courtiers maritimes ;
- plus généralement, toute profession dont l'exercice fait l'objet d'une réglementation interdisant le cumul de cette activité avec l'exercice d'une profession commerciale.

2.3. LES INTERDICTIONS

Nul ne peut exercer une activité commerciale, directement ou par personne interposée, s'il a fait l'objet :

- d'une interdiction générale définitive ou temporaire prononcée par une juridiction de l'un des États parties, que cette interdiction ait été prononcée comme peine principale ou comme peine complémentaire ;
- d'une interdiction prononcée par une juridiction professionnelle ; dans ce cas, l'interdiction ne s'applique qu'à l'activité commerciale considérée ;
- d'une condamnation définitive à une peine privative de liberté pour un crime de droit commun, ou à une peine d'au moins trois (3) mois d'emprisonnement non assortie de sursis pour un délit contre les biens, ou une infraction en matière économique ou financière.

L'interdiction à titre temporaire d'une durée supérieure à cinq (5) ans, de même que l'interdiction à titre définitif, peuvent être levées, à la requête de l'interdit, par la juridiction qui a prononcé cette interdiction.

Cette requête n'est recevable qu'après expiration d'un délai de cinq (5) ans à compter du jour du prononcé de l'interdiction.

L'interdiction du failli prend fin par la réhabilitation, dans les conditions et les formes prévues par l'Acte uniforme sur les procédures collectives d'apurement du passif.

3. LES DROITS ET OBLIGATIONS DU COMMERÇANT

L'Acte uniforme détermine des droits et des obligations propres au statut de commerçant.

3.1. LES DROITS DU COMMERÇANT

3.1.1. Le droit au renouvellement du bail commercial

Il s'agit là d'une protection essentielle accordée au commerçant, destinée à lui permettre d'assurer la pérennité de l'exercice de ses activités. Ce droit est réglementé par les articles 91 à 112 de l'Acte uniforme. Nous ne le développons pas ici dans la mesure où nous y consacrons un article spécifique.

3.1.2. Un formalisme de preuve simplifié

Le commerçant a la possibilité de prouver par tout moyen écrit, enregistré ou non les opérations conclues avec ses pairs (article 5 de l'Acte uniforme).

3.1.3. La prescription

L'Acte uniforme a retenu une prescription de courte durée en ce qui concerne les opérations réalisées par les commerçants.

Ainsi, l'article 18 de l'Acte uniforme précise que :

« Les obligations nées à l'occasion de leur commerce entre commerçants, ou entre commerçants et non-commerçants, se prescrivent par cinq (5) ans si elles ne sont pas soumises à des prescriptions plus courtes. »

3.1.4. Une carence de l'Acte uniforme

L'Acte uniforme ne prévoit rien en revanche en ce qui concerne la protection des commerçants dans le cadre de la concurrence déloyale.

La CEMAC a adopté le 25 juin 1999 un règlement n° 1/99/ueac.CM.639 portant réglementation des pratiques commerciales anticoncurrentielles dont l'article 2 interdit toute pratique de nature à faire obstacle au libre jeu de la concurrence.

On notera que ce règlement traite plus particulièrement des ententes illicites, des abus de position dominante et des concentrations.

3.2. LES OBLIGATIONS DU COMMERÇANT

Le commerçant est soumis à une double obligation. L'une est liée à son immatriculation au Registre du commerce et du crédit mobilier (RCCM) ; l'autre concerne sa comptabilité.

3.2.1. Inscription au RCCM

Il s'agit là d'une obligation essentielle.

En effet, nul ne peut se prévaloir de la qualité de commerçant s'il n'est pas inscrit au RCCM (article 39.1 de l'Acte uniforme).

Mais pour autant, il importe de préciser que la personne concernée ne saurait se prévaloir de l'absence d'immatriculation pour échapper à ses obligations de commerçant (article 39.2 de l'Acte uniforme).

Il s'agit là bien entendu d'une mesure destinée à protéger les tiers, y compris les administrations, des personnes de mauvaise foi.

En revanche, toute personne, à l'exclusion des GIE, immatriculée au RCCM est présumée avoir la qualité de commerçant. Il s'agit d'une présomption simple qui peut être anéantie par la preuve contraire.

3.2.2. Les obligations comptables

Tout commerçant, personne physique ou morale, doit tenir un journal, enregistrant au jour le jour ses opérations commerciales. Il doit également tenir un Grand Livre, avec balance générale récapitulative, ainsi qu'un Livre d'inventaire.

Ces livres doivent être tenus conformément aux dispositions de l'Acte uniforme relatif à l'organisation et à l'harmonisation des comptabilités des entreprises.

En outre, out commerçant, personne morale, doit respecter les dispositions prévues par l'Acte uniforme relatif au droit des sociétés commerciales et des groupements d'intérêt économique, et par l'Acte uniforme relatif à l'organisation et l'harmonisation des comptabilités des entreprises (obligation d'établir notamment des états financiers de synthèse).

Le Journal et le Livre d'inventaire doivent mentionner le numéro d'immatriculation au Registre du commerce et du crédit mobilier de la personne physique ou morale concernée. Ils sont cotés et paraphés par le président de la juridiction compétente ou par le juge délégué à cet effet. Ils doivent être tenus sans blanc, ni altération d'aucune sorte.

Ces livres de commerce, s'ils sont régulièrement tenus, peuvent être admis par le juge pour constituer une preuve entre commerçants.

LA VENTE COMMERCIALE

La présente étude porte sur le contrat de vente commerciale qui est probablement le contrat le plus utilisé dans les relations entre commerçants, personnes physiques ou morales.

Réglementée par l'Acte uniforme de l'OHADA portant sur le Droit commercial général, la vente commerciale est aujourd'hui l'objet d'un régime juridique très détaillé.

Toutefois, il convient de noter que l'Acte uniforme s'applique uniquement aux ventes conclues entre commerçants, autrement dit entre professionnels à l'exclusion des ventes aux consommateurs, des ventes sur saisie, par autorité de justice, des ventes aux enchères, des ventes de valeurs mobilières, d'effets de commerce, de monnaies ou devises et des cessions de créances (article 203 de l'Acte uniforme).

Dans le cadre de cette étude, nous aborderons tour à tour les généralités, les obligations des parties, les effets, et le délai de prescription en matière de vente commerciale.

1. GÉNÉRALITÉS

1.1. LA FORMATION DU CONTRAT DE VENTE

Comme le Code civil français, l'Acte uniforme réaffirme le principe du consensualisme en matière de contrat de vente ; la validité d'un tel contrat n'est donc pas subordonnée à l'accomplissement d'une formalité particulière quelconque.

En effet, l'article 208 de l'Acte uniforme dispose que :

« *Le contrat de vente commerciale peut être écrit ou verbal ; il n'est soumis à aucune condition de forme.*

En l'absence d'un écrit, il peut être prouvé par tous moyens, y compris par témoin ».

Il convient de noter que cette disposition permet d'assurer la rapidité des transactions et une économie de temps et de frais, mais elle n'exclut pas pour autant le recours à « l'écrit » qui permet aux parties de concevoir dans le détail et de faire plus facilement, en cas de litige, la preuve de leur accord.

À cet égard, l'Acte uniforme a une conception large de la notion d'« écrit » puisqu'il y assimile le télégramme, le télex ou la télécopie (article 209).

Il faut également souligner que, par rapport aux conditions requises pour la validité de tout contrat lors de sa formation, les dispositions de l'Acte uniforme n'introduisent aucune innovation relativement à la vente commerciale (sur ces conditions de validité, voir *infra* « Remarque »).

1.2. LA VALEUR JURIDIQUE DE LA POLLICITATION

La pollicitation ou offre non encore acceptée par son destinataire est souvent cause de litige en matière de vente commerciale ; celui qui fait une offre de vente, a-t-il le droit de la rétracter avant que n'intervienne l'acceptation de l'acheteur ?

Restée longtemps sans réponse, cette question est aujourd'hui tranchée par l'article 211 alinéa 1 de l'Acte uniforme précité qui dispose : « *Une offre prend effet lorsqu'elle parvient au destinataire...* ».

L'alinéa 2 de cet article précise que l'offre peut être révoquée à condition toutefois que la révocation parvienne au destinataire « ... *avant que celui-ci n'ait expédié son acceptation* ».

En revanche, l'offre ne peut être révoquée « *si elle précise qu'elle est irrévocable, ou si elle fixe un délai déterminé pour son acceptation* » (Article 211 alinéa 3).

Mais qu'est-ce qu'une offre ? L'article 210 de l'Acte uniforme définit les conditions requises pour qu'une proposition de vente commerciale ait la valeur juridique d'une offre :

- l'offre doit tout d'abord être destinée à une ou plusieurs personnes déterminées ;
- elle doit ensuite indiquer la volonté de son auteur d'être lié en cas d'acceptation ;

- enfin, elle doit désigner les marchandises à vendre, en fixer la quantité et en indiquer le prix[13].

1.3. OÙ ET COMMENT SE FORME LE CONTRAT DE VENTE PAR CORRESPONDANCE ?

Lorsque le contrat de vente commerciale est conclu par correspondance, se pose le problème de la détermination du moment et du lieu de sa formation. Faut-il considérer l'instant et l'endroit où intervient l'acceptation de l'acheteur, ou alors le moment et le lieu où cette acceptation parvient à la connaissance du vendeur ?

Quels sont les intérêts qui s'attachent à la détermination du moment et du lieu de formation du contrat de vente ?

- ♦ **Le montant**

- Dans les contrats translatifs de propriété, c'est-à-dire les contrats qui, comme la donation, opèrent le déplacement du droit de propriété d'un patrimoine à un autre, en principe et sous réserve des innovations apportées par l'Acte uniforme pour la vente (cf. *infra* « III.2 »), les risques passent à l'acquéreur dès la conclusion du contrat ;
- Par ailleurs, c'est au moment de la formation du contrat que s'apprécient les conditions requises pour sa validité. Ainsi, par exemple, une vente pourra être annulée dès lors qu'au moment de sa conclusion, le vendeur ou l'acheteur était un mineur non émancipé ou qu'une autre des conditions de validité des contrats (cf. *infra* « Remarque ») n'était pas remplie lors de la formation du contrat.

Remarque : Pour qu'une personne soit valablement liée par un contrat, l'article 1108 du Code civil exige que les quatre (4) conditions ci-après soient réunies :

i. que le consentement de la partie qui « contracte » soit libre, c'est-à-dire exempt d'erreur et ne soit pas extorqué par la violence ou surpris par une manœuvre quelconque (dol) ;
ii. que cette personne ait juridiquement la capacité de contracter ; en matière de contrat de vente commerciale, la capacité requise étant bien entendu la capacité d'exercer le commerce ;

[13] Cf. Alain Fénéon/Jean-René Gomez, in *OHADA : Droit commercial général*, Édicef 1999/Éditions FFA, p. 124.

L'article 7 de l'Acte uniforme précise toutefois que « *le mineur, sauf s'il est émancipé, ne peut avoir la qualité de commerçant ni effectuer des actes de commerce* ».

iii. que l'objet de l'engagement soit certain, ce qui veut dire que la prestation ou la chose que chacune des parties s'est engagée à fournir (le prix pour l'acheteur, la marchandise pour le vendeur) doit être déterminée, possible, licite et morale ;

iv. qu'il y ait une cause licite dans l'engagement souscrit, c'est-à-dire que le but immédiat et direct qui conduit la partie à s'engager ne soit pas contraire à la loi et à l'ordre public.

♦ **Le lieu**

– En droit interne, le lieu de formation détermine en principe le tribunal territorialement compétent pour trancher le litige lié au contrat ; ce tribunal variera suivant que le lieu de formation du contrat sera celui de l'acceptation ou celui où l'acceptation est parvenue à l'auteur de l'offre.

– En droit international, faute pour les parties d'avoir indiqué dans le contrat la loi compétente, les tribunaux se réfèrent parfois à la loi du lieu où le contrat a été passé.

Ainsi, si l'on considère qu'il suffit que les deux consentements coexistent pour qu'il y ait contrat, alors le contrat de vente commerciale sera formé à la date et à l'endroit de l'émission de l'acceptation.

En revanche, si l'on considère que les deux consentements doivent se rencontrer, alors le contrat sera formé à la date et au lieu de la réception de l'acceptation par le pollicitant.

Sur cette question, l'Acte uniforme a adopté le système de la réception de l'acceptation de l'acheteur par le vendeur pour déterminer le moment de formation du contrat de vente.

En effet, l'article 213 dispose :

« *L'acceptation d'une offre prend effet au moment où l'indication d'acquiescement parvient à l'auteur de l'offre* », à moins qu'elle ne parvienne pas dans le délai stipulé par l'offrant ou dans un délai raisonnable compte tenu des circonstances de la transaction et du moyen de communication utilisé par l'offrant.

2. LES OBLIGATIONS DES PARTIES

Nous examinerons ici les obligations qui pèsent aussi bien sur le vendeur que sur l'acquéreur.

2.1. LES OBLIGATIONS DU VENDEUR

L'article 219 de l'Acte uniforme énumère trois (3) obligations essentielles que le contrat de vente fait naître à la charge du vendeur comme suit :

« *Le vendeur s'oblige, dans les conditions prévues au contrat et au présent Livre, à livrer les marchandises, à remettre s'il y a lieu les documents s'y rapportant, à s'assurer de leur conformité à la commande et à accorder sa garantie.* »

2.1.1. L'obligation de livraison de la marchandise

Le vendeur doit livrer les marchandises achetées au moment, à l'endroit et dans la forme prévus au contrat et, s'il y a lieu, les documents s'y rapportant[14].

Au cas où le vendeur n'est pas tenu de livrer les marchandises en un lieu particulier, son obligation de livraison consistera :

- lorsque le contrat de vente prévoit un transport de marchandises, à remettre ces marchandises à un transporteur pour leur livraison (article 220-a) ;
- dans tous les autres cas, à tenir les marchandises à la disposition de l'acheteur au lieu où celles-ci ont été fabriquées ou vendues ou encore là où elles sont stockées ou encore au lieu où le vendeur a son principal établissement (article 220-b).

2.1.2. L'obligation de conformité de la marchandise

Elle est prévue par les dispositions de l'article 224 ainsi libellé :

« *Le vendeur doit livrer les marchandises dans la quantité, la qualité, la spécification, le conditionnement et l'emballage correspondant à ceux prévus au contrat...* ».

---

[14] Tous les documents en rapport avec une vente s'avèrent très importants. Les factures, par exemple, doivent être conservées pour des raisons de comptabilité mais aussi peuvent être utilisées comme moyen de preuve d'un acte de commerce. Par ailleurs, il existe une obligation de facturation entre redevables de la TVA. De plus, en cas d'importation de marchandises, les factures servent à la détermination de la valeur imposable sur laquelle sont appliqués les taxes et droits de douane.

Pour garantir les intérêts de l'acheteur, l'Acte uniforme met à la charge du vendeur l'obligation de livrer des marchandises conformes aux stipulations du contrat.

Sauf convention contraire des parties, l'article 224 de l'Acte uniforme donne les indications sur ce qu'il faut entendre par conformité. En cela, les marchandises ne sont conformes au contrat que si :

« *1° elles sont propres aux usages auxquels servent habituellement les marchandises de même type ;*

2° elles sont propres à tout usage spécial qui a été porté à la connaissance du vendeur au moment de la conclusion du contrat ;

3° elles possèdent les qualités d'une marchandise dont le vendeur a remis à l'acheteur l'échantillon ou le modèle ;

4° elles sont emballées ou conditionnées selon le mode habituel pour des marchandises de même type, ou à défaut de mode habituel, de manière propre à les conserver et à les protéger ».

Par ailleurs, l'article 225 prévoit que le vendeur est responsable de tout défaut de conformité qui existe au moment du transfert de risques à l'acheteur (sur le transfert de risques cf. *infra* « 3.2. ») même si ce défaut n'apparaît qu'ultérieurement.

Il est donc fait ici par l'Acte uniforme un rapprochement avec la notion de « vice caché ». À titre de rappel, cette notion qui constitue une véritable garantie pour l'acheteur désigne les défauts de la chose vendue qui, à premier examen, ne se révèlent pas et qui la rendent impropre à l'usage auquel l'acquéreur la destinait.

En cas de livraison anticipée, le vendeur a droit jusqu'à la date prévue pour la livraison soit de livrer une partie ou une quantité manquante ou des marchandises nouvelles en remplacement des marchandises non conformes au contrat, soit de réparer tout défaut de conformité des marchandises à condition que l'exercice de ce droit ne cause à l'acheteur ni dommage ni frais.

Cependant, l'article 229 de l'Acte uniforme précise que l'acheteur perd le droit de se prévaloir d'un défaut de conformité « … *s'il ne le dénonce au plus tard dans un délai d'un (1) an à compter de la date à laquelle les* marchandises lui ont été effectivement remises, à moins que ce délai ne soit incompatible avec la durée *d'une garantie contractuelle* ».

2.1.3. L'obligation de garantie

L'Acte uniforme prévoit en son article 230 que « *le vendeur doit livrer les marchandises libres de tout droit ou prétention d'un tiers, à moins que l'acheteur n'accepte de prendre les marchandises dans ses conditions* ».

Par cette disposition, l'Acte uniforme reconnaît à l'acheteur le droit de dénoncer au vendeur tout droit ou prétention éventuelle d'un tiers sur la marchandise vendue. Ce qui laisse entendre que le vendeur d'une marchandise est garant de l'éviction éventuelle de l'acquéreur de ladite marchandise.

On notera que cette disposition vise essentiellement les marchandises objets d'un droit de gage, d'un nantissement ou d'un droit de propriété d'un tiers auprès duquel le vendeur les a lui-même acquises.

Il s'agit d'une garantie à côté de laquelle il en existe une autre : celle des vices cachés qui est prévue par l'article 231 de l'Acte uniforme qui dispose que « *la garantie est due par le vendeur lorsque le défaut caché de la chose vendue diminue tellement son usage que l'acheteur ne l'aurait pas acquise ou en aurait donné un prix moindre, s'il l'avait connu...* ». (Voir pour la notion de défauts ou vices cachés. *Supra* « 2.1.2 »).

À noter : Selon l'alinéa 2 de l'article 231, cette garantie de vice caché bénéficie aussi bien à l'acquéreur contre le vendeur qu'au sous-acquéreur contre le fabricant ou un vendeur intermédiaire pour la garantie du vice caché affectant la chose vendue dès sa fabrication. Cette disposition est d'autant plus surprenante qu'elle s'applique à un contrat entre professionnels. Toutefois, l'on peut regretter que le législateur africain n'ait pas été au bout de sa logique en omettant de mentionner les obligations d'information, de conseil et de sécurité qui peuvent s'avérer tout aussi utiles que la garantie des vices cachés, même dans un contrat de vente entre professionnels.

2.2. LES OBLIGATIONS DE L'ACHETEUR

Selon les dispositions de l'article 233 de l'Acte uniforme :

« *L'acheteur s'oblige dans les conditions prévues au contrat et suivant les dispositions du présent titre à payer le prix et à prendre livraison des marchandises* ».

Payer le prix et prendre livraison des marchandises sont donc les deux obligations qui incombent à l'acquéreur.

2.2.1. Le paiement du prix

Le prix à payer par l'acheteur est celui fixé au contrat. Bien entendu, cette obligation comprend celle de prendre toutes les mesures et d'accomplir les formalités destinées à permettre le paiement du prix convenu au contrat ou par les lois et règlement en vigueur (article 234).

Lorsque le prix convenu n'est pas acquitté par l'acheteur, le vendeur a droit à des intérêts sur la somme due, calculés au taux d'intérêt légal applicable en matière commerciale, et cela, sans préjudice des dommages-intérêts que le vendeur peut exiger pour compenser le préjudice subi (article 263).

Le vendeur peut également faire du paiement une condition de la remise des marchandises (article 238) et exercer ainsi un droit de rétention en cas de non-paiement du prix convenu au contrat.

2.2.2. La prise de livraison de la marchandise

L'acheteur est tenu d'accomplir tout acte qu'on peut raisonnablement attendre de lui pour permettre au vendeur d'effectuer la livraison et de retirer les marchandises achetées (article 240).

Au cas où l'acheteur tarderait à prendre livraison des marchandises, le vendeur prend les mesures nécessaires à leur conservation et est fondé à les retenir jusqu'à ce qu'il obtienne paiement du prix convenu et remboursement des frais de conservation.

Mais que se passe-t-il, si finalement, après un délai raisonnable de conservation, le retirement et le paiement des marchandises n'ont pas lieu ?

Dans une telle hypothèse, le vendeur est à notre avis fondé à engager la responsabilité contractuelle de l'acquéreur défaillant.

3. LES EFFETS DU CONTRAT DE VENTE

Le contrat de vente emporte essentiellement deux effets : le transfert du droit de propriété et le transfert de risques.

3.1. LE TRANSFERT DU DROIT DE PROPRIÉTÉ

Selon l'article 283 de l'Acte uniforme :

« *Sauf convention contraire entre les parties, le transfert de propriété s'opère dès la prise de livraison par l'acheteur de la marchandise vendue.* »

Il s'agit là d'une innovation majeure par rapport au droit antérieur notamment le Code civil français qui, en son article 1583, prévoit que la vente « *est parfaite entre les parties, et la propriété est acquise de droit à l'acheteur à l'égard du vendeur, dès qu'on est convenu de la chose et du prix, quoique la chose n'ait pas encore été livrée ni le prix payé* ».

Le transfert du droit de propriété tel qu'il résulte de l'Acte uniforme peut être retardé par une clause de « *réserve de propriété* » qui est une clause par laquelle le vendeur stipule que le transfert de la propriété de la chose (qu'il a peut-être déjà livrée) ne se produira qu'au moment où le prix sera intégralement payé.

Le procédé révèle son intérêt dans les contrats de vente de marchandises où le paiement du prix est différé ou échelonné, le vendeur impayé conservant pendant ce temps le droit de propriété dans son patrimoine, ce qui lui permet de se prémunir contre le risque d'insolvabilité de l'acheteur.

Cependant, l'efficacité de cette clause, c'est-à-dire l'effet suspensif du transfert du droit de propriété, suppose qu'elle soit opposable aux tiers notamment aux créanciers de l'acquéreur en cas de faillite de celui-ci d'où la nécessité de son inscription au Registre du commerce et du crédit mobilier.

3.2. LE TRANSFERT DE RISQUES

Le législateur OHADA a lié le transfert de risques à la livraison de la marchandise ; c'est la règle posée par l'article 285 de l'Acte uniforme qui dispose que « *le transfert de propriété entraîne le transfert de risques* ».

Mais tout en décidant que le transfert du droit de propriété emporte transfert de risques, l'Acte uniforme prévoit différentes modalités de livraison de marchandises à l'acheteur.

C'est ainsi que, si le contrat de vente implique un transport de marchandises, les risques sont transférés à l'acheteur à partir de la remise des marchandises au premier transporteur (article 286) et lorsque les marchandises sont vendues en cours de transport, les risques sont transférés à l'acquéreur à partir du moment où le contrat est conclu (article 287).

Il semblerait même que le vendeur puisse encore être responsable des dommages survenus après le transfert de risques s'ils sont imputables à sa défaillance[15].

4. QUELLE EST LA SANCTION DE L'INEXÉCUTION DES OBLIGATIONS DES PARTIES ?

L'Acte uniforme a prévu des sanctions découlant de l'inexécution par l'une ou l'autre des parties de ses obligations.

4.1. SANCTIONS DE L'INEXÉCUTION DE SES ENGAGEMENTS PAR LE VENDEUR

Selon l'article 250 de l'Acte uniforme, si les marchandises ne sont pas conformes au contrat, l'acheteur peut exiger du vendeur la livraison des marchandises de remplacement à condition :

1°) que le défaut de conformité constitue un manquement essentiel au contrat de vente, c'est-à-dire un manquement qui cause à l'autre partie un préjudice tel qu'il la prive substantiellement de ce qu'elle était en droit d'attendre du contrat ;

2°) que cette livraison soit demandée au moment de la dénonciation du défaut de conformité ou dans un délai raisonnable à compter de cette dénonciation.

Mais l'acheteur peut aussi exiger que le vendeur répare le défaut de conformité.

Cette possibilité résulte du dernier alinéa de l'article 250 de l'Acte uniforme.

Par ailleurs, l'acheteur peut, conformément aux dispositions de l'article 251, impartir au vendeur un délai supplémentaire pour qu'il exécute ses obligations en même temps qu'il conserve le droit de demander des dommages-intérêts pour retard dans l'exécution du contrat de vente.

On remarquera que le législateur OHADA a tendance à favoriser l'exécution en nature en cas d'inexécution de ses obligations par le vendeur.

En effet, l'Acte uniforme veut absolument sauver le contrat de vente même si la résolution judiciaire reste possible, notamment si

---

[15] Cf. Alain Fénéon / Jean-René Gomez, *op. cit.*, p. 132.

l'inexécution par le vendeur de l'une quelconque de ses obligations ou des dispositions de l'Acte uniforme constitue un manquement essentiel au contrat ou en cas de défaut de livraison, si le vendeur n'a pas livré les marchandises dans les délais supplémentaires qui lui avaient été accordés (article 254).

4.2. SANCTIONS DE L'INEXÉCUTION DE SES ENGAGEMENTS PAR L'ACHETEUR

L'Acte uniforme prévoit que si l'acheteur n'a pas exécuté l'une quelconque des obligations du contrat de vente, le vendeur peut :

1°) demander des dommages-intérêts ;

2°) exercer un certain nombre de droits. Par exemple, il peut impartir à l'acheteur un délai supplémentaire de durée raisonnable pour l'exécution de ses obligations.

Toutefois, le vendeur ne perd pas de ce fait le droit de demander des dommages-intérêts pour retard dans l'exécution du contrat (article 257).

Le vendeur peut également demander devant le tribunal compétent la résolution du contrat de vente notamment dans deux hypothèses :

- Si l'inexécution par l'acheteur de l'une quelconque de ses obligations découlant pour lui du contrat ou des dispositions de l'Acte uniforme constitue un manquement essentiel au contrat ;
- En cas de défaut de prise de livraison, si l'acheteur ne prend pas livraison des marchandises dans le délai supplémentaire proposé par le vendeur.

5. LE DÉLAI DE PRESCRIPTION

Le délai de prescription en matière de vente commerciale est fixé à deux (2) ans par l'Acte uniforme.

Il commence à courir à partir du moment où l'action peut être engagée (article 274).

Si ce délai est particulièrement court, l'Acte uniforme a tout de même le mérite de l'avoir fixé contrairement à la Convention de Vienne qui est restée silencieuse sur cette question.

LA VENTE D'IMMEUBLES À CONSTRUIRE

1. GÉNÉRALITÉS

La loi n° 13-2004 du 31 mars 2004 relative aux activités de promotion immobilière et de construction d'ouvrage de bâtiment prévoit, au Congo, la réglementation applicable aux opérations immobilières de construction destinées à la vente.

La loi réglemente deux opérations : d'une part, la promotion immobilière et la construction des bâtiments et, d'autre part, la vente d'immeuble à construire.

Dans le cadre de la présente étude, nous n'envisagerons que la vente d'immeuble à construire.

L'article 38 de la loi précitée définit la vente d'immeuble à construire, comme celle par laquelle le vendeur s'oblige à édifier un immeuble dans un délai déterminé par le contrat.

La vente d'immeuble à construire peut, selon les dispositions de la loi, être conclue à terme ou en l'état futur d'achèvement.

Le contrat de vente à terme est celui par lequel le vendeur s'engage à livrer l'immeuble à son achèvement et l'acquéreur à en prendre possession, en payant le prix à la date de livraison. Dans ce cadre, le transfert de propriété s'opère de plein droit par la consommation par acte authentique de l'achèvement de l'immeuble ; il produit ses effets rétroactivement au jour de la vente.

La vente en l'état futur d'achèvement est le contrat par lequel le vendeur transfère immédiatement à l'acquéreur ses droits sur le sol, ainsi que la propriété des constructions qui y sont réalisées au jour de la signature. Les ouvrages à venir deviennent la propriété de l'acquéreur au fur et à mesure de leur exécution et celui-ci est tenu d'en payer le prix à mesure de l'avancement des travaux.

Le vendeur conserve les pouvoirs de maître d'ouvrage jusqu'à la réception des travaux par l'acquéreur.

Il convient de souligner que, quelle que soit la forme de contrat choisi, la loi n° 13-2004 du 31 mars 2004 introduit dans notre droit des dispositions destinées à encadrer la formation, l'exécution du contrat de vente d'immeuble à construire et la rétraction de l'acquéreur immobilier.

Nous vous présentons ci-après les principales caractéristiques de cette loi.

2. LA FORMATION DU CONTRAT

La loi pose les conditions relatives à la qualité du vendeur (2.1.), au contenu du contrat (2.2.) et à la forme du contrat (2.3.).

2.1. LA QUALITÉ DU VENDEUR

L'article 19 de la loi n° 13-2004 du 31 mars 2004 impose la qualité de commerçant au vendeur d'immeuble à construire. Celui-ci a d'office la qualité de commerçant et doit donc être immatriculé au Registre du Commerce et du Crédit Immobilier. Il doit également tenir les livres comptables imposés aux commerçants.

Le vendeur d'immeuble à construire doit également justifier, préalablement à l'exercice de son activité, de la possession d'une autorisation délivrée par le ministre chargé de la Construction.

La loi interdit, à certaines personnes exerçant certaines fonctions, de se livrer à la vente d'immeuble à construire.

On citera les fonctionnaires et personnels des collectivités publiques et des entreprises à participation publique.

En outre, la loi pose une interdiction à certaines personnes de conclure en qualité de vendeur des contrats de vente d'immeuble à construire.

En effet, l'article 22 de la loi n° 13-2004 du 31 mars 2004 interdit à quiconque ayant fait l'objet d'une condamnation non amnistiée pour des infractions désignées par la loi (crime, vol, faux et usage de faux, escroquerie, etc.) de participer à quelque titre que ce soit, directement ou indirectement, pour son compte ou celui d'autrui, à la conclusion d'un contrat de vente d'immeuble à construire.

2.2. LE CONTENU DU CONTRAT

La loi réglemente le contenu du contrat de vente d'immeuble à construire. Le contrat doit être conclu par acte authentique et contenir à peine de nullité relative, les indications suivantes :

- La description de l'immeuble ou de la partie de l'immeuble vendu ;
- Le prix et les modalités de paiement de celui-ci ;
- Le délai de livraison ;
- La garantie de l'achèvement de l'immeuble ou du remboursement des versements effectués en cas de résolution du contrat à défaut d'achèvement, lorsqu'il revêt la forme d'une vente en l'état futur d'achèvement.

2.3. LA FORME DU CONTRAT

Le contrat de vente en l'état futur d'achèvement et le contrat de vente à terme doivent être passés en la forme authentique, en d'autres termes, par acte notarié.

3. L'EXÉCUTION DU CONTRAT

Le vendeur d'un immeuble à construire ne peut être déchargé, ni avant la réception des travaux, ni avant l'expiration d'un délai d'un (1) mois après la prise de possession par l'acquéreur des vices de construction apparents.

En revanche, il n'y a pas lieu à résolution du contrat ou à diminution du prix si le vendeur s'oblige à réparer le vice.

Le vendeur d'un immeuble à construire est tenu, à compter de la réception de travaux, des dommages d'un vice du sol, qui compromettent la solidité de l'ouvrage ou qui, l'affectant dans l'un de ses éléments constructifs ou l'un des éléments d'équipement, le rendent impropre à sa destination.

Il est exonéré de cette responsabilité s'il prouve que les dommages proviennent d'un cas de force majeure.

Par ailleurs, cette présomption de responsabilité s'étend également aux dommages qui affectent la solidité des éléments d'équipement d'un bâtiment, mais seulement lorsque ceux-ci font indissociablement corps avec les ouvrages suscités, lorsque sa dépose, son démontage ou son remplacement peut s'effectuer sans détérioration ou enlèvement de matière de cet ouvrage.

4. RÉTRACTION DE L'ACQUÉREUR IMMOBILIER

Pour tout acte dressé en la forme authentique ayant pour objet la construction ou l'acquisition d'un immeuble à usage d'habitation, la vente d'immeubles à construire ou la location en vue de l'accession à la propriété immobilière, l'acquéreur non professionnel peut se rétracter dans un délai de quinze (15) jours à compter du jour de la présentation de la lettre lui notifiant l'acte.

Cet acte est notifié à l'acquéreur par lettre recommandée avec accusé d'avis de réception ou par tout autre moyen présentant des garanties équivalentes pour la détermination de la date de réception ou de remise. La faculté de rétractation est exercée dans ces mêmes formes.

En aucun cas, l'acte authentique ne peut être signé pendant ce délai de quinze (15) jours.

Lorsque le contrat constatant ou réalisant la convention est précédé d'un contrat préliminaire ou d'une promesse synallagmatique ou unilatérale, les dispositions ci-dessus ne s'appliquent qu'à ce contrat ou à cette promesse.

Lors de la conclusion d'un acte authentique ayant pour objet la construction ou l'acquisition d'un immeuble à usage d'habitation, la vente d'immeuble à construire ou la location en vue de l'accession à la propriété immobilière, nul ne peut recevoir de l'acquéreur non professionnel, directement ou indirectement, aucun versement à quelque titre ou sous quelque forme que ce soit avant l'expiration du délai de rétractation de quinze (15) jours, sauf dispositions législatives expresses contraires.

Si les parties conviennent d'un versement à une date postérieure à l'expiration de ce délai et dont elles fixent le montant, l'acte est conclu sous la condition suspensive de la remise desdites sommes à la date convenue.

Toutefois, lorsque l'un des actes mentionnés à l'article précédent est conclu par l'intermédiaire d'un professionnel ayant reçu mandat pour prêter son concours à la vente, un versement peut être reçu de l'acquéreur s'il est effectué entre les mains d'un professionnel disposant d'une garantie financière affectée au remboursement des fonds déposés.

Si l'acquéreur exerce la faculté de rétractation, le professionnel dépositaire des fonds les lui restitue dans un délai de vingt et un (21) jours à compter du lendemain de la date de cette rétractation.

Aucune somme ne peut être versée pendant le délai de réflexion de quinze (15) jours.

UNE PROTECTION CONTRE LE RISQUE DE NON-PAIEMENT : LA RÉSERVE DE PROPRIÉTÉ

Avertissement : *en l'absence de jurisprudence abondante ou de texte d'application, l'interprétation que nous donnons ci-après de certaines dispositions de l'Acte uniforme relatif au droit commercial général ne peut être confortée.*

Le principe : il existe un moyen juridique simple, entre commerçants (*), afin de se prémunir contre un non-paiement par l'acheteur des biens (marchandises ou produits) qui lui ont été vendus et livrés. Ce moyen consiste à lui faire accepter que le vendeur reste propriétaire des marchandises et produits tant il n'a pas été intégralement payé. Autrement exprimé, le vendeur se réserve pour lui-même la propriété des biens vendus jusqu'au complet paiement ; à *défaut d'un tel paiement, il lui* suffit *de reprendre possession matérielle* des *biens dont il est* resté *propriétaire.*

La clause de réserve de propriété revêt une importance particulière dans le monde des affaires, car simple à mettre en œuvre, elle offre au vendeur la possibilité de conserver la propriété de la marchandise vendue jusqu'au paiement intégral du prix. Cette conservation s'avère être un moyen de coercition efficace en cas d'insolvabilité de l'acquéreur et peu onéreux, le vendeur ne supportant pas les dépenses liées à la conservation des marchandises.

- **Les avantages :**

(1) Étant resté propriétaire, le vendeur ne craint pas le jugement de ***mise*** en ***règlement judiciaire*** de l'acheteur puisque les biens qu'il lui a vendus ne sont pas entrés dans ses actifs, il peut donc les récupérer sans autre formalité que la prise de possession des biens.

(2) Étant resté propriétaire, le vendeur ne craint pas non plus une *saisie dont* serait l'objet son acheteur de la part d'autres créanciers : les biens vendus ne peuvent pas être saisis.

(3) Non payé à échéance du prix de vente des biens et **sans autre formalité** le vendeur peut valablement récupérer ce qui lui appartient ; s'il s'agit **de produits fongibles** (produits chimiques ou alimentaires en vrac, etc.), il peut les récupérer dans la quantité, restée impayée.

• **Les inconvénients :**

L'Acte uniforme relatif au droit commercial général en vigueur depuis le 1er janvier 1998 soumet la réserve de propriété à un **formalisme très strict** pour qu'elle puisse être valablement constituée.

Nous exposons par conséquent les conditions requises pour sa validité (I), ainsi que les effets qu'elle est susceptible de produire (II).

1. CONDITION DE VALIDITÉ

Toute disposition ayant pour objet ou effet de laisser au vendeur la propriété du bien qu'il a vendu tant que son acheteur ne l'a pas intégralement payé, **doit** pour être valablement constituée, c'est-à-dire en particulier pour être opposable aux autres créanciers de l'acheteur, répondre à toutes les conditions de fond et de forme que nous aborderons successivement.

1.1. CONDITIONS DE FOND : LA CLAUSE DOIT ÊTRE CONTENUE DANS UN ACTE ÉCRIT ACCEPTÉ PAR L'ACHETEUR

L'article 284 dans son alinéa 2 prévoit que l'acheteur doit avoir connaissance de l'existence de la clause dans le contrat qu'il conclut :

« ... *La clause de réserve de propriété n'aura d'effet entre les parties que si l'acheteur en a eu connaissance par sa mention dans le contrat de vente, le bon de commande, le bon de livraison et au plus tard le jour de celle-ci...* »

Il faut donc un écrit : la clause doit être rédigée sans ambiguïté et en caractères suffisamment lisibles. En effet, les juges pourraient à l'instar de la jurisprudence française, dans un souci d'assurer un équilibre émettre une exigence relative à une « *bonne lisibilité* » de la clause.

Cet écrit peut être :

- un bon de commande,
- des conditions générales de vente,
- un contrat de vente.

L'écrit devra clairement indiquer la réserve de propriété ; *(nous sommes à votre disposition pour préparer un texte adapté aux besoins de chaque vendeur.)*

L'acceptation de l'acheteur devra résulter de sa signature datée précédée ou suivie de son identité et de sa fonction et du cachet de l'entreprise et de la mention manuscrite « lu et approuvé ». Cette acceptation doit être formulée au plus tard le jour de la livraison.

Enfin, si la clause est contenue dans des conditions générales de vente, il est fortement conseillé de *se référer expressément auxdites conditions* dans le bon de commande, sur le bon de livraison et sur la facture.

1.2. CONDITIONS DE FORME : L'ÉCRIT CONTENANT LA RÉSERVE DE PROPRIÉTÉ DOIT ÊTRE DÉPOSÉ AU GREFFE DU TRIBUNAL POUR INSCRIPTION AU REGISTRE DU COMMERCE ET DU CRÉDIT MOBILIER

L'Acte uniforme relatif au Droit commercial général prévoit en son article 284 alinéa 3 que :

« La clause de réserve de propriété ne sera opposable aux tiers, sous réserve de sa validité, que si elle a été régulièrement publiée au Registre du commerce et du crédit mobilier ».

Le vendeur désireux de s'en prévaloir envers les tiers est donc tenu de procéder à ces formalités, à défaut les effets de la clause en cas de non-paiement s'en trouveront fortement limités.

De fait, c'est *un véritable dossier* qui doit être remis au greffier, qui comprend :

- l'écrit signé par l'acheteur (copie certifiée conforme) ;
- 4 exemplaires et un formulaire d'inscription spécial dûment rempli, contenant notamment l'identité sociale des 2 parties, indication des biens vendus et du montant de sommes dues par l'acheteur avec les échéances de paiement.

Après acceptation du dossier, un exemplaire du formulaire est remis au vendeur avec la mention « clause de réserve de propriété », la date et le numéro de l'inscription : ce titre constitue la preuve que la réserve de propriété a été valablement constituée. Cette inscription donne une validité d'un an à la réserve de propriété, mais elle peut être renouvelée indéfiniment avant chaque date d'échéance.

Étant donné le formalisme de cette procédure, il n'est pas envisageable de l'utiliser pour une vente unique d'un faible montant.

Mais qu'en est-il pour une succession de ventes conclues avec le même acheteur pour de mêmes biens ? Par exemple : ventes répétées à un grossiste de lessives, de boissons ou de ciment ?

Il ne nous paraît pas réaliste d'envisager de déposer un dossier pour chaque vente. Aussi, nous préconisons de faire signer des conditions générales de vente personnalisées dans lesquelles seront précisés les produits auxquelles elles s'appliquent, les modalités des ventes successives (fréquence, importance, modalités de paiement consenties) et comment ces dernières seront constatées (bon de livraison faisant référence aux conditions générales et signé par l'acheteur).

Cette procédure devra être suivie avec chaque client habituel car l'inscription doit être faite en marge du Registre du commerce et du crédit mobilier du client concerné et le titre est constitué pour un client déterminé.

Attention : La clause de réserve de propriété doit impérativement être accompagnée d'une clause transférant les risques à l'acheteur au jour de la livraison (ou du départ de l'usine), sinon ces risques de perte ou d'endommagement du bien vendu resteront à la charge du vendeur jusqu'au jour du transfert de propriété.

2. LES EFFETS DE LA MISE EN ŒUVRE DE LA CLAUSE DE RÉSERVE DE PROPRIÉTÉ EN CAS DE NON-PAIEMENT

En cas de non-paiement, les effets susceptibles d'être produits sont l'opposabilité aux tiers et la revendication.

2.1. L'ACTION EN REVENDICATION

Cette action est le corollaire de la conservation de la propriété par le vendeur. L'efficacité de la clause de réserve de propriété se trouve renforcée par l'Acte uniforme sur les procédures collectives (AUPC), l'article 103 disposant que la revendication en vertu d'une clause de réserve de propriété trouve à s'appliquer en cas de procédure collective, sous réserve de son opposabilité.

Antérieurement, cette action ne pouvait être intentée par le vendeur, car ces marchandises étaient supposées constituer des éléments de la solvabilité apparente de l'acquéreur.

Outre l'action en revendication, le vendeur peut subroger le prix des marchandises vendues au prix de la revente dès lors que cette mention est prévue dans la clause.

2.2. L'OPPOSABILITÉ AUX TIERS

L'article 284 alinéa 3 de l'AUDCG dispose que :

« *La clause de réserve de propriété est opposable aux tiers…* »,

C'est-à-dire, que, dans l'hypothèse où il y aurait un tiers sous-acquéreur celui-ci se verrait opposer par le vendeur la clause de réserve en cas de défaut de paiement de l'acheteur principal, même si celui-ci est de bonne foi.

Cette opposabilité implique comme exposé ci-dessus que les formalités de publication aient été accomplies, que ce soit pour l'opposabilité en dehors ou dans le cadre d'une procédure collective.

Notre cabinet se tient à votre disposition pour vous assister en la matière et vous donner toutes informations complémentaires, notamment en ce qui concerne les modalités et la durée de l'inscription, implications en matière de transfert de risques.

EFFETS ET CONDITIONS D'IMMATRICULATION AU RCCM

INTRODUCTION

Le Registre du commerce et du crédit mobilier (RCCM) est régi par l'Acte uniforme sur le droit commercial général, entré en vigueur depuis le 1er janvier 1998 dans tous les pays membres de l'OHADA.

L'objectif majeur de la réforme OHADA est de faire du registre du commerce, un instrument de publicité efficace afin de permettre aux entreprises d'avoir le maximum d'informations sur la situation juridique et financière de leurs partenaires et d'avoir la possibilité de mettre en place des garanties juridiques sérieuses.

Notre présente étude se limitera aux conditions et effets de l'immatriculation.

1. LES CONDITIONS DE L'IMMATRICULATION

1.1. PRINCIPE

L'immatriculation concerne aussi bien les personnes physiques commerçantes que les personnes morales dont les sociétés commerciales et leurs démembrements, qui constituent l'essentiel de notre propos dans cette partie.

Notons que les personnes physiques commerçantes doivent s'immatriculer dans le premier mois de l'exploitation de leur commerce auprès du greffe de la juridiction du ressort de leur lieu d'exploitation.

Elles doivent également faire mention dans la demande d'immatriculation, de tous les renseignements relatifs à leur personne, leur nationalité, la nature du commerce et surtout leur régime matrimonial qui revêt un grand intérêt pour les tiers créanciers pour ce qui concerne la disposition des biens en matière de communauté ou séparation des biens.

1.2. IMMATRICULATION DES SOCIÉTÉS

Il s'agit notamment de :

- la société en nom collectif ;
- la société en commandite simple ;
- la société en responsabilité limitée ;
- la société anonyme ;
- le groupement d'intérêt économique.

Toutefois, il est à noter que la société en participation est la seule société à n'être pas soumise à l'immatriculation.

Ainsi, l'immatriculation au Registre du commerce doit se faire dans le premier mois de la constitution de la société dans le ressort du greffe de la juridiction du lieu du siège social.

Mentions obligatoires à faire figurer dans la demande d'immatriculation :

Outre les mentions d'identification des sociétés (dénomination sociale, sigle, objet social, durée, capital, siège), il est prévu les mentions suivantes :

- l'état civil et la situation matrimoniale des associés indéfiniment et personnellement responsables des dettes sociales ;
- les noms, prénoms, domiciles des gérants, administrateurs ou associés ayant le pouvoir général d'engager la société ;
- l'identité complète des commissaires aux comptes désignés conformément aux dispositions de l'Acte uniforme sur les sociétés commerciales et les groupements d'intérêt économique.

Les pièces à joindre :

- deux copies certifiées conformes des statuts ;
- deux exemplaires de la déclaration de conformité ou de la déclaration notariée de souscription et versement ;
- deux exemplaires de la liste certifiée conforme des dirigeants (gérants, administrateurs ou associés) ;
- deux extraits de casier judiciaire desdits dirigeants.

Remarque relative aux extraits de casier judiciaire : *requérant qui n'est pas originaire d'un État partie doit généralement produire un* *extrait de casier judiciaire émanant des Autorités de son pays de naissance ou tout autre document en tenant lieu.*

1.3. IMMATRICULATION DES SUCCURSALES

Une succursale doit être immatriculée dans le mois de sa création, au greffe du tribunal de son lieu d'établissement.

a)- Mentions à porter sur une demande d'immatriculation :

- les mentions propres à une succursale (dénomination sociale, nom commercial, ou sigle, activité exercée) ;
- les mentions relatives à la société étrangère propriétaire de la succursale (dénomination, activités exercées, forme, nationalité, siège social) ; le cas échéant identité des associés responsables personnellement et indéfiniment des dettes sociales ;
- l'identité du responsable ayant le pouvoir de représentation et de direction de la succursale.

1.4. LA RADIATION DU REGISTRE DU COMMERCE

S'agissant toujours des personnes morales, leur radiation du registre du commerce intervient dans les cas suivants :

- dissolution de la personne morale ;
- nullité de la société.

Elle doit être demandée dans le mois de la clôture des opérations de liquidation ou de la décision de justice prononçant la nullité.

La radiation doit également faire l'objet d'une publication légale.

Cas de la succursale : Bien que les dispositions légales organisant le Registre du commerce et du crédit mobilier ne le prévoient pas expressément, le cas de fermeture de succursale pour cause d'apports en société ou autres font l'objet de radiation du registre du commerce et de publication légale.

2. EFFETS DE L'IMMATRICULATION

2.1. PRINCIPE

Pour les personnes physiques : l'immatriculation confère une présomption légale de commerçant.

Pour les sociétés : elle confère la personnalité morale, c'est-à-dire une existence juridique distincte de celle de ses membres.

2.2. INDICATION OBLIGATOIRE DE L'IMMATRICULATION

Le numéro et le lieu d'immatriculation doivent figurer sur les factures, bons de commande, tarifs et documents sociaux ainsi que toute correspondance.

2.3. SANCTION DU DÉFAUT D'IMMATRICULATION

Les personnes morales qui n'ont pas demandé dans les délais requis leur immatriculation ne peuvent pas notamment utiliser les modes de preuve du droit commercial (les livres du commerce, par exemple) ni revendiquer le statut des baux commerciaux.

Nota *: Ces personnes ne peuvent cependant pas invoquer leur défaut d'inscription pour se soustraire aux responsabilités et obligations inhérentes à cette qualité.*

Par exemple, en cas de cessation de paiement, une société bien que non immatriculée pourra être mise en règlement judiciaire ou en liquidation des biens en tant que commerçant de fait.

2.4. INOPPOSABILITÉ AUX TIERS DES FAITS ET ACTES NON PUBLIÉS

Selon les dispositions du droit OHADA régissant le Registre du commerce et du crédit mobilier, les personnes morales ne peuvent opposer aux tiers et aux administrations publiques que les faits et actes publiés au Registre du commerce.

Aussi, une société commerciale ne pourra pas invoquer la nomination ou la révocation d'un dirigeant si ces mentions ne figurent pas au Registre, sauf à prouver la connaissance de ces faits et actes par ce tiers.

RÉGIME JURIDIQUE DU BAIL COMMERCIAL

Le bail commercial est un contrat synallagmatique par lequel un propriétaire cède à une autre personne physique ou morale ayant la qualité de commerçant, l'usage d'un bien immeuble à usage commercial, industriel, artisanal ou professionnel moyennant une contrepartie pécuniaire.

Le régime du bail commercial, ainsi distingué du bail d'habitation, se caractérise essentiellement par le fait qu'il est très protecteur du locataire auquel il garantit sinon un véritable droit au maintien dans les lieux loués ou du moins de larges compensations pécuniaires dans les cas où ce maintien n'est pas assuré par le bailleur.

Depuis le 1er janvier 1998, les baux commerciaux sont régis en République du Congo ainsi que dans les 15 autres États membres de l'OHADA par les dispositions de l'Acte uniforme relatif au droit commercial. À l'inverse, le bail d'habitation demeure soumis aux dispositions du Code civil applicable en République du Congo.

Les exigences de la réglementation sur les baux commerciaux ont motivé cette étude ayant pour objet de présenter succinctement les principaux axes de l'Acte uniforme en la matière.

1. CHAMP D'APPLICATION

Le champ d'application de la loi s'étend à tous les baux portant sur des locaux ou immeubles (et leurs accessoires suivant certaines conditions) à usage commercial, industriel, artisanal ou même professionnel (professions libérales) situés dans toute ville de plus de 5 000 habitants (en pratique sont concernées ici notamment les villes de Brazzaville, Pointe-Noire, Dolisie, Nkayi, Sibiti, Djambala, Ouesso, Owando…).

⇨ **À noter** : Les personnes morales de droit public à caractère industriel ou commercial et les sociétés à capitaux publics sont visées par le droit du bail commercial que ce soit en qualité de bailleur ou de locataire.

2. CONCLUSION DU BAIL

2.1. Forme

Le bail commercial peut être conclu par écrit ou verbalement. La durée déterminée ou indéterminée du bail commercial est librement fixée par les parties à la conclusion du bail.

2.2. Durée

La loi précise qu'à défaut d'écrit ou de terme fixé, le bail est réputé passé pour une durée indéterminée, donc résiliable à tout moment sur simple demande notifiée par la partie à l'initiative de la résiliation à l'autre partie.

3. EXÉCUTION DU BAIL

3.1. Loyer

Le loyer initial est fixé librement par accord des parties. L'Acte uniforme donne aux parties la possibilité de fixer elles-mêmes les conditions de révision du loyer. En l'absence d'une telle clause, le loyer est révisable à la fin de chaque période triennale [3 ans].

À défaut d'accord sur le montant du nouveau loyer, chacune des parties peut demander en justice la fixation de ce montant.

3.2. Sous-location et cession du bail

Les dispositions de l'Acte uniforme exigent que le bailleur soit avisé de toute cession du bail commercial par un écrit contenant notamment des indications sur le cessionnaire.

Sauf clause contraire du bail, toute forme de sous-location du bail est interdite.

4. FIN DU BAIL

4.1. Résiliation anticipée

Cette faculté de résiliation suppose que l'une des parties n'exécute pas ses obligations découlant du bail. En cas d'inexécution d'une clause du bail, la résiliation est prononcée sur demande de l'autre partie, par le tribunal du commerce après un commandement écrit d'exécuter [mis en demeure] resté infructueux après un mois.

L'Acte uniforme précise les conditions de forme de cette mise en demeure. Elle doit notamment informer le locataire que le bail sera résilié dans le délai d'un mois en cas d'inexécution des clauses visées [par exemple, en cas de non-paiement des loyers].

⇨ **À noter :** La loi prévoit que le bailleur qui poursuit la résiliation du bail dans lequel est exploité un fonds de commerce grevé d'inscriptions doit notifier sa demande aux créanciers inscrits. Dans ce cas, la résiliation judiciaire ne pourra intervenir que dans le délai d'un mois après cette notification.

4.2. Bail à durée déterminée

L'Acte uniforme prévoit que le bail à durée déterminée prend fin si le locataire n'a pas demandé son renouvellement, au plus tard trois mois avant la date d'expiration du bail.

4.3. Bail à durée indéterminée

Le bail peut être résilié par congé donné par écrit au moins six mois à l'avance.

Le locataire qui a droit au renouvellement du bail (voir point 5 ci-après) peut contester le congé donné par le bailleur, au plus tard avant la date d'effet de celui-ci. À défaut de contestation, le bail commercial prendra fin à la date prévue par le congé.

⇨ **À retenir** *:* Le bail commercial ne prend pas fin par le changement de propriétaire des locaux donnés en location, ni par le décès de l'une ou l'autre partie.

En cas de décès du locataire personne physique, le bail peut être transféré au conjoint, aux ascendants ou descendants, sur leur demande. Cette demande doit être formulée par écrit et adressée au bailleur dans un délai de trois mois à compter du décès. À défaut, le bail est résilié de plein droit.

5. RENOUVELLEMENT DU BAIL

Principe : Si le locataire bénéficie du droit au renouvellement de son bail, le bailleur ne peut le lui refuser qu'en payant une indemnité dite « indemnité d'éviction ».

5.1. Conditions du droit au renouvellement

L'Acte uniforme requiert une durée minimale de deux années dans les lieux loués pour avoir droit au renouvellement du bail.

⇨ **À noter** : Le locataire dont le bail prend fin avant qu'il puisse bénéficier du droit au renouvellement a droit au remboursement des travaux et aménagements qu'il a réalisés dans les locaux avec l'accord du propriétaire.

5.2. Exercice du droit au renouvellement

Bail à durée déterminée *:* le locataire qui a droit au renouvellement et qui souhaite renouveler son bail doit en faire la demande par écrit au propriétaire, au plus tard trois mois avant la date d'expiration du bail.

Bail à durée indéterminée *:* le locataire avec droit au renouvellement qui veut s'opposer au congé doit notifier par écrit au bailleur sa volonté de poursuivre le bail (contestation de congé) avant la date d'effet du congé.

5.3. Réponse du bailleur

Il ressort de l'analyse de l'Acte uniforme que le propriétaire est tenu de notifier sa réponse au locataire au plus tard un mois avant l'expiration du bail.

À défaut de réponse dans ce délai, le bailleur est réputé avoir accepté le principe du renouvellement du bail.

En cas d'accord sur le renouvellement *:* le bail est alors renouvelé, sauf accord différent des parties, pour une durée de trois années à compter de l'expiration du bail précédent ou, le cas échéant, de la date pour laquelle le congé a été donné.

À défaut d'accord des parties sur toutes les modalités du nouveau bail, l'Acte uniforme n'a pas expressément prévu de procédure de conciliation. Par conséquent, les parties ne peuvent en l'état que porter leur conflit devant le tribunal compétent.

En cas de refus de renouvellement *:* le bailleur devra alors payer une indemnité d'éviction. Cette indemnité est payée par le bailleur qui refuse de renouveler ou de poursuivre le bail avec un locataire qui a droit au renouvellement de son bail. Elle vise à réparer le préjudice subi par le locataire du défaut de renouvellement de son bail.

5.4. Montant de l'indemnité d'éviction

L'Acte uniforme laisse aux parties la liberté de fixer elles-mêmes le montant de cette indemnité. À défaut d'accord entre les parties, l'indemnité sera fixée par le juge en tenant compte notamment du chiffre d'affaires, des investissements réalisés par le locataire et du lieu des locaux loués.

⇨ ***À retenir*** : L'indemnité d'éviction n'est pas due dans les cas de refus légitime de renouvellement du bail.

Ces cas sont limitativement énumérés par la loi et sont notamment l'inexécution par le locataire d'une clause importante du bail ou la cessation de l'exploitation de son fonds, la démolition de l'immeuble comprenant les locaux loués dans le but de le reconstruire (le locataire sera prioritaire pour se voir attribuer un nouveau bail dans l'immeuble reconstruit).

LES MENTIONS OBLIGATOIRES DEVANT FIGURER SUR VOS DOCUMENTS SOCIAUX

Les documents sociaux tels que les déclarations fiscales, lettres d'affaires, quittances, factures, annonces et publications, émis par une société doivent contenir un certain nombre de mentions qui permettent son identification auprès des tiers.

Ces mentions sont les suivantes :

1. LA DÉNOMINATION SOCIALE

C'est la raison sociale, autrement dit le nom qui est donné à la société. Cette dénomination est propre à chaque société, en ce sens qu'il n'est pas possible de prendre le nom d'une autre société déjà immatriculée au registre du commerce.

Elle peut **être indiquée sous sa forme complète et/ou abrégée** (initiales en général) *à condition que la forme abrégée ait été indiquée dans les statuts*.

2. LA FORME JURIDIQUE COMPLÈTE ET PRÉCISE DE LA SOCIÉTÉ

(i) C'est l'indication du type de société commerciale qui a été choisi, elle peut être indiquée en abrégé ou en toutes lettres. Au Congo les formes les plus connues sont :

- la société anonyme (en abrégé SA ou S.A.),
- la société à responsabilité limitée (en abrégé SARL ou S.A.R.L.).

(ii) Par ailleurs, l'Acte uniforme autorisant désormais les sociétés (SA ou SARL) unipersonnelles, si tel est le cas il doit être indiqué, par exemple : société anonyme unipersonnelle ou SARL unipersonnelle.

(iii) Enfin dans une société anonyme à plusieurs actionnaires, le mode d'administration doit être indiqué. En effet, le choix peut être fait entre les deux modes suivants :

- la société anonyme avec conseil d'administration,
- la société anonyme avec administrateur général.

Il faut souligner que pour les sociétés avec conseil d'administration, il n'est pas obligatoire de préciser l'organisation interne du conseil (président du conseil d'administration + directeur général ou président-directeur général) ; rien n'interdit cependant de faire figurer cette précision sur certains documents.

Attention *: Si la société est régie par un texte particulier (ainsi, les sociétés d'assurances et les banques), il conviendra le cas échéant d'indiquer des mentions supplémentaires que peut exiger ce texte (les références à un agrément obligatoire, par exemple).*

3. LE MONTANT DU CAPITAL SOCIAL

Le capital social représente le montant des apports que les associés font à la société.

Rappelons que son montant minimum (sauf réglementation particulière due à l'activité exercée) est de 1 000 000 de FCFA pour les SARL, de 10 000 000 de FCFA pour les SA qui ne font pas appel public à l'épargne et de 100 000 000 de FCFA pour les SA faisant appel public à l'épargne.

À NOTER :

Il n'est pas nécessaire, à la différence de certaines législations, d'indiquer si le capital social est ou non entièrement libéré et/ou la valeur nominale de l'action ou de la part sociale.

4. LE SIÈGE SOCIAL

C'est « le domicile » de la société, tel qu'indiqué dans ses statuts.

Il est fixé soit au lieu de son principal établissement soit à son centre de direction administrative et financière.

Le siège social ne peut plus être uniquement constitué par une domiciliation à une boîte postale (celle-ci peut néanmoins être mentionnée), sa localisation géographique doit être faite avec précision comme, par exemple :

56, avenue Charles de Gaulle Immeuble CNSS,

4e étage, appartement 304 Pointe-Noire, Congo.

5. LE NUMÉRO D'IMMATRICULATION AU REGISTRE DU COMMERCE (RCCM)

À ce numéro complet doit être ajouté le nom de la ville où est tenu ce registre (celle qui se trouve dans le ressort de compétence du tribunal de première instance du lieu du siège social).

6. LE NUMÉRO D'IDENTIFICATION UNIQUE (NUI)

Le numéro d'identification unique est attribué par la Direction générale des impôts. Il est obligatoire pour toute personne résidant sur le territoire national et est requis pour toutes formalités et transactions à caractère économique auprès de toutes les administrations publiques, entreprises publiques et tout organisme public ou privé.

Ce numéro permet l'identification des assujettis à la TVA, qu'ils soient soumis au régime réel d'imposition ou au régime du forfait.

Le défaut de mentionner le NIU sur les documents de la société (et notamment les factures) est susceptible, en cas de contrôle, d'amende de 10 000 FCFA par facture.

Du côté du client, le NIU conditionne également l'exercice du droit à déduction de cette taxe et doit par conséquent obligatoirement figurer sur les factures établies par les assujettis relevant du régime réel.

Bien évidemment, des indications supplémentaires participant à une identification « plus commerciale » de la société peuvent parfaitement figurer sur les documents sociaux. Il en est ainsi d'un graphisme particulier, du logo, du numéro de téléphone, de fax ou encore de l'adresse électronique de la société.

REMARQUE SUR LES FACTURES :

Il importe de souligner que les factures doivent être établies en conformité avec les textes relatifs à la réglementation économique, notamment les dispositions de l'article 9 de la Loi n° 6-94 du 1er juin 1994 portant réglementation des prix, des normes commerciales, constatation et répression des fraudes ; aux termes de cet article, il est prescrit ce qui suit :

« Tout achat de produit et toute prestation de service pour une activité professionnelle doivent faire l'objet d'une facture.

La facture doit être rédigée en double exemplaire au moins. Le vendeur et l'acheteur doivent en conserver, chacun un exemplaire. Les mentions obligatoires, portées sur la facture sont les suivantes :

- noms, adresse de l'acheteur et du vendeur ;

- numéro du registre du commerce ;

- numéro du compte bancaire ;

- date et lieu de la transaction ;

- quantités et dénomination précises ;

- prix unitaire et prix total ;

- rabais, remises et ristournes, s'il y a lieu ;

- montant total arrêté en chiffres ou en lettres ;

- mode de paiement ;

- toutes autres mentions jugées utiles.

Un arrêté du ministre du Commerce fixe les règles relatives à la transparence des transactions commerciales. »

EXEMPLES de mentions obligatoires intégrales :

CATEU DE FAFA
A.D.F
Société anonyme avec conseil d'administration
au capital social de 120 000 000 FCFA
Siège social : 08, avenue Ebri Nganga, BP 890 Pointe-Noire
RCCM Pointe-Noire n° xxxxxx
NIU : xxxxxxxxx
LA GOUROU
SARL unipersonnelle
Capital social de 2 500 000 FCFA
Siège social : Immeuble SEA, Quartier OCH, BP 67
Pointe-Noire
RCCM Pointe-Noire N°zzzzzzzz
NU : zzzzzzzzzz

Droit du travail

LE RÔLE DE L'INSPECTION DU TRAVAIL

L'inspection du travail fait partie de l'administration du travail et constitue un service extérieur de la Direction Générale du Travail, placée sous l'autorité du ministère du Travail et de la Sécurité Sociale. Aux termes des dispositions de l'article 149 alinéa 2 du Code du travail, l'administration du travail comporte : *« des inspections du travail et des lois sociales auxquelles sont rattachés des contrôles du travail. »*

On note parmi les missions de l'administration du travail telles que définies à l'article 149 et suivants du Code du travail, celles dévolues à l'inspection du travail.

Il existe dans chaque Département administratif, une Inspection du travail dont la compétence s'étend sur toute l'étendue du territoire dudit département.

En sus des attributions que leur confère la Loi sur le travail, les Inspections du travail et des lois sociales assument en outre les attributions suivantes :

- de veiller à l'application de ces lois et règlements ;
- d'éclairer de ses conseils et de ses recommandations les employeurs et les travailleurs.

Cependant, trois missions principales sont assignées à l'Inspection du travail à savoir :

- la mission d'étude et de conseil ;
- la mission de conciliation ;
- la mission de contrôle.

1. MISSION D'ÉTUDE ET DE CONSEIL

Cette mission consiste, pour l'Inspection du travail à :

- éclairer de ses conseils et recommandations les employeurs et les travailleurs ;
- documenter, conseiller, coordonner et contrôler les services et organismes concourant à l'application de la législation sociale et à participer à l'élaboration des projets de textes relatifs à cette législation ;
- mener toutes études et enquêtes ayant trait aux divers problèmes sociaux et leur contexte économique.

2. MISSION DE CONCILIATION

Dans le cadre de cette mission, l'Inspection du travail intervient essentiellement dans deux (2) domaines qui sont la *négociation des conventions collectives* et *le règlement des conflits entre employeurs et employés.*

Dans le premier cas, l'Inspection du travail peut, à la demande de l'une des parties, offrir ses bons offices, soit lors de l'élaboration des conventions, soit lors de leur extension ou révision. Son intervention a pour but de faciliter la réalisation de l'accord sur les points de divergence.

Dans le second cas, il importe de souligner qu'en matière de conflit individuel la tentative de conciliation devant l'Inspection du travail est en pratique devenue facultative, les parties peuvent en décider autrement.

En revanche, en matière de différend collectif, la saisine de l'Inspection du travail est rendue obligatoire en cas d'échec de la procédure de conciliation et d'arbitrage prévue par les conventions collectives.

La notification est faite par la partie la plus diligente, directement à l'Inspecteur du travail ou un autre fonctionnaire responsable du bureau de contrôle du travail concerné.

3. MISSION DE CONTRÔLE

Dans le cadre de la mission de contrôle qui lui est dévolue, en application des dispositions de l'article 155 du Code du travail, l'Inspection du travail a pour but de s'assurer de l'exécution correcte des lois et règlements en matière de législation sociale.

Cette mission s'exerce tant à l'endroit des employeurs privés ou publics, et des travailleurs. Elle s'étend aussi à tous les établissements, à l'exception de ceux visés à l'article 158 du Code du travail à savoir :

- les mines, minières, carrières, établissements et chantiers où les travaux sont soumis au contrôle d'un service technique ;
- les parties d'établissements ou établissements militaires employant de la main-d'œuvre civile dans lesquels l'intérêt de la défense nationale s'oppose à l'introduction d'agents étrangers au service.

Dans ces deux (2) cas d'exception, le contrôle que doit exercer l'Inspection du travail est dévolu à des fonctionnaires servant dans ces établissements et ayant la compétence requise.

La mission de contrôle peut être accomplie par les Contrôleurs du travail sur délégation de pouvoirs de l'Inspecteur du travail. Le Contrôleur du travail peut aussi suppléer l'Inspecteur du travail en cas d'empêchement ou d'absence de celui-ci.

Cette prérogative est accordée au Chef de la circonscription administrative qui, dans les mêmes circonstances, peut valablement remplacer l'Inspecteur ou le Contrôleur du travail.

La mission de contrôle comprend le droit de visite, le suivi de la réglementation du plein-emploi, la constatation et la poursuite des infractions.

3.1. DROIT DE VISITE

Les Inspecteurs du travail ont pouvoir de pénétrer librement à toute heure du jour, aux fins de contrôle, dans les établissements où ils peuvent avoir un motif raisonnable de supposer que sont occupées des personnes jouissant de la protection légale.

Ils peuvent également accéder, la nuit, dans les locaux où s'exerce un travail de nuit collectif.

Dans leur tournée, les Inspecteurs de travail peuvent se faire accompagner par des délégués du personnel, des médecins et techniciens ou par des interprètes officiels assermentés.

Ils peuvent prélever et emporter aux fins d'analyse, en présence du chef d'entreprise ou du chef d'établissement ou de son suppléant et contre reçu, des échantillons des matières et substances utilisées ou manipulées.

Ils ont un droit de regard sur tout registre ou document dont la tenue est prescrite par le Code du travail ou les textes réglementaires *(registre de l'employeur, registre de paiement des salaires, etc.)* et peuvent procéder à tous examens, contrôles ou enquêtes jugés nécessaires.

Les Inspecteurs de travail dans l'exercice de leurs missions ont le droit d'interroger avec ou sans témoin, l'employeur ou le personnel de l'entreprise, contrôler leur identité, demander des renseignements à toutes les autres personnes dont le témoignage peut sembler nécessaire.

Ils ont le droit de convoquer par écrit à l'inspection du travail, tout employeur ou tout travailleur et dresser un procès-verbal en cas de refus d'obtempérer à cette convocation.

Les chefs d'établissements ont l'obligation de leur faciliter l'accès des locaux, même en leur absence et même en cas de visite inopinée.

3.2. CONTRÔLE DE LA RÉGLEMENTATION DU PLEIN-EMPLOI

Dans le cadre du contrôle de la réglementation du plein-emploi, l'Inspection du travail est habilitée à réaliser en collaboration avec les organismes et autorités concernés, la meilleure organisation du marché de l'emploi.

3.3. CONSTATATION ET POURSUITE DES INFRACTIONS

Les Inspecteurs du travail ont pouvoir de constater par procès-verbal faisant foi jusqu'à preuve du contraire, toutes infractions à la législation sociale. Le procès-verbal doit être notifié au chef d'établissement concerné ou son représentant par la remise d'une copie certifiée conforme.

Cette remise doit être effectuée dans les quinze (15) jours qui suivent la constatation des infractions, soit par lettre recommandée avec accusé de réception, soit par mention datée sur le registre d'employeur, soit par tout autre moyen permettant de prouver la date de la notification. Le défaut de notification dans ce délai rend nulles les poursuites à engager.

Le procès-verbal qui n'est soumis à aucune forme particulière est remis au parquet qui décide des suites à lui réserver et qui en informera l'Inspecteur du travail concerné.

À noter : *L'organisation administrative actuelle du Congo prévoit 12 départements dont deux (2) départements autonomes, Pointe-Noire et Brazzaville.*

Les services du ministère du Travail n'obéissent pas encore à cette nouvelle donne, notamment dans le département du Kouilou où le Directeur départemental cumule les missions d'inspection de Pointe-Noire et du département.

LES PREUVES DE LA RUPTURE DU CONTRAT DE TRAVAIL

À l'expiration du contrat de travail, quel que soit le mode de rupture adopté par les parties, les preuves de la rupture du lien de travail sont généralement de deux ordres :

- les preuves légales, prévues par le Code du travail ;
- et les preuves dites contractuelles dont les parties font usage pour prévenir tout litige ou contestation ultérieure.

1. LES PREUVES LÉGALES

La rupture du contrat de travail peut intervenir par licenciement (à l'initiative de l'employeur), par démission (à l'initiative du salarié) ou par mutuel consentement (accord concerté des deux parties).

Le législateur social fixe les conditions de validité (1) pour en prévenir les effets (2) conformément à l'Ordre Public Social.

1.1. CONDITIONS DE VALIDITÉ

Toute rupture de contrat est assortie des éléments suivants :

1.1.1. L'existence d'une lettre de licenciement ou d'une lettre de démission

- ***La lettre de licenciement (article 39 nouveau, alinéa 4 du Code du travail)***

Elle a pour objet de notifier au salarié les faits ou motifs qu'on lui reproche dans l'exécution du contrat de travail qui le lie à l'employeur et par conséquent l'impossibilité de son maintien dans l'entreprise : la rupture.

Le licenciement est précédé d'une procédure préalable de constat et notification du motif, de l'audition et notification de la rupture.

♦ ***La lettre de démission***

La démission quant à elle est moins exigeante au point de vue de la motivation du salarié. Elle précise succinctement la volonté de celui-ci. Seule la manifestation libre de volonté est requise dans ce cas.

♦ ***La rupture du contrat de travail par mutuel consentement***

Elle constitue une troisième option.

Les parties s'accordent à mettre fin au contrat qui les lie. La condition de forme exigée par le législateur est que le salarié manifeste sa volonté par écrit à l'employeur. Les conditions de fond relatives aux négociations des indemnités sont laissées à l'initiative des parties.

En tout état de cause, l'employeur doit s'acquitter de certaines obligations :

➢ *La délivrance d'un certificat de travail (article 46 du Code du travail)*

Le certificat de travail est un document qui constate l'état des services du salarié au sein de l'entreprise ; de l'embauche au licenciement.

Sa contexture est strictement définie par le Code du travail.

➢ *Le solde de tout compte*

Il est constitué des sommes exigibles à verser au salarié par l'employeur à l'expiration du contrat de travail.

Il comprend à cet effet le dernier salaire et l'indemnité compensatrice de congés payés non pris (au prorata temporis) ainsi que, le cas échéant, une indemnité compensatrice de préavis (cas de licenciement pour faute grave), une indemnité de licenciement (hors démission ou faute lourde) et un treizième mois (au prorata temporis, selon la Convention collective de la branche d'activité).

À noter : *l'option suivante peut être envisagée : si le salarié est dispensé du préavis, l'employeur peut soit le verser au salarié dès le dernier jour du travail, en incluant une indemnité compensatrice de préavis ; soit payer mois par mois cette indemnité jusqu'au terme de la période qui correspond à son expiration et verser les autres sommes exigibles à la fin.*

Il convient de souligner que le solde de tout compte peut aussi contenir en plus un pécule qui s'ajoute aux droits conventionnels reconnus au salarié.

La rupture du contrat de travail par mutuel consentement oblige selon la loi n° 06/96 du 6 mars 1996 au versement d'un pécule diversement dénommé prime pour services rendus ou prime de bonne séparation..., lequel consacre une rupture négociée entre l'employeur et le salarié. Son mode de fixation et son quantum sont laissés à l'appréciation des parties.

1.2. LES EFFETS

L'ordre public social est protecteur du salarié, considéré comme le plus faible, le défaut d'observation des conditions qui précèdent par l'employeur est assorti d'effets contraignants.

1.2.1. Cas du licenciement

Le défaut de notification par écrit d'un licenciement ou d'indication expresse du motif constitue un licenciement sans cause réelle et sérieuse donc un licenciement abusif, et emporte des effets à la charge de la partie ayant pris l'initiative de la rupture, tel que le prévoit l'article 42 nouvel alinéa 1 du Code du travail :

« Toute rupture abusive du contrat de travail donne lieu à la réintégration au sein de l'entreprise ».

En revanche, une démission imputable au salarié ne peut être présumée.

Tant que sa volonté n'est pas librement exprimée, tout employeur qui qualifierait de démission une absence du salarié peut voir requalifier sa décision en un licenciement déguisé.

De même, le fait pour l'employeur d'exiger une démission du salarié constitue un licenciement abusif.

1.2.2. Le certificat de travail

Toute rupture du contrat de travail non accompagnée de la délivrance d'un certificat de travail compromet non seulement la rupture opérée mais aussi expose l'employeur au versement des dommages-intérêts en cas de contentieux.

Le certificat de travail a un effet libératoire, il permet au salarié de rechercher un autre emploi. Le fait pour l'employeur d'opposer un refus de délivrance du certificat de travail en guise de représailles compromet les chances de mobilité du salarié qui économiquement risque de porter préjudice à sa vie professionnelle ultérieure.

1.2.3. Le solde de tout compte

Le solde de tout compte est souvent précédé d'un reçu pour solde de tout compte. Le reçu pour solde de tout compte est une attestation écrite que le salarié fait à l'employeur à l'expiration du contrat de travail par laquelle il reconnaît avoir reçu l'intégralité de ses droits exigibles.

L'article 90 alinéa 4 du Code du travail prévoit :

« Ne sera pas opposable au travailleur la mention (pour solde de tout compte) ou toute mention équivalente souscrite par lui, soit au cours de l'exécution soit après la résiliation de son contrat de travail et par laquelle le travailleur renonce à tout ou partie des droits qu'il tient de son contrat de travail… »

Ainsi, le salarié demeure en droit de réclamer les sommes dues à l'employeur bien qu'il ait déjà perçu ses indemnités de rupture de contrat. L'employeur ne peut se désobliger de cette contrainte légale.

Toutefois, le salarié souhaitant réclamer ses droits devra tenir compte des délais pour éviter la forclusion. En effet, les sommes dues au titre du solde de tout compte sont soumises à une courte prescription.

L'article 99 prévoit que :

« L'action en paiement des salaires, primes, commissions et prestations diverses ou indemnités représentatives de ces prestations se prescrit par un an. »

2. LES PREUVES CONTRACTUELLES

La rupture du contrat de travail peut donner lieu à contestation. Ce qui rend difficile l'application des dispositions légales lesquelles souvent insuffisantes compte tenu du caractère protecteur du Droit social qui prescrit l'inopposabilité du « solde de tout compte » au salarié.

L'employeur et le salarié peuvent après la rupture du contrat de travail, convenir de régler ou de prévenir toute contestation au moyen d'une transaction dont les conditions de validité (1) et les effets (2) sont les mêmes que ceux du solde de tout compte.

2.1. CONDITIONS DE VALIDITÉ

La transaction est en principe un accord écrit par lequel les deux parties terminent une contestation née ou préviennent une contestation à naître en renonçant chacune à leurs prétentions. Elle est régie par les articles 2044 à 2058 du Code civil.

La transaction pour être valable doit revêtir les caractères ci-après :

- la transaction doit avoir un objet licite ;
- la transaction doit être conclue après la rupture définitive du contrat de travail qui lie les deux parties et après réception par le salarié de la lettre de licenciement ;
- la transaction ne porte pas sur la charge de la rupture. Les parties conscientes de l'existence d'un litige manifestent la volonté d'y mettre fin ;
- les parties consentent à faire des concessions réciproques. (Ce qui n'est pas le cas d'un solde de tout) compte ;
- les parties engagent préalablement des discussions et elles conviennent de régler tous points de discorde.

2.2. LES EFFETS

- La rupture du contrat de travail par consentement mutuel ;
- la transaction fait et engage ceux qui l'ont conclu, en cas d'accord entre les parties (article 2052 du Code civil) ;
- elle oblige réciproquement les deux parties qui ne peuvent la dénoncer unilatéralement ;
- toute contestation devant le Tribunal du travail est frappée d'irrecevabilité.
- La transaction est limitée aux clauses et montants convenus au titre de la rupture du contrat de travail.

La transaction est assortie d'une indemnité transactionnelle fixée d'accord partie.

LA MODIFICATION DU CONTRAT DE TRAVAIL PAR L'EMPLOYEUR

En principe, les conventions signées par les parties tiennent lieu de loi à ceux qui les ont faites sauf cas de modifications résultant de l'application d'une loi nouvelle, d'une Convention collective ou résultant de la force majeure. Il en résulte que tout contrat ne peut en principe faire l'objet d'une modification unilatérale.

Cependant, il en est autrement en droit du travail. En effet, le salarié étant placé sous l'autorité de l'employeur en vertu du lien de subordination qui caractérise ce type de contrat, ce dernier, en vertu de son pouvoir de direction, est en droit de prendre des décisions individuelles ou collectives.

Le Code du travail du Congo n'envisage malheureusement pas le problème de la modification du contrat de travail par l'employeur. Ce domaine est essentiellement régi par la jurisprudence.

En vertu de celle-ci, l'employeur peut décider de la modification unilatérale du contrat de travail d'un salarié mais à condition qu'il ne s'agisse pas d'une modification substantielle.

1. NOTION DE MODIFICATION SUBSTANTIELLE

La distinction entre modification substantielle et non substantielle n'est pas aisée à établir. La jurisprudence retient deux critères pour distinguer la modification substantielle de celle qui ne l'est pas. En effet :

(i) est non substantielle, la modification qui relève du seul lien de subordination qui lie le salarié à l'employeur et du pouvoir de direction qui en résulte pour ce dernier, il ne s'agit en fait que des mesures entrant dans les prérogatives de l'employeur en sa qualité de chef d'entreprise ;

(i) est substantielle, la modification qui touche la raison même d'existence du contrat, la jurisprudence considère comme étant substantiel notamment toute condition sans l'assurance de laquelle le travailleur n'aurait contracté. Il faut donc se référer à l'intention des parties lors de la conclusion du contrat lorsque ni la Convention collective, ni le contrat de travail ne contiennent d'indication sur le caractère contractuel d'un élément de l'emploi du salarié.

L'appréciation du caractère substantiel ou pas relève donc de la compétence des juges du fonds.

1.1. CAS DE MODIFICATIONS SUBSTANTIELLES

Est considéré comme constituant une modification substantielle du contrat de travail, par exemple :

- un déclassement, c'est le cas notamment lorsque le changement d'attribution fait passer un salarié d'un poste de confiance à un poste sans responsabilité, il en est autrement lorsque le changement d'attribution est la conséquence d'une insuffisance professionnelle dès lors que celle-ci est justifiée ;
- une diminution de la rémunération ;
- le changement de la durée ou de l'horaire de travail lorsque l'horaire initial avait constitué lors de la conclusion du contrat un élément essentiel de celui-ci ;
- La modification des attributions du travailleur impliquant des tâches polyvalentes radicalement différentes de celles pour lesquelles il était engagé ;

(ii) Une mutation sauf cas où il ne s'agit pas d'un changement important ou lorsque le contrat de travail comporte une clause de mobilité ou encore lorsque la nature de l'emploi du salarié implique une certaine mobilité géographique.

1.2. CAS DE MODIFICATION NON SUBSTANTIELLE

La jurisprudence considère comme n'étant pas une modification substantielle, par exemple :

- une réorganisation des services qui n'implique aucune atteinte importante aux fonctions du travailleur et à sa rémunération ;
- un changement d'affectation n'entraînant pas un déclassement par rapport aux fonctions précédemment exercées ;

- la suppression d'un avantage accordé au travailleur à titre personnel et non dans le cadre de son contrat de travail ;
- une mutation régulièrement prise prononcée pour motif disciplinaire,
- un changement du lieu de travail dans une même ville.

2. CONSÉQUENCES DE LA MODIFICATION

La modification du contrat de travail quelle qu'elle soit est subordonnée à l'accord du salarié.

Il y a donc lieu de distinguer selon que la modification est acceptée ou refusée par le salarié.

2.1. REFUS DU SALARIÉ

- Cas de modification substantielle

En cas de refus du salarié, c'est à l'employeur de tirer toutes les conséquences du refus du salarié d'une modification de son contrat de travail. Il peut décider soit de renoncer à la modification, soit décider de ne pas poursuivre les relations de travail dans les conditions antérieures.

Dans ce dernier cas, la rupture lui est imputable. Le salarié aura alors droit au paiement de l'indemnité de préavis et, suivant son ancienneté, à celle du licenciement sans préjudice des dommages et intérêts ; cela est également valable pour les contrats à durée déterminée.

Les juges peuvent être amenés à analyser le caractère légitime ou réel et sérieux de la modification. Le simple refus du salarié ne constitue pas en lui-même un motif de licenciement. Pour savoir si le licenciement repose sur une cause réelle et sérieuse, il faut se référer au motif de la modification.

S'il est avéré que la modification voulue par l'employeur ne présentait pas de caractère légitime, ce dernier pourra être condamné à des dommages et intérêts. Il en est autrement lorsque la modification à une cause réelle et sérieuse c'est le cas, par exemple, lorsque la modification du contrat est intervenue pour sauvegarder la compétitivité de l'entreprise elle-même ou du secteur d'activité du groupe auquel elle appartient.

- Cas de modification non substantielle

Si le refus de modification substantielle rend la rupture imputable au salarié, le refus par le salarié d'une modification non substantielle, peut rendre la rupture du contrat de travail imputable à ce dernier.

En effet, en vertu du pouvoir de direction de l'employeur, le salarié peut se voir contraint d'exécuter son travail selon les nouvelles modalités dès lors qu'il s'agit d'une modification non substantielle.

Le refus d'une modification non substantielle du contrat de travail peut rendre la rupture imputable au travailleur.

Dans certains cas, le refus du salarié peut même constituer une cause réelle et sérieuse du licenciement, voire une faute grave, c'est le cas, par exemple, du salarié qui refuse la mutation alors même que celle-ci est une clause prévue dans son contrat de travail.

2.2. ACCEPTATION DU SALARIÉ

L'acceptation par le salarié des modifications entraîne en principe la poursuite des relations de travail dans les nouvelles conditions.

Lorsque le salarié a accepté expressément la modification, le problème ne se pose pas.

Cependant, la situation est loin d'être simple lorsque le salarié sans accepter ou refuser la modification poursuit son service dans les nouvelles conditions. La jurisprudence considère alors qu'il y a eu acceptation tacite. Ainsi en est-il du salarié qui a poursuivi l'exécution de son contrat de travail alors même que l'employeur lui a fait savoir une modification de sa rémunération. Cependant, la jurisprudence française considère que la poursuite du travail par l'intéressé ne suffit pas à elle-même à établir qu'il a tacitement accepté la modification de son contrat (Cass.soc. 18/03/92).

Il en est autrement lorsque le salarié bien qu'ayant poursuivi son contrat dans les nouvelles conditions avait fait savoir à ce dernier qu'il n'acceptait pas celle-ci et réitéré son désaccord en saisissant les tribunaux à ce propos.

2. MODALITÉS

L'employeur lorsqu'il décide de la modification du contrat de travail doit d'abord en informer le salarié et lui accorder un délai suffisant pour faire connaître son acceptation ou son refus.

En cas de refus du salarié d'une modification, l'employeur qui décide de se séparer de son salarié reste tenu au respect des règles de procédure de licenciement selon que la modification résulte d'un motif économique ou individuel conformément aux dispositions de l'article 39 du Code du travail et l'arrêté n° 1108 du 24 juin 1996.

DROIT DOUANIER

LE RÉGIME DE PERFECTIONNEMENT PASSIF

Dans l'intérêt du commerce, certaines entreprises du territoire douanier sont amenées à s'adresser pour des motifs divers à l'industrie étrangère en vue de procéder soit à une ouvraison, soit à une transformation des produits nationaux ou à une réparation.

Cette pratique connue sous l'appellation de « perfectionnement passif » est consacrée dans les dispositions de l'article du Code des douanes CEMAC comme suit :

« Le régime douanier qui permet d'exporter temporairement des marchandises qui se trouvent en libre circulation dans le territoire douanier, en vue de leur faire subir à l'étranger une transformation, une ouvraison ou une réparation et de les réimporter ensuite en exonération totale ou partielle des droits et taxes à l'importation ».

Dans le cadre de la présente étude, nous examinerons les conditions d'octroi du régime de perfectionnement passif (1), les modalités d'utilisation du régime (2), et l'apurement du régime de perfectionnement passif (3).

1. CONDITIONS D'OCTROI DE RÉGIE DE PERFECTIONNEMENT PASSIF

1.1. FORMALITÉS PRÉALABLES PAR L'EXPORTATEUR

L'article 234 du Code des douanes CEMAC réserve au Directeur national des douanes la possibilité d'octroyer le bénéfice du régime de perfectionnement passif par voie d'autorisation.

Le bénéfice du régime de perfectionnement passif ne peut pas être refusé pour la seule raison que les marchandises doivent être transformées, ouvrées ou réparées dans un autre pays déterminé.

Les autorisations sont délivrées au vu d'une demande introduite par l'exportateur des produits à modifier ou son représentant. Celle-ci est établie en 3 exemplaires et doit ressortir les énonciations liées à l'exportation temporaire ainsi que les conditions de réalisation des opérations, notamment :

- les motifs de l'exportation temporaire ;
- la nature des opérations projetées ;
- les raisons pour lesquelles ces opérations ne peuvent pas être effectuées dans le territoire douanier ;
- le pays dans lequel doit se réaliser l'ouvraison ou la réparation ;
- les conditions jugées indispensables pour s'assurer le contrôle et la régularité des opérations ;
- le délai de réimportation ;
- le bureau où s'effectueront les opérations.

Toutefois, il convient d'indiquer que le Directeur des Douanes peut fixer à l'exportateur dans la perspective d'obtention du perfectionnement passif, le taux de rendement de l'opération.

Le taux de rendement permet de fixer la quantité des produits compensateurs qui sera normalement obtenue à partir des marchandises exportées.

1.2. FORMALITÉS DE DÉCLARATION D'EXPORTATION DES MARCHANDISES

L'opération de perfectionnement passif donne lieu à accomplissement des formalités d'exportation selon les règles de droit commun, assorties toutefois de certaines mesures complémentaires touchant à la nature des renseignements à fournir ou à l'étendue des vérifications et destinées à permettre l'identification des produits réimportés et le contrôle technique de la transformation effectuée à l'étranger.

Ainsi, l'exportation temporaire des marchandises du territoire douanier effectuée en vue de procéder à leur réparation, transformation ou ouvraison est assujettie à une déclaration en détail.

Cette déclaration est faite en trois (3) exemplaires et revêtue de la mention « *je demande un passavant de retour* » lorsque l'exportation est dispensée de la production d'une demande réglementaire.

Ces exemplaires sont répartis comme suit :

- Le premier exemplaire est versé aux archives du bureau de douane concerné ;

- Le deuxième exemplaire revêtu du visa d'embarquement ou du « vu passer à l'étranger » et remis au déclarant après exportation effective. Cet exemplaire sert à :

  > Justifier de la réimportation dans les délais prescrits ;

  > Identifier les marchandises exportées lors de leur réimportation ;

  > Recevoir les imputations ;

- Le troisième exemplaire est adressé au service de la statistique.

En sus des indications ci-dessus citées, les déclarations doivent porter :

- Le numéro de l'autorisation d'exportation temporaire ;
- Le délai de réimportation ;
- Tous les éléments propres à permettre l'identification des marchandises à leur retour ;
- L'engagement d'acquitter les droits et l'intérêt de crédit en cas de non-réimportation lorsqu'il s'agit de produits soumis à des droits de sortie ;
- L'origine initiale des produits exportés ;
- Éventuellement, tous les autres engagements réglementaires.

1.3. PROCÉDURE D'EXPORTATION TEMPORAIRE DES MARCHANDISES

Aux termes des dispositions de la réglementation douanière, les déclarations effectuées au titre d'exportation temporaire des marchandises doivent être déposées auprès d'un Bureau de Douanes Principal. Ce dépôt doit être assorti des pièces ci-dessus énumérées et le cas échéant accompagnées d'une soumission cautionnée relative à l'engagement de réimporter la marchandise dans le délai imparti.

La soumission cautionnée est requise lorsque les marchandises sont prohibées à l'exportation ou soumises à des droits de sortie.

La déclaration d'exportation est enregistrée sur un registre distinct de celui utilisé pour les exportations en simple sortie.

Prélude à l'exportation temporaire des marchandises du territoire douanier, les services de douane procèdent à une opération de vérification des produits. Cette vérification est destinée à permettre l'identification des produits réimportés et le contrôle technique de la transformation effectuée à l'étranger ainsi que les modalités liées à l'autorisation délivrée. L'opération de contrôle des produits exportés permet de s'assurer de la valeur de ces produits dans la perspective de leur réimportation, afin d'appliquer avec exactitude les droits et taxes exigibles.

2. LES MODALITÉS D'UTILISATION DU RÉGIME DE PERFECTIONNEMENT PASSIF

Les produits exportés ne doivent pas être utilisés à l'étranger à d'autres fins que celles prévues par l'autorisation d'exportation temporaire. Ils ne doivent pas en principe faire l'objet de transactions commerciales pendant leur séjour hors du territoire douanier.

2.1. DÉLAI DE RÉIMPORTATION DES PRODUITS

La durée du séjour des marchandises à l'étranger est fixée selon l'article 238 du Code des douanes CEMAC par l'Administration des Douanes.

Dans la pratique et suivant les dispositions de la réglementation douanière, le délai de réimportation des marchandises est fixé dans la limite de deux (2) ans maximum. Toutefois, des prolongations de délai peuvent être accordées si les circonstances le justifient.

2.2. PROROGATION DU DÉLAI DE RÉIMPORTATION DES PRODUITS

L'article 239 du Code des douanes CEMAC prévoit lorsque des circonstances exceptionnelles le justifient la possibilité pour toute personne intéressée de solliciter auprès de l'autorité douanière une prorogation du délai initialement accordé.

Pour cela, l'exportateur doit présenter au Bureau de sortie une demande motivée précisant le délai supplémentaire sollicité.

3. L'APUREMENT DU RÉGIME DE PERFECTIONNEMENT PASSIF

Toute opération d'exportation temporaire effectuée sous le régime de perfectionnement passif doit être apurée au plus tard à la date d'expiration du délai imparti.

L'apurement peut résulter soit de la réimportation des produits exportés, soit de la conversion de l'opération d'exportation temporaire en exportation définitive sous réserve que l'exportateur observe les dispositions de la réglementation douanière en la matière.

3.1. FORMALITÉS À ACCOMPLIR LORS DE LA RÉIMPORTATION

La destination douanière normale des marchandises réimportées suite de perfectionnement passif est la mise à la consommation sur le marché intérieur.

Toutefois, sur autorisation spéciale du Directeur des Douanes, les marchandises réimportées peuvent être placées sous un autre régime économique notamment l'admission temporaire, l'entrepôt, le transit direct à l'étranger.

Dans ces conditions, l'exportateur doit régulariser sa situation au regard de la réglementation douanière, faute de quoi, il peut être poursuivi pour non-régularisation de ses opérations et pour inexécution des engagements souscrits.

3.1.1. La déclaration de mise à la consommation

Le retour sur le territoire douanier des marchandises exportées temporairement donne lieu à l'établissement d'une déclaration modèle IM4 à laquelle sont annexées les pièces ci-après :

- le passavant descriptif délivré à la sortie ;
- les documents nécessaires à l'identification des marchandises (photos, plan, dessins…)
- les factures de frais supportés à l'étranger dans le cas de marchandises réimportées après réparation, transformation ou ouvraison ;
- éventuellement, la soumission cautionnée.

Toutefois, il convient de souligner qu'en cas de réimportation fractionnée des produits, le passavant descriptif est apuré par le service des douanes après chaque mise à la consommation.

3.1.2. Vérification de la déclaration de réimportation

La vérification de la déclaration de réimportation porte notamment sur :

- le contrôle de l'ouvraison ;
- le contrôle de la modification subie ou de la répartition ;

- le contrôle des valeurs déclarées (valeurs pour les produits réimportés et pour les produits initialement exportés).

3.2. TAXATION APPLICABLE AUX MARCHANDISES RÉIMPORTÉES

Lorsque des marchandises exportées sous le régime de perfectionnement passif sont réimportées en vue de leur mise à consommation, il se pose le problème du mode de taxation qui doit leur être appliqué.

En effet, d'une part on se trouve en présence des produits qui ne sont plus ceux-là même au moment e leur exportation en faveur desquels une mesure de franchise pure et simple pourrait être décidée, et d'autre part, il ne s'agit pas non plus de considérer les marchandises réimportées comme étant d'origine étrangère assujettie à la règle de taxation de droit commun.

Un mode particulier de taxation a dû être aménagé en vue de répondre aux particularités de cette situation.

3.2.1. Application des droits et taxes

Lors de la réimportation, l'opération donne lieu au paiement des droits et taxes qui sont imposés sur la plus-value acquise par la marchandise au cours du séjour hors du territoire douanier du fait de sa réparation, de son ouvraison ou de sa transformation à l'étranger.

3.2.1.1. Caractéristiques de la plus-value

La plus-value imposable est déterminée par la différence entre la valeur des produits compensateurs et celle des produits primitivement exportés.

Elle comprend :

- le montant des frais de réparation ou de l'ouvraison ;
- la valeur des pièces ou produits incorporés ;
- les frais de transport et autres débours se rapportant à l'exportation et à la réimportation.

Il convient de préciser que tous les frais doivent être justifiés par la production de tous documents reconnus probants par le service des Douanes.

3.2.1.2. Détermination des droits et taxes applicables

Les droits et taxes sont déterminés en fonction :

- de l'espèce tarifaire des marchandises réimportées et suivant les quotités en vigueur à la date d'enregistrement de la déclaration de mise à la consommation ;
- du tarif applicable au pays d'ouvraison ou de réparation.

3.3. DÉROGATION AU PRINCIPE DE LA TAXATION

L'article 246 du Code des douanes CEMAC prévoit une réimportation en franchise totale des droits et taxes pour les produits admis en exportation temporaire pour perfectionnement passif, lorsque la réparation doit être effectuée à titre gratuit par le fournisseur étranger en exécution d'une clause de garantie dans les conditions déterminées par les services des Douanes.

LA VALEUR EN DOUANE DES MARCHANDISES IMPORTÉES

Dans un système douanier reposant pour l'essentiel sur la taxation spécifique des marchandises, la détermination de la valeur de la marchandise ne présente qu'un intérêt secondaire.

Cependant, il en va autrement dans un système de taxation « ad valorem » où le droit applicable à une marchandise donnée est fixé en pourcentage de la valeur de celle-ci. Dans un tel système, la détermination de la valeur en douane est une étape fondamentale de l'opération de dédouanement dans la mesure où la valeur de la marchandise sert à asseoir les droits de douane proprement dits, ainsi que les autres droits et taxes (TVA, redevance informatique, la contribution communautaire d'intégration, la taxe ohada, etc.).

Pour cette raison, il est aisé de comprendre l'attention que portent les usagers et le service de douanes à cet élément capital.

Pour les opérateurs économiques, la valeur en douane constitue l'assiette ou la base de liquidation des droits et taxes des marchandises ; pour les États, la valeur en douane est déterminante, car elle est synonyme de recettes douanières et de soutien à l'encadrement des prix de la consommation intérieure. C'est pourquoi la déclaration de la valeur d'une marchandise est obligatoire, même si elle est exemptée du paiement des droits et taxes.

Le Code des douanes CEMAC a adopté les méthodes d'évaluation en douane fixées par l'article VII de l'Accord général sur les tarifs douaniers et le commerce (GATT) de 1994.

Au Congo, l'application de la valeur transactionnelle du GATT a été consacrée par le décret n° 2001-387 du 31 juillet 2001.

L'article 26 du Code des douanes CEMAC précise que :

« La valeur en douane des marchandises importées est leur valeur transactionnelle, c'est-à-dire le prix effectivement payé ou à payer pour ces marchandises lorsqu'elles sont vendues pour l'exportation à

destination de l'État membre d'importation après ajustement conformément aux dispositions de l'article 27... »

Il s'agit de :

- la valeur transactionnelle des marchandises importées ;
- la valeur transactionnelle des marchandises identiques ;
- la valeur transactionnelle des marchandises similaires ;
- la méthode déductive ;
- la valeur calculée ;
- la méthode de dernier recours ou des moyens raisonnables.

Il convient de signaler que les méthodes d'évaluation sont énoncées dans l'ordre où elles sont applicables par les articles 26 à 32 du Code des douanes CEMAC ; la loi exige de respecter cet ordre.

Autrement dit, pour évaluer des marchandises importées, la méthode première de détermination de la valeur est celle définie par l'article 26 du Code des douanes. Lorsque la valeur en douane ne peut être déterminée par application des dispositions de l'article 26, il y a lieu de passer successivement aux articles suivants jusqu'au dernier de ces articles qui permettra de déterminer la valeur en douane.

Dans le cadre de la présente circulaire, notre étude concernera, d'une part, la valeur transactionnelle des marchandises importées (1) et, d'autre part, l'analyse des autres méthodes d'évaluation des valeurs en douane (2).

1. LA VALEUR TRANSACTIONNELLE DES MARCHANDISES IMPORTÉES

La méthode première pour la détermination de la valeur en douane est définie par l'article 26 ci-dessous et les marchandises importées doivent être évaluées conformément aux dispositions de cet article chaque fois que les conditions prévues sont remplies.

1.1. La notion de valeur transactionnelle

Nous rappelons que l'article 26 du Code des douanes CEMAC précise que *« La valeur en douane des marchandises importées est leur valeur transactionnelle, c'est-à-dire le prix effectivement payé ou à payer pour ces marchandises lorsqu'elles sont vendues pour l'exportation à destination de l'État membre d'importation après ajustement conformément aux dispositions de l'article 27... »*

Il résulte de ces dispositions que la première méthode d'évaluation suppose l'application simultanée des articles 26 et 27 du Code des douanes ; elle exige aussi que certaines conditions soient remplies.

Nous commencerons par étudier les éléments de l'article 26.

1.1.1. Analyse des éléments de l'article 26 du Code des douanes CEMAC

- *« Valeur en douane des marchandises importées » :*

On retrouve cette expression dans la quasi-totalité des articles relatifs à la valeur en douane. Ici, il est question de la valeur des marchandises déterminée en vue de la perception de droits de douane et taxes.

- « Marchandises lorsqu'elles sont vendues » :

Il faudrait qu'il y « ait eu vente préalable à l'opération d'évaluation. En l'absence d'une telle vente, il n'y a pas de valeur transactionnelle et l'article 26 n'est pas applicable ». Ce serait le cas, par exemple, si les marchandises étaient importées en consignation ou pour être mise en location.

- « Pour l'exportation à destination de l'État membre d'importation »

Seules les transactions impliquant le transfert effectif des marchandises à l'échelle internationale peuvent être utilisées.

L'article 26 ne fait pas référence au moment de la vente à l'exportation. Il suffit que la vente ait lieu au moment de l'évaluation.

En conséquence, la valeur transactionnelle doit être acceptée sans tenir compte du laps de temps écoulé entre le moment de la conclusion du contrat de vente et celui de l'évaluation en douane.

Il s'ensuit qu'il ne faudrait pas non plus tenir compte des fluctuations éventuellement intervenues après la date de l'accomplissement du contrat.

1.1.2. Prix effectivement payé ou à payer (article 26 et 42 du Code des douanes)

Il s'agit du prix fait, concret, réel (notion positive selon la doctrine de l'Organisation mondiale des Douanes) et non d'un prix normal. Aux termes de l'article 42-2 du Code des douanes, le prix payé ou à payer s'entend du prix des marchandises importées.

L'expression « payé ou à payer » signifie que si les marchandises sont payées avant l'évaluation, l'évaluation sera fondée sur le prix payé ; si tel n'est pas le cas, on utilisera le prix à payer.

1.2. Éléments à ajouter pour la détermination de la valeur en douane de la marchandise prévue par l'article 27 du Code des douanes

Le Code des douanes prévoit que la valeur transactionnelle peut être ajustée par un certain nombre d'éléments à ajouter ou à retrancher de la valeur facturée. Le prix payé ou à payer doit être considéré en tenant compte de ces ajustements.

L'article 27-3° dudit Code prévoit que, pour la détermination de la valeur en douane, aucun élément ne sera ajouté au prix effectivement payé ou à payer, à l'exception de ceux cités ci-après.

1.2.1. Les éléments qui sont supportés par l'acheteur

Les éléments suivants, s'ils n'ont pas été inclus dans le prix effectivement payé ou payer pour les marchandises, doivent être ajoutés pour la détermination de la valeur en douane des marchandises importées, dès lors qu'ils sont supportés par l'acheteur.

Il s'agit de :

- Commissions et frais de courtage, à l'exception des commissions d'achats autrement dit des sommes versées par un importateur à son agent pour le service qui a consisté à le représenter à l'étranger en vue de l'achat des marchandises à évaluer.

Il convient de relever que le contrat d'agence ou de commission peut être exigé par les services de douane dans le but de connaître le rôle exact joué par l'intermédiaire dans la transaction :

- coûts des contenants traités, aux fins douanières, comme ne faisant qu'un avec la marchandise ;
- coûts de l'emballage, comprenant aussi bien la main-d'œuvre que les matériaux.

1.2.2. Les produits et services fournis directement ou indirectement par l'acheteur

Doivent également être rajoutés pour la détermination de la valeur en douane, la valeur imputée de façon appropriée, des produits et services ci-après lorsqu'ils sont fournis directement ou indirectement par l'acheteur sans frais ou à coût réduit, et utilisés lors de la production et de la vente pour l'exportation des marchandises importées, dans la mesure où cette valeur n'est pas incluse dans le prix effectivement payé ou à payer :

- matières, composants, parties et éléments similaires incorporés dans les marchandises importées ;
- outils, matrices, moules et objets similaires utilisés pour la production des marchandises importées ;
- matières consommées dans la production des marchandises importées ;
- travaux d'ingénierie, d'étude, d'art et design, plans et croquis, exécutés ailleurs que dans le pays d'importation et nécessaires pour la production des marchandises importées.

Ces produits et services doivent être inclus dans la valeur en douane si les conditions suivantes sont cumulativement réunies :

- ils doivent être fournis directement ou indirectement par l'acheteur sans frais ou à coût réduit ;
- ils doivent être utilisés lors de la production et de la vente pour l'exportation des marchandises importées ;
- ils ne doivent pas avoir déjà été inclus dans le prix effectivement payé ou à payer.

1.2.3. Les droits de propriété industrielle (redevances et les droits de licence)

On entend par redevance et droits de licence notamment le paiement pour l'usage de droits se rapportant :

- à la fabrication de la marchandise importée (notamment les brevets, les dessins, les modèles et les savoir-faire en matière de fabrication) ou,
- à la vente pour l'exportation de la marchandise importée (notamment les marques de fabrique ou de commerce, les modèles déposés) ou,
- à l'utilisation ou à la revente de la marchandise importée (notamment les droits d'auteur, les procédés de fabrication incorporés dans la marchandise importée).

Ces éléments doivent être rajoutés dès lors que l'acheteur est tenu de les acquitter, soit directement, soit indirectement, en tant que condition de la vente des marchandises à évaluer et si le paiement est en relation avec la marchandise à évaluer.

1.2.4. Les produits de la revente ultérieure de la marchandise

Doit être rajoutée au prix effectivement payé ou à payer pour la marchandise importée, la valeur de toute partie du produit de toute revente, cession ou utilisation ultérieure des marchandises importées qui revient directement ou indirectement au vendeur.

1.2.5. Les frais de transport

Seuls les frais de transport des marchandises importées jusqu'au lieu d'introduction des marchandises importées dans le territoire du Congo doivent être rajoutés au prix effectivement payé ou à payer pour la détermination de la valeur en douane.

1.2.6. Les frais de manutention

Les frais de chargement, de déchargement et de manutention connexes au transport des marchandises importées jusqu'au lieu d'introduction des marchandises dans le territoire du Congo doivent être rajoutés au prix effectivement payé ou à payer pour la détermination de la valeur en douane.

On entend par lieu d'introduction dans le territoire douanier :

- Pour les marchandises acheminées par voie maritime, le point de débarquement ou le port de transbordement, pour autant que le transbordement ait été certifié par les autorités douanières de ce port ;
- Pour les marchandises acheminées par voie maritime ou par voie navigable, le premier port situé à l'embouchure ou en amont du fleuve ou du canal où le débarquement des marchandises peut être effectué ;
- Pour les marchandises acheminées par voie ferrée, par voie navigable ou par voie routière, le lieu du premier bureau des douanes ;
- Pour les marchandises acheminées par d'autres voies, le lieu de franchissement de la frontière terrestre du territoire douanier.

1.2.7. Les frais d'assurance

Le coût de l'assurance de la marchandise importée doit être rajouté au prix effectivement payé ou à payer pour la détermination de la valeur en douane.

1.3. Conditions d'application de la valeur transactionnelle (article 26 du Code des douanes)

L'article 26 du Code des douanes au lieu de définir les conditions que doit présenter une vente pour que le prix fixé par les parties soit accepté comme valeur en douane, il apporte un certain nombre de restrictions qui permettent d'affiner davantage cette notion de valeur transactionnelle.

Ainsi donc, la valeur transactionnelle ne peut être acceptée que si les quatre (4) conditions suivantes sont remplies :

- qu'il n'existe pas de restrictions concernant la cession ou l'utilisation des marchandises par l'acheteur, autre que les restrictions qui :
  - sont imposées ou exigées par les actes de la CEMAC ou par les lois et règlements des autorités publiques des États membres de la communauté ;
  - limitent la zone géographique dans laquelle les marchandises peuvent être revendues ;
- n'affectent pas substantiellement la valeur des marchandises ;
- que la vente ou le prix ne soit pas subordonné à des conditions ou à des prestations dont la valeur n'est pas déterminable pour ce qui se rapporte aux marchandises à évaluer ;
- qu'aucune partie du produit de toute revente, cession ou utilisation ultérieure des marchandises par l'acheteur ne revient directement ou indirectement au vendeur, sauf si un ajustement approprié peut être opéré en vertu des dispositions de l'article 27, et
- que l'acheteur et le vendeur ne soient pas liés ou, s'ils le sont, que la valeur transactionnelle soit acceptable à des fins douanières en vertu du paragraphe 2 de l'article 26 du Code des douanes.

2. LES AUTRES MÉTHODES D'ÉVALUATION DES VALEURS EN DOUANE

2.1. Valeur transactionnelle des marchandises identiques et similaires

Nous avons abordé la première méthode d'évaluation, celle de la valeur transactionnelle des marchandises importées.

La seconde méthode d'évaluation est celle de la valeur transactionnelle des marchandises identiques.

Elle n'est à envisager que si la valeur transactionnelle n'est pas disponible ou a été rejetée pour une raison quelconque.

2.1.1. Notion de marchandises identiques

Aux termes de l'article 24 du Code des douanes, l'expression « marchandises identiques » s'entend des marchandises qui sont les mêmes à tous égards, y compris les caractéristiques physiques, la qualité et la réputation.

Des différences d'aspects mineurs n'empêcheraient pas des marchandises conformes par ailleurs à la présente définition, d'être considérées comme identiques.

L'article 28 du Code des douanes fait reposer l'évaluation par comparaison, sur une transaction autre que celle qui donne lieu à l'importation qui répond aux conditions imposées par la première méthode et dont les caractéristiques sont plus ou moins les mêmes.

S'il n'existe aucune transaction répondant à ces conditions, il n'y a pas de valeur transactionnelle de marchandises identiques et une autre méthode d'évaluation doit être appliquée, conformément à l'ordre de priorité indiqué aux articles 28 à 33 inclus du Code des douanes.

2.1.2. Valeur transactionnelle de marchandises similaires (article 29 du Code des douanes)

Aux termes de l'article 29 1-a du Code des douanes, si la valeur en douane des marchandises importées ne peut pas être déterminée par application des articles 26 ou 28, la valeur en douane est la valeur transactionnelle des marchandises similaires, vendues pour l'exportation à destination du même État membre d'importation, et exportées au même moment ou à peu près au même moment que les marchandises à évaluer.

Sauf en ce qui concerne la nature des marchandises de comparaison, qui sont ici similaires au lieu d'être identiques, cette méthode est en tout point semblable à celle des marchandises identiques.

Aux termes de l'article 24 b du Code des douanes, l'expression « marchandises similaires » s'entend des marchandises qui sans être pareilles à tous égards présentent des caractéristiques semblables et sont composées de matières semblables, ce qui leur permet de remplir les mêmes fonctions et d'être commercialement interchangeables.

La qualité des marchandises, leur réputation et l'existence d'une marque de fabrique ou de commerce sont au nombre des facteurs à prendre en considération pour déterminer si des marchandises sont similaires.

- *Observations relatives aux conditions d'application de la valeur transactionnelle des marchandises identiques et similaires*

L'application de ces deux méthodes de substitution à la méthode transactionnelle est subordonnée aux conditions ci-après :

- *le pays de production doit être le même ;*
- *la date d'exportation doit être la même (la pratique a fixé le délai maximum à 90 jours) ;*
- *les marchandises identiques et similaires doivent avoir été évaluées par la première méthode en application des articles 26 et 27. S'il y a plus d'une valeur transactionnelle des marchandises identiques ou similaires, la valeur à retenir est la plus basse ;*

La quantité de marchandises et le niveau commercial des marchandises à évaluer et des marchandises identiques ou similaires doivent être les mêmes. Si le niveau commercial et/ou la quantité sont différents, et que cette différence a influencé le prix, des ajustements doivent être apportés pour tenir compte de cette différence de niveau commercial et/ou de quantité. Il est à préciser que le fait qu'il y a différence de niveau commercial et/ou de quantité ne suffit pas à opérer des ajustements sur le prix, encore faut-il que cette différence ait entraîné une différence de prix.

2.2. Méthode déductive (article 31 du Code des douanes)

2.2.1. Principes

Cette méthode est prévue par l'article 31 du Code des douanes.

Cette quatrième méthode dite déductive prend comme base de départ, le prix unitaire de vente dans le pays d'importation, au premier niveau commercial suivant l'importation, à des personnes non liées au vendeur, des marchandises importées ou de marchandises identiques ou similaires importées.

En d'autres termes, il s'agit de partir du prix de revente de la marchandise et de déduire divers éléments afin de retrouver une valeur acceptable en douane. Parmi ces éléments, on trouve les commissions ou marges généralement pratiquées pour les bénéfices et frais généraux, les frais habituels de transport et d'assurance, les droits de douane et autres taxes.

Exemple *: Un exportateur E vend à un prix de 100 F une marchandise à l'importateur I que ce dernier revend dans le pays d'importation au prix de 200 F à son client C.*

Pour une raison quelconque, le prix de 100 F n'est pas acceptable comme valeur transactionnelle. En outre, il n'existe ni marchandises identiques ni marchandises similaires.

On est ainsi conduit à appliquer la méthode déductive. Dans cet exemple, le prix qui sert de point de départ à la méthode est celui de 200 F. On considère donc une vente dans le pays d'importation, où l'importateur apparaît comme vendeur et son client dans le pays d'importation comme acheteur.

Comme le prix de 200 F est fait sur le marché intérieur du pays d'importation, il contiendra des éléments non imposables qu'il faudra déduire pour aboutir à la valeur en douane.

Il s'agit :

- *des commissions ou des marges usuelles pour bénéfices et frais généraux relatifs aux ventes considérées dans le pays d'importation ;*
- *des frais de livraison et frais connexes encourus dans le pays d'importation ;*
- *(éventuellement) des frais de livraison jusqu'au lieu d'importation (si le pays applique la valeur FOB) ;*
- *des droits de douane et autres taxes nationales à payer dans le pays d'importation, en raison de l'importation ou de la vente de marchandises.*

2.2.2. Conditions d'application de la méthode déductive

Les conditions d'application sont les suivantes :

- les marchandises importées elles-mêmes ou des marchandises identiques ou similaires doivent être vendues dans le pays d'importation, sans quoi la méthode n'est pas applicable ;
- la vente doit intervenir entre des personnes non liées ;
- la vente doit avoir lieu à peu près au moment de l'importation et dans tous les cas dans les 90 jours à compter de l'importation ;
- les marchandises doivent être vendues dans le pays d'importation en l'état dans lequel elles ont été importées.

2.3. Méthode de la valeur calculée (article 32 du Code des douanes)

L'avant-dernière méthode d'évaluation, la valeur calculée, est définie à l'article 32 du Code des douanes ; elle consiste à faire la somme de divers éléments entrant dans la détermination du prix de vente de la marchandise à évaluer. Aux termes de cette disposition, la valeur en douane est égale à la somme :

- du coût ou de la valeur des matières et des opérations de fabrication ou autres, mises en œuvre pour produire les marchandises importées ;
- d'un montant pour les bénéfices et frais généraux, égal à celui qui entre également dans les ventes de marchandises de même nature ou de même espèce que les marchandises à évaluer, qui sont faites par des producteurs du pays d'exportation pour l'exportation à destination du pays d'importation ;
- du coût ou de la valeur de toutes autres dépenses dont il y a lieu de tenir compte, selon l'option choisie concernant l'inclusion ou non des frais de livraison.

La valeur calculée étant basée sur le prix de revient du producteur, elle dépend des éléments qui ne sont disponibles que dans le pays de production. Il en résulte que la méthode ne sera applicable que si, le producteur est disposé à fournir les données concernant son prix de revient.

Par ailleurs, même si le producteur accepte de fournir les renseignements, il ne sera pas aisé aux services de douane du pays d'importation de les contrôler.

2.4. Méthode de dernier recours (article 33 du Code des douanes)

Aux termes de l'article 33 du Code des douanes, si la valeur en douane des marchandises importées ne peut pas être déterminée par application des dispositions des articles 26 à 31 inclus, elle sera déterminée par des moyens raisonnables compatibles avec les principes et les dispositions générales de l'article VII du GATT de 1994 et de l'accord sur la mise en œuvre et sur la base des données disponibles dans le pays d'importation.

2.4.1. Les moyens raisonnables

Les notes interprétatives de l'article VII donnent quelques indications sur ce qu'il faut entendre par moyens raisonnables :

Les valeurs en douane déterminées par application de l'article VI devraient, dans la plus grande mesure possible, se fonder sur des valeurs en douane déterminées antérieurement ;

Les méthodes d'évaluation devraient être celles définies par les articles 1 à 6 mais appliquées avec souplesse raisonnable.

2.4.2. Méthodes prohibées par le Code des douanes (article 33-2)

L'article 33-2 liste les méthodes prohibées, même en dernier recours.

Ainsi la valeur ne pourra se fonder :

- sur le prix de vente dans l'État membre d'importation, de marchandises produites dans cet État ;
- sur un système prévoyant l'acceptation à des fins douanières, de la plus élevée des deux valeurs possibles ;
- sur le prix de marchandises sur le marché intérieur du pays d'exportation ;
- sur le coût de production, autre que les valeurs calculées, qui auront été déterminées pour les marchandises identiques ou similaires, conformément aux dispositions de l'article 32 ;
- sur le prix de marchandises vendues pour l'exportation à destination d'un pays autre que l'État d'importation ;
- sur la valeur en douane minimale, ou
- sur les valeurs arbitraires ou fictives.

Il convient de relever que l'article 33 du Code des douanes ne fournit pas de méthodes spécifiques.

En considérant que les cinq (5) méthodes précédentes devraient fournir normalement une base permettant de déterminer la valeur en douane des marchandises importées, le service de douane ne devrait recourir à la méthode dite du dernier recours ou des moyens raisonnables que lorsque celles-ci n'ont pas pu permettre de déterminer la valeur en douane.

Cela peut être le cas lorsque :

- la transaction est une location, la première méthode d'évaluation ne peut donc être applicable ;
- aucune marchandise identique ou similaire n'est importée : la deuxième et la troisième méthode ne peuvent être applicables ;
- il n'existe ni les marchandises importées, ni des marchandises identiques ou similaires importées vendues dans la communauté : la quatrième méthode ne peut être applicable ;
- le fabricant est inconnu ou refuse de donner à des étrangers les renseignements concernant le coût de la marchandise : la cinquième méthode ne peut donc être applicable.

Au demeurant, l'utilisation de la sixième méthode doit se fonder sur les autres méthodes, mais en assouplissant les conditions requises pour leur application.

Remarque : *À titre indicatif, outre, les méthodes d'évaluation ainsi énumérées, le Code de douane ainsi que certains actes communautaires prévoient d'autres méthodes dérogatoires de détermination de la valeur en douane de celles proposées aux articles 26 à 33 dudit Code.*

Il s'agit :

- *de la valeur en douane des marchandises importées par voie aérienne ;*
- *de la valeur en douane des véhicules automobiles importés en cours d'usage ;*
- *des cas des marchandises réimportées à la suite d'une exportation temporaire.*

Les cas ci-dessus énoncés feront l'objet d'une étude dans nos prochaines parutions.

LIQUIDATION ET ACQUITTEMENT DES DROITS ET TAXES EN DOUANES

Les marchandises importées ou destinées à l'exportation sont soumises en République du Congo aux dispositions nationales et communautaires dont l'application conditionne leur introduction sur le territoire douanier ou leur expédition sur l'étranger.

Les marchandises sont le gage de l'administration douanière pour le paiement des droits et des taxes auxquels elles sont assujetties.

À cet effet, aucune marchandise ne peut être retirée des bureaux de Douane si les droits et taxes n'ont pas été préalablement payés, consignés ou garantis.

La libre disposition de la marchandise suppose que le redevable a procédé aux opérations de dédouanement parmi lesquelles :

- l'obligation de la déclaration en détail ;
- l'obligation de soumettre la déclaration et la marchandise qui s'y rapporte au contrôle de la Douane ;
- la liquidation et le paiement des droits et taxes.

Dans le cadre du présent article, notre étude va porter sur la liquidation et le paiement des droits, opération intervenant dès la clôture de la vérification et prévue par les dispositions des articles 132 et suivants du Code des douanes CEMAC.

En effet, ces opérations se déroulent en deux (2) temps notamment la liquidation, opération par laquelle on calcule le montant des droits dus sur la marchandise (1), l'acquittement, opération par laquelle le redevable procède au paiement des droits et taxes avant l'enlèvement de la marchandise (2) et éventuellement le remboursement des droits, opération soumise au pouvoir d'appréciation des autorités compétentes qui consiste en la restitution en totalité ou en partie des droits qui ont été acquittés (3).

1. LA LIQUIDATION DES DROITS ET TAXES EXIGIBLES

La liquidation des droits et taxes, c'est le calcul du montant de l'imposition due par le redevable. Cette opération a pour but d'asseoir définitivement la créance du Trésor, en fonction de la déclaration du redevable et éventuellement, des résultats de la vérification.

Elle consiste à appliquer le taux des droits et taxes exigibles aux bases d'imposition correspondantes (valeur, poids, volume, etc.) telles qu'elles ont été constatées ou admises par le Service des Douanes.

Les marchandises sont le gage de l'administration douanière pour le paiement des droits et des taxes auxquels elles sont assujetties.

À cet effet, aucune marchandise ne peut être retirée des bureaux de Douane si les droits et taxes n'ont pas été préalablement payés, consignés ou garantis.

La libre disposition de la marchandise suppose que le redevable a procédé aux opérations de dédouanement parmi lesquelles :

- l'obligation de la déclaration en détail ;
- l'obligation de soumettre la déclaration et la marchandise qui s'y rapporte au contrôle de la Douane ;
- la liquidation et le paiement des droits et taxes.

Dans le cadre du présent article, notre étude va porter sur la liquidation et le paiement des droits, opération intervenant dès la clôture de la vérification et prévue par les dispositions des articles 132 et suivants du Code des douanes CEMAC.

En effet, ces opérations se déroulent en deux (2) temps notamment la liquidation, opération par laquelle on calcule le montant des droits dus sur la marchandise (1), l'acquittement, opération par laquelle le redevable procède au paiement des droits et taxes avant l'enlèvement de la marchandise (2) et éventuellement le remboursement des droits, opération soumise au pouvoir d'appréciation des autorités compétentes qui consiste en la restitution en totalité ou en partie des droits qui ont été acquittés (3).

Elle consiste à appliquer le taux des droits et taxes exigibles aux bases d'imposition correspondantes (valeur, poids, volume, etc.) telles qu'elles ont été constatées ou admises par le Service des Douanes.

En République du Congo, la liquidation des droits et taxes est informatisée.

1.1. La base de taxation

Les droits et taxes et autres mesures douanières sont appliqués d'après les résultats de la vérification ou le cas échéant conformément à la décision du Directeur des douanes.

Lorsque le Service des Douanes ne procède pas à la vérification des marchandises déclarées, les droits et taxes sont appliqués d'après les énonciations de la déclaration.

1.2. Détermination du droit applicable

L'article 132 du Code des douanes CEMAC dispose que les droits et taxes à percevoir à l'importation et à l'exportation sont ceux en vigueur à la date d'enregistrement de la déclaration en détail.

En effet, cette disposition pose in fine la question du droit applicable à la marchandise en cas de changement de taux du droit de douane entre le moment où la marchandise pénètre sur le territoire douanier et celui où s'achèvent les formalités de dédouanement.

Il est donc admis que pour déterminer le droit applicable à la marchandise, la Douane doit retenir la date la plus proche du moment où la marchandise a été expédiée et le contrat commercial signé.

Toutefois, le redevable a la faculté de solliciter le bénéfice de « la clause transitoire » prévue par l'article 18 du Code des douanes.

En effet, cette clause permet au redevable de bénéficier du régime antérieur à la date d'enregistrement de sa déclaration plus favorable, s'il justifie que ses marchandises ont été expédiées directement à destination du territoire douanier avant la mise en application du texte modifiant le régime en vigueur pour ces marchandises.

En définitive, cette disposition n'est applicable qu'en cas d'augmentation des droits de douane.

1.3. Le calcul des droits et taxes du tarif de la CEMAC

Toute marchandise pénétrant sur le territoire congolais ou en sortant, se doit de supporter différents droits et taxes.

1.3.1. Les droits et taxes à l'importation

Le tarif douanier import de la CEMAC comprend essentiellement pour la partie « droit et taxes » un tarif extérieur commun (TEC) qui s'applique aux échanges entre la zone CEMAC et hors CEMAC (les pays tiers).

Ce tarif extérieur commun est complété par un texte portant modalités d'application de la Taxe sur la valeur ajoutée (TVA) et le droit d'accises.

- ***Le Tarif Extérieur Commun (TEC)***

Le TEC comprend essentiellement le droit de douane. Les taux applicables aux produits importés des pays tiers vers la CEMAC sont les suivants :

- 5 % Biens de catégorie I (Biens de première nécessité) ;
- 10 % : Biens de catégorie II (Matières premières et biens d'équipement) ;
- 20 % : Biens de catégorie III (Biens intermédiaires et divers) ;
- 30 % : Biens de catégorie IV (Biens de consommation courante).

Le droit de douane est assis soit sur la valeur CAF, soit sur la valeur FOB des marchandises importées selon la classification catégorielle.

- ***Les droits d'accises***

Les droits d'accises sont une taxe à but fiscal qui frappe aussi bien les importations que la production locale d'un bien. Ce sont des droits qui frappent certains biens spécifiques considérés comme des produits de luxe tels que le tabac, le parfum, la boisson alcoolisée, etc. Le taux est de 24 % de la valeur CAF.

- ***La Taxe sur la valeur ajoutée***

La TVA est acquittée au cordon douanier au moment de la mise à la consommation des marchandises importées. Elle est perçue au taux de 0 %, 5 % ou 18 % selon le type de biens.

Les centimes additionnels sont calculés sur le montant de la TVA acquittée.

La base taxable, en ce qui concerne les importations, est obtenue en ajoutant à la valeur imposable telle qu'elle est définie par le Code des douanes de la CEMAC, le montant des droits de douane et du Droit d'accises.

- ***La Taxe Communautaire d'Intégration (TCI)***

La taxe communautaire s'applique aux importations en provenance des pays tiers (hors CEMAC) et mises à la consommation. Son taux de prélèvement est de 1 % calculé sur la valeur imposable des marchandises déclarées.

- ***Prélèvement OHADA :***

Une taxe dénommée « prélèvement OHADA » de 0,05 % a été instituée et destinée au financement du fonctionnement de l'OHADA.

Elle est calculée sur la valeur en douane au port de débarquement pour les importations par voie maritime et la valeur en douane au point d'entrée douanier de l'État importateur pour tous les produits importés par toutes autres voies.

- ***Contribution communautaire d'intégration (CCI) :***

La Contribution Communautaire d'Intégration « en sigle CCI » est une taxe en faveur de la CEEAC (Communauté Économique des États de l'Afrique Centrale).

Cette taxe est fixée à 0,4 % de la valeur CAF des produits originaires des pays tiers importés pour la mise à la consommation.

- ***La redevance informatique***

La redevance informatique destinée à couvrir les charges liées au traitement informatique des opérations en douanes est fixée depuis la loi de finances pour 2010 à 2 % de la valeur CAF à l'importation.

1.3.2. À l'exportation

- ***Les droits de sortie***

À l'exportation, les marchandises qui sortent du territoire douanier sont, suivant leur origine, soumises au tarif de sortie.

Ce droit frappe toutes les exportations de marchandises provenant du territoire douanier congolais. Il résulte des informations recueillies que le taux de droit de sortie est de 2 % de la valeur de la marchandise.

Toutefois, en ce qui concerne le secteur forestier les droits de sortie font l'objet d'une taxation spécifique en fonction de la nature du produit et de sa zone de provenance. Les taux oscillent entre 0 % et 10 % de la valeur FOB.

- ***La redevance informatique***

Le taux de la redevance informatique à l'exportation est de 2 % de la valeur FOB de la marchandise.

2. L'ACQUITTEMENT DES DROITS ET TAXES EN DOUANES

L'acquittement des droits et taxes s'effectue selon le principe du paiement au comptant et avant enlèvement des marchandises par le redevable.

Toutefois, ce principe peut être atténué, dans certains cas, par la mise en œuvre de mécanismes dérogatoires.

2.1. Le principe : L'acquittement des droits et taxes au comptant

Les marchandises sont le gage des droits et taxes. Elles constituent une sûreté réelle au profit de l'administration.

Le principe édicté par l'article 134 du Code des douanes est que les droits et taxes liquidés par l'administration des Douanes sont payables au comptant.

Il faut entendre par paiement au comptant, le paiement immédiat quel que soit le moyen de paiement utilisé dès lors que ce moyen de paiement ne prévoit pas de délai.

Le paiement au comptant s'effectue en numéraire ou par chèque certifié à l'ordre du Trésor public.

2.2. Les dérogations au principe de paiement au comptant

La règle du paiement au comptant doit prévaloir. Cependant et avant enlèvement des marchandises, la règle admet des dérogations légales.

L'administration des douanes peut accorder sous certaines conditions des facilités de paiement au redevable. Au nombre de ces facilités, on note le crédit des droits et taxes et le crédit d'enlèvement.

2.2.1. Le crédit des droits et taxes

Les redevables peuvent être admis à présenter des obligations dûment cautionnées de un (1) à quatre (4) mois d'échéance, pour le paiement des droits et taxes liquidés par l'administration des douanes conformément aux dispositions de l'article 137 du Code de douane communautaire.

L'octroi de ce crédit dépend du trésor payeur du lieu où se trouve installé le bureau de Douane. C'est à lui qu'il appartient d'agréer la caution présentée et de fixer les limites du crédit.

L'obligation cautionnée est un écrit par lequel le redevable s'engage, avec une ou plusieurs cautions solidaires, à payer au Trésorier-payeur ou à son ordre les sommes représentant le montant des droits et taxes dus pour les marchandises reprises sur des déclarations en détail désignées.

La souscription de l'obligation cautionnée est considérée comme un paiement (certes différé) et non comme un simple engagement de payer.

Aussi, dès que l'obligation cautionnée a été acceptée par la Douane, et bien que le paiement des sommes dues n'intervienne qu'à l'échéance de l'obligation, le redevable reçoit quittance et peut procéder à l'enlèvement de sa marchandise.

Les obligations cautionnées donnent lieu au paiement d'un intérêt de crédit ou d'un intérêt de retard en cas de non-paiement à l'échéance prévue.

2.2.2. Le crédit d'enlèvement

Le crédit d'enlèvement est une procédure qui permet au redevable de disposer des marchandises au fur et à mesure des vérifications et avant liquidation et acquittement des droits et taxes moyennant une soumission cautionnée auprès du Bureau de Douane.

Cette possibilité est prévue par les dispositions de l'article 141 du Code des douanes CEMAC.

En effet, contrairement au crédit de droits, le crédit d'enlèvement n'a donc pas pour objet de procurer au redevable des facilités de paiement, mais de lui permettre de disposer immédiatement des marchandises qui sont sous la main de la douane, sans paiement immédiat des droits et taxes dus.

Il ne constitue pas un mode de paiement. Le redevable s'engage simplement, conjointement et solidairement avec une ou plusieurs cautions, à payer les sommes dues dans un délai déterminé.

3. LE REMBOURSEMENT DES DROITS ET TAXES

Les articles 138 et 139 du Code des douanes communautaire déterminent les conditions auxquelles les autorités compétentes accordent le remboursement des droits acquittés.

En effet, aux termes de ces dispositions, le redevable peut être conduit à demander le remboursement des droits et taxes qu'il a acquittés, parce qu'il estime soit que la taxation a été entachée d'erreur, soit que sa situation relève de circonstances particulières justifiant la remise en cause de la mesure de taxation dont il a fait l'objet.

À cet effet, la prescription pour la demande de remboursement des droits acquittés est de trois (3) ans après le paiement des droits dont le remboursement est sollicité.

Le redevable est tenu d'introduire sa demande dans le délai prescrit accompagnée de toutes les justifications utiles de nature à confirmer le bien-fondé de celle-ci.

L'administration des Douanes peut donner suite à des demandes de remboursement des droits et taxes dans les conditions ci-après :

- marchandises dont la taxation est entachée d'erreur ;
- marchandises déclarées par erreur pour la mise à la consommation ;
- marchandises refusées par l'importateur parce que défectueuses ou non conformes aux stipulations du contrat.

3.1. Marchandises dont l'imposition est entachée d'erreur

Le déclarant est habilité à saisir l'administration des Douanes d'une demande de remboursement lorsqu'il est établi que sa demande est motivée par l'existence d'une erreur dans le calcul ou l'appréciation des droits dont il est effectivement redevable.

S'il est établi qu'une erreur manifeste a été commise par le service des Douanes (par exemple, une mauvaise application du tarif, d'une erreur de calcul), l'administration des Douanes est en droit de donner suite à la requête du redevable.

3.2. Marchandises déclarées par erreur pour la mise à la consommation

La mise à la consommation d'une marchandise doit en principe revêtir un caractère irréversible.

Toutefois, il peut se produire, lorsque le déclarant n'est pas le destinataire réel des marchandises, que celles-ci soient déclarées par erreur pour la mise à la consommation au lieu d'être placées sous régime suspensif de droits de douane.

Dans cette hypothèse, l'importateur est admis à solliciter le remboursement des droits acquittés et obtenir le changement du régime douanier sous réserve de justifier que les marchandises :

- n'ont pas été utilisées dans les conditions autres que celles prévues par le régime douanier sous lequel elles auraient dû être placées ;
- étaient destinées à être placées sous un autre régime douanier pour lesquelles elles remplissaient toutes les conditions requises ;
- sont bien celles qui avaient été mises par erreur à la consommation.

3.3. Marchandises défectueuses ou non conformes aux stipulations du contrat

Par marchandises défectueuses, on entend aussi bien les marchandises dont la défectuosité est antérieure à l'expédition que celles détériorées en cours de transport avant dédouanement.

L'administration des Douanes accorde le remboursement que si l'importateur justifie que :

- la défectuosité des marchandises ou leur non-conformité est antérieure à la mainlevée desdites marchandises ;
- les marchandises n'ont pas été utilisées, à moins qu'un commencement d'utilisation n'ait été nécessaire pour constater leur défectuosité ou leur non-conformité aux stipulations du contrat. (Ex. machine n'atteignant pas le rendement annoncé par le fournisseur) ;
- les marchandises pour lesquelles le remboursement est demandé sont celles-là mêmes qui ont été mises à la consommation.

Par ailleurs, il convient de souligner que le remboursement des droits et taxes est toutefois subordonné à la réexportation des marchandises à destination ou à leur destruction sous le contrôle de la Douane.

Dans le cas où, il reste des déchets après destruction, ils feront l'objet d'une taxation d'après le classement afférent au tarif des douanes s'ils ne sont pas réexportés.

En revanche, hormis les situations ainsi énoncées, le remboursement n'est pas octroyé lorsque :

- les marchandises sont mises à la consommation à la suite d'une admission temporaire pour essai, sauf à établir que la défectuosité ou la non-conformité ne pouvait être décelée lors de l'essai ;

- les marchandises ont été revendues par l'importateur après constatation de leur défectuosité ou non-conformité.

Le prix d'achat des marchandises laisse supposer que le caractère défectueux de celles-ci a été pris en considération lors de l'établissement du contrat.

DROIT DES SURETES

LE DROIT DE RÉTENTION

L'Acte uniforme OHADA sur les sûretés a innové en ajoutant à la liste des sûretés mobilières classiques, le droit de rétention qui devient ainsi une sûreté d'application générale.

En effet, ce droit peut garantir le complet paiement de toute créance certaine, liquide et exigible. Il peut s'exercer en dehors de toute saisie dès lors qu'il existe un lien de connexité entre la chose retenue et la créance. Il confère également au rétenteur la situation d'un créancier gagiste aussi bien pour le droit de suite que pour le droit de préférence.

DÉFINITION : Le droit de rétention est le droit pour le créancier détenteur d'une chose appartenant à son débiteur de ***refuser de lui rendre tant qu'il n'aura pas été intégralement payé*** de sa créance.

L'illustration typique du droit de rétention est fournie par le garagiste qui refuse de restituer à son propriétaire le véhicule qu'il vient de réparer tant qu'il n'a pas été payé, les réparations, selon la formule consacrée « étant payables au comptant ».

1. QUELLES SONT LES CONDITIONS D'EXERCICE DU DROIT DE RÉTENTION ?

Ces conditions sont au nombre de 5, elles sont **cumulatives** et elles résultent des dispositions combinées des articles 42 et 43 de l'Acte uniforme sur les sûretés.

1re condition : l'existence d'une créance

La personne qui entend se prévaloir d'un droit de rétention doit justifier d'une créance certaine, liquide et exigible. Cela signifie que la créance :

- ne doit **pas être contestée**, ni dans son existence ni dans son montant ;
- doit avoir un **montant** exactement fixé ;

- doit être échue ou immédiatement payable contre remise de la chose.

2e condition : la rétention légitime d'un bien

Le créancier doit en effet détenir d'une manière normale, c'est-à-dire **non frauduleuse**, le bien qu'il prétend retenir.

Tel n'est pas le cas, par exemple, lorsque le créancier, sous prétexte d'examiner un bien appartenant à son débiteur, le garde ensuite « à titre de rétention » ou même lui subtilise son véhicule sur un parking…

⇒ Remarque relative à la nature du bien

La nature du bien n'est pas précisée par la loi mais le fait que le droit de rétention soit placé parmi les sûretés mobilières nous permet de déduire qu'il peut porter que sur **des biens meubles corporels** [marchandises, matériel, véhicules] car les **biens meubles incorporels** [créance, brevet, marque…] sont insusceptibles d'une détention matérielle.

3e condition : la rétention doit être pratiquée à titre principal et non comme l'accessoire d'une autre sûreté

Cela signifie, par exemple, que le créancier ne peut pas retenir une chose afin d'en faire un gage garantissant une caution qu'il a par ailleurs consentie en faveur du débiteur : la rétention doit garantir le paiement direct de sa créance sur le débiteur.

4e condition : la rétention doit s'exercer avant toute saisie

Cela signifie que si le bien fait l'objet d'une saisie, par le créancier ou un tiers, le créancier détenteur ne peut plus pratiquer la rétention du même bien.

5e condition : l'existence d'un lien de connexité entre la naissance de la créance et la chose retenue

PRINCIPE : il faut qu'il y ait un lien direct entre le bien qui est retenu et la créance, **ce lien étant présumé en cas de relations d'affaires entre créancier et débiteur** [exemple : contrat de maintenance de matériels ou de garde et bonne conservation de marchandises].

Cette connexité peut être aussi bien **juridique** [créance et détention résultant **du même contrat** : un garagiste retenant le véhicule qu'il vient de réparer pour non-paiement de la réparation alors qu'il avait été prévu un paiement immédiat comptant] que matérielle [créance due à des dépenses exposées pour la conservation de la chose retenue ou lorsque celle-ci a causé au créancier qui retient un dommage dont il demande réparation].

Par exemple, il y a connexité entre :

- Les choses remises à un mandataire et ce qui peut lui être dû en exécution de son mandat, même après révocation de celui-ci ;
- Le remboursement des sommes versées sur le prix par l'acheteur et la chose achetée même après annulation de la vente ;
- Les frais de garde et de conservation du mobilier confié à un séquestre et ledit mobilier.

⇒ À noter que la connexité existe, dans le cadre ***d'un contrat général d'entretien***, si un créancier retient un véhicule qui lui est confié pour cause de non-paiement d'une facture ***relative à un autre véhicule*** précédemment réparé.

En revanche, le droit de rétention peut être refusé faute de connexité entre la créance et l'objet retenu, lorsque :

- La créance du rétenteur concerne un tiers étranger au contrat invoqué pour justifier le droit de rétention ; un exemple : un commissionnaire en douane qui veut retenir la marchandise qu'il a accepté de dédouaner à la demande d'une banque pour une créance qu'il a sur un tiers ;
- Le créancier qui retient, détient un objet pour une cause sans rapport avec la créance invoquée : le gérant d'une société ne peut retenir les livres comptables de la société pour obtenir paiement de sa rémunération.

EXCEPTION : elle joue en faveur du **commissionnaire** qui a pour **toutes les créances** contre le commettant **son droit de rétention** sur les marchandises qu'il détient, sans exigence d'un lien de connexité entre les créances et la détention, sans doute en raison de la nature des relations suivies entre le commettant et le commissionnaire.

2. QUELS SONT LES EFFETS DU DROIT DE RÉTENTION ?

2.1. UN DROIT DE CONSERVER EN SA POSSESSION LE BIEN RETENU

Le créancier, dit *« rétenteur »*, qui retient le bien, dispose d'un **droit réel** sur le bien retenu : il peut le conserver **en sa possession** et l'opposer au débiteur ainsi qu'aux autres créanciers de ce dernier même s'ils peuvent se prévaloir d'un privilège sur ce bien.

2.2. UN DROIT DE SUITE ET DE PRÉFÉRENCE

L'Acte uniforme sur les sûretés permet dorénavant au rétenteur de disposer d'un droit de suite et de préférence en cas de non-paiement, comme en matière de gage.

⇒ **C'est un droit de suite** jusqu'au paiement intégral de créance en principal, intérêts et frais :

Par suite, *le rétenteur ne devrait en aucun cas se dessaisir du bien* sauf s'il y est contraint par une décision de justice ; en effet, en cas de redressement ou de liquidation judiciaire du débiteur, ce droit est opposable à celui qui demande la restitution du bien (le liquidateur ou le débiteur), lequel ne peut récupérer le bien retenu qu'en payant la dette.

⇒ **C'est un droit de préférence** que le rétenteur pourra exercer conformément aux dispositions légales en vigueur pour prétendre à la réalisation de ce bien.

Il conviendra au préalable qu'il soit classé dans l'ordre de constitution des créanciers à défaut d'enregistrement.

IMPORTANT : le droit de rétention n'a pas été visé expressément parmi les sûretés mobilières devant faire l'objet d'inscription au registre du Commerce lui donnant une date certaine et un rang dans l'ordre de règlement des créances.

Cependant, l'on peut considérer que le droit de rétention peut faire l'objet d'un privilège spécial classé au 6e rang comme il est dit à l'article 149 de l'Acte uniforme sur les sûretés.

3. QUELLES SONT LES ALTERNATIVES DU DROIT DE RÉTENTION ?

Il est possible que **le débiteur fournisse une autre sûreté réelle équivalente au créancier, comme le gage ou toute autre sûreté réelle** qui lui offrait le même rang de préférence.

Dans ce cas, le créancier doit, conformément à la loi, **renoncer à son droit de rétention** (dans son intérêt d'ailleurs, afin de bénéficier d'un meilleur rang).

Cependant, le créancier titulaire d'un gage est mieux classé (au 4e rang dans l'ordre de règlement des créances), que celui titulaire d'un droit de rétention.

4. QUE SE PASSE-T-IL SI LA CRÉANCE RESTE IMPAYÉE ?

Si, nonobstant la rétention de son bien par son créancier, le débiteur propriétaire du bien ne paie pas sa créance, le créancier doit lui signifier par huissier qu'il va demander par voie de justice la « réalisation forcée » du bien, c'est-à-dire sa vente afin de se payer sur le prix de vente obtenu : le créancier est alors dans la situation juridique du créancier gagiste.

ATTENTION : *Le créancier qui retient légitimement un bien ne peut pas le vendre ou se l'approprier définitivement sans suivre la procédure ci-dessus définie, sinon il se rendrait coupable du délit pénal* ***de détournement de bien****.*

OHADA

ACTE UNIFORME RELATIF AU DROIT COMMERCIAL GÉNÉRAL

Nous vous présentons ci-après les principales dispositions de l'Acte uniforme (AU) relatif au droit commercial général concernant les intermédiaires de commerce, à savoir le commissionnaire, le courtier et l'agent commercial.

1. LES DISPOSITIONS COMMUNES AUX INTERMÉDIAIRES DE COMMERCE

1.1. LE CHAMP D'APPLICATION

L'article 137 de l'Acte uniforme définit l'intermédiaire de commerce comme étant celui qui a le pouvoir d'agir ou entend agir habituellement et professionnellement, pour le compte d'une personne, le représenté, dans le but de conclure avec un tiers un contrat de vente à caractère commercial.

L'intermédiaire est donc un commerçant qui peut être une personne physique ou morale.

Les dispositions de l'Acte uniforme s'appliquent même si le représenté et le tiers ont leurs établissements dans des États différents de ceux signataires de l'Acte uniforme, dès lors :

- que l'intermédiaire est inscrit au Registre du commerce et du crédit mobilier de l'un des États parties, ou
- que l'intermédiaire agit sur le territoire de l'un des États parties, ou
- que les règles du droit international conduisent à l'application de cet Acte uniforme.

Cependant, ces dispositions ne s'appliquent pas :

- à la représentation résultant d'une habilitation légale ou judiciaire à agir pour des personnes qui n'en ont pas la capacité juridique ;
- à la représentation de toute personne effectuant une vente aux enchères, ou par autorité administrative ou de justice ;
- à la représentation légale dans le droit de la famille, des régimes matrimoniaux et des successions.

1.2. LE POUVOIR DE L'INTERMÉDIAIRE : LE MANDAT

Le mandat de l'intermédiaire peut être écrit ou verbal ; il n'est donc soumis à aucune condition de forme, de sorte qu'il peut être prouvé par tout moyen.

Le représenté et l'intermédiaire d'une part, ainsi que l'intermédiaire et le tiers d'autre part, sont liés par les usages dont ils ont ou doivent avoir connaissance et qui, dans le commerce, sont largement connus et régulièrement observés par les parties dans ce type d'opération. Le texte fait également référence aux « pratiques » qu'ils ont établies entre eux.

L'étendue du mandat de l'intermédiaire est déterminée par la nature de l'affaire en cause, si un contrat ne l'a pas expressément fixée.

Le mandat donne pouvoir à l'intermédiaire de faire des actes juridiques nécessaires à son exécution. Il ne peut sans un pouvoir spécial, engager une procédure judiciaire, transiger, souscrire des engagements de change, aliéner ou grever des immeubles, ni faire de donation.

De même, l'intermédiaire qui a reçu des instructions précises ne peut s'en écarter, sauf à établir que les circonstances ne lui ont pas permis de rechercher l'autorisation du représenté.

1.3. LES DROITS ET OBLIGATIONS DE L'INTERMÉDIAIRE

1.3.1. Les droits de l'intermédiaire

L'intermédiaire a droit :

- au remboursement par le représenté, en principal et intérêt, des avances et frais qu'il a engagés, pour l'exécution régulière du mandat ;
- à la libération des obligations qu'il a contractées dans l'exécution de son mandat ;

- à l'indemnisation des dommages causés en cas de rupture abusive du mandat par le représenté.

1.3.2. Les obligations de l'intermédiaire

L'intermédiaire est tenu :

- d'exécuter le mandat de manière fidèle et régulière mais aussi personnelle, à moins qu'il soit autorisé à le transférer à un tiers ou que les circonstances où l'usage permet une substitution de pouvoirs ;
- de rendre à la demande du représenté, des comptes sur la gestion et ceci à tout moment ;
- en l'absence de ratification, d'indemniser le tiers lorsqu'il a agi sans ou au-delà de son pouvoir ;
- de payer les intérêts des sommes pour le versement desquelles il est en retard ;
- d'indemniser les parties pour le dommage causé par l'inexécution ou la mauvaise exécution du mandat, sauf s'il prouve l'absence de sa faute ;
- d'indemniser le représenté en cas de renonciation abusive de son mandat.

1.4. LES EFFETS JURIDIQUES DES ACTES ACCOMPLIS PAR L'INTERMÉDIAIRE

Lorsque l'intermédiaire agit pour le compte du représenté, dans les limites de son pouvoir, et que le tiers connaissait ou devait connaître sa qualité d'intermédiaire, ses actes lient directement le représenté au tiers, à moins que l'intermédiaire ait entendu n'engager que lui-même.

Les actes accomplis par l'intermédiaire ne disposant pas de pouvoirs ne lient ni le représenté ni le tiers. Toutefois, si le comportement du représenté a laissé penser au tiers que l'intermédiaire avait bien le pouvoir d'agir pour le compte du représenté, ce dernier ne pourra se prévaloir à l'égard du tiers, du défaut de pouvoir de l'intermédiaire.

Néanmoins, un acte accompli par l'intermédiaire agissant sans ou au-delà de son pouvoir peut être ratifié par le représenté. Il produit dans ce cas les mêmes effets que s'il avait été accompli en vertu d'un pouvoir.

1.5. LA CESSATION DU MANDAT

Le pouvoir de l'intermédiaire cesse :

- par l'accord entre le représenté et l'intermédiaire ;
- par l'exécution complète des opérations pour lesquelles le pouvoir a été conféré ;
- par la révocation à l'initiative du représenté, ou par la renonciation de l'intermédiaire ;
- en cas de décès, d'incapacité, ou d'ouverture d'une procédure collective, que ces évènements concernent le représenté ou l'intermédiaire.

2. LE COMMISSIONNAIRE

L'article 106 de l'Acte uniforme définit le commissionnaire comme étant celui qui, en matière de vente ou d'achat, se charge d'opérer en son propre nom, mais pour le compte du commettant, la vente ou l'achat de marchandises, moyennant une commission.

2.1. L'EXÉCUTION DE LA MISSION DU COMMISSIONNAIRE

Le commissionnaire doit exécuter les opérations du contrat de commission conformément aux directives du commettant, notamment lorsque les instructions relatives au contrat sont précises.

Toutefois, le commissionnaire dispose d'une certaine marge de manœuvre lorsque les instructions sont indicatives ou facultatives. Il doit dans ce cas agir comme si ses propres intérêts étaient en jeu, tout en respectant les usages.

2.2. LES DROITS ET OBLIGATIONS DU COMMISSIONNAIRE

2.2.1. Les droits du commissionnaire

Le commissionnaire :

- a droit à une rémunération ou commission qui est due dès lors que le mandat est exécuté, et que l'opération soit bénéficiaire ou non ;
- a droit au remboursement par le commettant des frais et débours engagés lors de l'exécution du mandat, à condition qu'ils aient été nécessaires ;

- dispose d'un droit de rétention sur les marchandises qu'il détient, pour toutes ses créances contre le commettant ;
- est subrogé dans les droits de la douane lorsqu'il a acquitté pour un tiers les droits, taxes ou amendes dont le recouvrement est assuré par la douane. Cette règle ne s'applique qu'au commissionnaire agréé en douane.

2.2.2. Les obligations du commissionnaire

Le commissionnaire est tenu :

- d'agir loyalement pour le compte du commettant et de l'informer de ses actes tout au long de l'opération ;
- de sauvegarder les droits de recours contre le transporteur lorsque les marchandises expédiées en commission se trouvent dans un état défectueux et de les vendre si elles se détériorent promptement ;
- d'acquitter, pour le compte de son client, le montant des droits, taxes ou amendes, liquidés par le service des douanes ; cette obligation ne s'applique qu'au commissionnaire agréé en douane.

2.3. LA RESPONSABILITÉ DU COMMISSIONNAIRE

Le commissionnaire perd tout droit à la commission s'il se rend coupable d'actes de mauvaise foi envers le commettant.

En outre, sa responsabilité est engagée lorsqu'il cause un préjudice du fait de sa négligence ou de sa faute.

Il convient de noter que le commissionnaire agréé en douanes est responsable envers le commettant et les administrations des douanes et du trésor, de toutes les opérations effectuées par ses soins, notamment l'application des tarifs de douanes ou le paiement des droits, taxes ou amendes.

3. LE COURTIER

3.1. LA MISSION DU COURTIER

L'article 176 de l'Acte uniforme définit le courtier comme étant celui qui fait habituellement profession de mettre en rapport des personnes en vue de faciliter ou de faire aboutir la conclusion de conventions, opérations ou transactions entre ces personnes.

Il doit donc demeurer indépendant des parties et ne peut intervenir personnellement dans une transaction, sauf accord des parties. Il ne peut réaliser des opérations de commerce pour son propre compte, ni par personnes interposées.

3.2. LES DROITS ET OBLIGATIONS DU COURTIER

3.2.1. Les droits du courtier

Le courtier a droit :

- à une rémunération, constituée par un pourcentage du montant de l'opération, dès lors que l'indication qu'il a donnée ou la négociation qu'il a conduite aboutit à la conclusion du contrat, sauf condition suspensive ;
- au remboursement de ses dépenses, si les parties l'ont convenu, et ce, même si le contrat n'a pas été conclu.

3.2.2. Les obligations du courtier

Le courtier est tenu :

- de faire tout ce qui est utile pour permettre la conclusion du contrat ;
- de donner aux parties tout renseignement utile leur permettant de traiter en toute connaissance de cause.

3.3. LA RESPONSABILITÉ DU COURTIER

Le courtier engage sa responsabilité s'il présente sciemment une partie comme ayant des qualités ou des capacités dans le but d'amener l'autre partie à contracter.

Par ailleurs, le courtier perd son droit à rémunération et à remboursement des sommes s'il a agi dans l'intérêt du tiers contractant, au mépris de ses obligations à l'égard de son donneur d'ordre ou s'il se fait remettre à l'insu de ce dernier une rémunération par le tiers contractant.

4. L'AGENT COMMERCIAL

L'article 184 de l'Acte uniforme définit l'agent commercial comme un mandataire qui à titre de profession indépendante, est chargé de façon permanente de négocier et éventuellement de conclure des contrats de vente, d'achat, de location ou de prestations de services.

Ce même article précise que toutes ces opérations sont faites au nom et pour le compte de producteurs, d'industriels, de commerçants ou d'autres agents commerciaux, sans que l'agent commercial soit lié avec eux par un contrat de travail.

4.1. L'EXÉCUTION DU MANDAT D'AGENT COMMERCIAL

L'agent commercial doit exécuter son mandat en bon professionnel ; ses rapports avec le mandat sont régis par une obligation de loyauté et un devoir réciproque d'information.

L'agent commercial est plus indépendant que les autres intermédiaires de commerce, car il peut accepter sans autorisation et sauf convention écrite prévoyant le contraire, de représenter d'autres mandants. Néanmoins, il ne peut accepter de représenter une entreprise concurrente de celle de l'un de ses mandants, sauf accord de ce dernier.

L'agent commercial est soumis au secret professionnel de sorte qu'il ne peut utiliser ou révéler les informations transmises par le mandant dans le cadre de l'exécution de sa mission.

4.2. LA RÉMUNÉRATION DE L'AGENT COMMERCIAL

Dans le silence du contrat, l'agent commercial a droit à une commission conforme aux usages pratiqués. En l'absence d'usage, il a droit à une rémunération qui tient compte de tous les éléments ayant trait à l'opération.

Pour toute opération commerciale conclue après la cessation du contrat d'agence, l'agent commercial a droit à une commission lorsque l'opération est principalement due à son activité au cours du contrat d'agence, et a été conclue dans un délai raisonnable à compter de la cessation du contrat.

Cependant, l'agent commercial n'aura pas droit à cette commission, si elle est déjà due à son prédécesseur, pour une opération commerciale conclue avant l'entrée en vigueur de son contrat d'agence ou à son successeur, pour une opération conclue après la cessation de son contrat.

Sauf convention ou usage contraire, l'agent commercial n'a pas droit au remboursement des frais et débours résultant de l'exercice normal de son activité, mais seulement de ceux qu'il a assumés sur instructions spéciales du mandant.

4.3. LA FIN DU CONTRAT DE L'AGENT COMMERCIAL

4.3.1. La durée du préavis

Lorsque le contrat est à durée déterminée, il prend fin à l'expiration du terme prévu, sans aucune formalité. Lorsqu'il est à durée indéterminée, chacune des deux parties peut y mettre fin, moyennant un préavis.

La durée du préavis dans un contrat à durée indéterminée est d'un mois pour la première année du contrat, deux mois pour la deuxième année et trois mois, à compter de la troisième et des années suivantes. Dans un contrat à durée déterminée, elle se calcule à compter du début des relations contractuelles entre les parties.

4.3.2. L'indemnité compensatrice

En cas de cessation de ses relations avec le mandant, l'agent commercial a droit à une indemnité compensatrice, sans préjudice d'éventuels dommages et intérêts ; ses ayants droit bénéficient également de cette indemnité, en cas de décès de l'agent commercial. Cependant, cette indemnité compensatrice n'est pas due lorsque la cessation du contrat résulte de l'initiative, de la faute de l'agent ou en accord avec le mandant, de la cession par ce dernier à un tiers de ses droits et obligations découlant du contrat d'agence.

Cette indemnité est librement fixée entre l'agent commercial et le mandant.

ACTE UNIFORME RELATIF AU DROIT COMMERCIAL : LE CAUTIONNEMENT CONVENTIONNEL

Notons qu'est réputée non écrite toute clause ou convention dérogeant, au détriment de l'agent commercial, aux dispositions relatives au préavis et à l'indemnité compensatrice.

Le cautionnement est une sûreté personnelle régie par les articles 3 à 27 de l'Acte uniforme OHADA portant organisation des sûretés. Le cautionnement apparaît comme le moyen le plus utilisé pour garantir le remboursement d'une dette. En effet, il permet une sécurité suffisante dans les transactions et est assorti d'un formalisme allégé contrairement à certaines autres garanties.

L'obligation de fournir une caution peut avoir une origine conventionnelle, légale ou judiciaire.

Le cautionnement est dit conventionnel quand il est accepté par les parties à un contrat principal comme le moyen le plus sûr pour garantir le remboursement de la dette née du contrat.

Le cautionnement est légal lorsque l'obligation de fournir une caution est exigée par la loi.

Le cautionnement est judiciaire lorsqu'il est ordonné par une décision de justice. Nous limiterons nos développements au cautionnement conventionnel.

1. DÉFINITION

Le cautionnement conventionnel est un contrat par lequel une personne (la caution) s'engage, envers le créancier qui accepte (en général, une banque), à exécuter l'obligation du débiteur (en général, un emprunteur) si celui-ci n'y satisfait pas lui-même.

Le cautionnement est un engagement accessoire lié à l'existence d'une créance à garantir (le remboursement complet des échéances d'un prêt). Il ne peut exister que si l'obligation principale garantie (le prêt) est valablement constituée. L'engagement de la caution ne peut être contracté à des conditions plus onéreuses que l'obligation principale, sous peine de réduction à concurrence de celle-ci, ni excéder ce qui est dû par le débiteur principal au moment des poursuites.

L'article 3 de l'Acte uniforme précise que cet engagement peut être contracté sans ordre du débiteur et même à son insu. Toutefois, il est vivement conseillé aux parties au cautionnement d'informer le débiteur garanti le plus tôt possible afin d'éviter à la caution un paiement inutile. Cela signifie que le cautionnement est un contrat entre la caution et le créancier.

2. FORMATION DU CAUTIONNEMENT

Sous peine de nullité, le cautionnement doit présenter les caractères suivants :

- être constaté par un écrit : un acte sous seing privé suffit, un acte notarié n'est pas nécessaire ;
- être signé des deux parties, à savoir le créancier et la caution ;
- porter la mention manuscrite, écrite de la main de la caution de la somme maximale garantie, en chiffres et en lettres.

En cas de différence, le cautionnement vaut pour la somme exprimée en lettres.

Ces caractéristiques s'appliquent à tous les types de cautionnement, légal, contractuel, judiciaire, et quelle que soit la nature de l'obligation garantie.

3. FORMES DE CAUTIONNEMENT

Le cautionnement peut être soit solidaire soit simple.

3.1. LE CAUTIONNEMENT SOLIDAIRE

L'alinéa 1 de l'article 10 de l'Acte uniforme pose le principe de la solidarité du cautionnement.

La caution solidaire ressemble à la situation de celle d'un codébiteur solidaire. La solidarité accroît la garantie du créancier car elle lui permet d'invoquer à la fois les effets du cautionnement et ceux de la solidarité.

Par le mécanisme de la solidarité, le créancier se retrouve avec deux débiteurs : son débiteur principal et la caution. Ainsi, le créancier peut demander l'intégralité de sa dette, dans les limites du montant cautionné, à la caution (après toutefois avoir vainement actionné le débiteur principal.). La caution ne peut plus dès lors invoquer le bénéfice de division. La caution et le débiteur principal sont chacun tenus pour toute la dette, à charge pour la caution de se retourner contre le débiteur principal pour obtenir le remboursement de la somme versée.

Le débiteur principal et la caution se représentent mutuellement et la mise en demeure de l'un produit effet à l'égard de l'autre.

La solidarité fait perdre à la caution le bénéfice de discussion. Elle ne peut pas indiquer les biens du débiteur susceptibles d'être saisis immédiatement et de produire des deniers suffisants pour le paiement intégral de la dette.

La caution solidaire conserve, néanmoins, le droit d'opposer au créancier les exceptions inhérentes à la dette, à savoir, par exemple, paiement partiel, remise de dette, nullité, etc.

3.2. LE CAUTIONNEMENT SIMPLE

Par dérogation au principe édicté à l'alinéa 1, le deuxième alinéa de l'article 10 prévoit que les parties au cautionnement peuvent prévoir une caution simple. En pratique, la caution simple est rarement acceptée par les banques.

La caution simple dispose, à l'instar de la caution solidaire, du droit d'opposer au créancier toutes les exceptions qui appartiennent au débiteur principal et qui sont inhérentes à la dette. Conformément aux articles 16 et 17 de l'Acte uniforme, la caution simple dispose des bénéfices de discussion et de division.

- Mise en œuvre du bénéfice de discussion

Le bénéfice de discussion permet à la caution poursuivie par le créancier avant que le débiteur principal n'ait été lui-même poursuivi de faire suspendre provisoirement les poursuites en invitant le créancier à saisir les biens du débiteur principal. À ce titre, la caution doit désigner les biens du débiteur principal situés sur le territoire national susceptibles de produire des deniers suffisants pour le paiement intégral de la dette.

La caution doit néanmoins avancer les frais de la discussion et de la poursuite du débiteur principal.

Si, ultérieurement, l'insolvabilité du débiteur survient par suite de défaut de poursuite du créancier contre les biens de celui-ci, le créancier est responsable à l'égard de la caution.

- Mise en œuvre du bénéfice de division

Le bénéfice de division suppose que plusieurs cautions aient garanti la même dette. Le créancier devra alors poursuivre chacune des cautions pour sa part et donc diviser les poursuites.

La division n'a lieu qu'entre les cautions solvables au moment où son bénéfice est invoqué. Chacune des cautions solvables supporte l'insolvabilité des autres. Mais si cette insolvabilité intervient postérieurement à la division, elle sera supportée par le créancier.

4. EXÉCUTION DU CAUTIONNEMENT

L'exécution du cautionnement, régie par les articles 13 à 15 de l'Acte uniforme, suppose que soient réunies les conditions suivantes.

4.1. DÉFAILLANCE DU DÉBITEUR PRINCIPAL

Par principe, la caution, simple ou solidaire, n'est tenue de payer la dette qu'en cas de non-paiement du débiteur principal. Le créancier doit aviser la caution de toute défaillance du débiteur principal et ne peut entreprendre des poursuites contre elle qu'après une mise en demeure de payer adressée au débiteur et restée sans effet.

4.2. MISE EN DEMEURE DU DÉBITEUR PRINCIPAL

Aux termes de l'alinéa 2 de l'article 15 de l'Acte uniforme portant organisation des sûretés, le créancier ne peut poursuivre la caution simple ou solidaire qu'en appelant en cause le débiteur principal.

Le débiteur doit être appelé en cause en même temps que la caution afin que celle-ci puisse connaître les moyens et exceptions du débiteur et actionner celui-ci en paiement dans la même instance. Le défaut de mise en cause du débiteur principal fait peser un risque d'irrecevabilité de l'action engagée contre la caution.

En outre, la caution doit aviser le débiteur principal ou le mettre en cause avant de payer la dette au créancier poursuivant.

Faute de respecter cette obligation, la caution s'expose à perdre son recours contre le débiteur principal, si elle a payé en le privant de la possibilité de faire déclarer la dette réduite ou éteinte.

4.3. INFORMATION DE LA CAUTION

Il peut arriver que la caution offre une garantie de caution générale. La caution générale porte sur un montant de dette non défini, mais qui, toutefois, en vertu des dispositions de l'article 9 de l'Acte uniforme, doit être plafonné à un certain montant.

Il s'agit d'un cautionnement qui peut être révoqué à tout moment par la caution avant que la somme maximale garantie ait été atteinte. Mais tous les engagements du débiteur garanti nés avant la révocation restent garantis par la caution.

Sauf clause contraire, le cautionnement général ne garantit pas les dettes du débiteur principal antérieures à la date du cautionnement.

Lorsque le cautionnement est général, le créancier est tenu, dans le mois qui suit chaque trimestre civil, de communiquer à la caution l'état des dettes du débiteur principal. Cette communication doit préciser les causes des dettes, leurs échéances, et leurs montants, en principal, intérêts, commissions et autres frais accessoires restants dus à la fin du trimestre écoulé.

La sanction de l'inobservation de cette obligation est non seulement la déchéance du droit de réclamer les intérêts échus depuis la date de la dernière information, mais aussi, éventuellement, la perte de son recours contre la caution, s'il a mis celle-ci dans l'impossibilité de bénéficier de la subrogation dans les droits et recours du créancier.

Enfin, le créancier doit aviser la caution de toute défaillance du débiteur principal, déchéance ou prorogation du terme en indiquant le montant restant dû en principal, intérêts et frais au jour de la défaillance, déchéance, ou prorogation du terme.

4.4. EXIGIBILITÉ DE LA DETTE

À l'échéance de la dette, la caution est tenue de payer l'obligation principale si le débiteur n'y satisfait pas lui-même.

La prorogation du terme de la dette ne profite à la caution que si celle-ci l'agrée.

De même, la caution n'a pas à souffrir de la déchéance du terme qui frappe le débiteur principal. Le créancier devra attendre l'arrivée du ou des termes convenus initialement entre lui et le débiteur ou la caution. Toutefois, la caution encourt la déchéance du terme si, après mise en demeure, elle ne satisfait pas à ses propres obligations à l'échéance fixée.

5. RECOURS DE LA CAUTION CONTRE LE DÉBITEUR PRINCIPAL

La caution qui a payé le créancier dispose de deux actions pour obtenir du débiteur le remboursement de ce qu'elle a payé.

5.1. L'ACTION PERSONNELLE

L'action personnelle est ouverte à toute caution, sauf renonciation de sa part. La caution dispose, avant même d'avoir payé, d'une action en paiement ou de la possibilité de prendre des mesures conservatoires contre le débiteur principal dans certaines hypothèses limitativement énumérées par la loi.

Il en va ainsi :

- dès qu'elle est poursuivie ;
- quand le débiteur est en cessation de paiement ;
- quand le débiteur n'a pas déchargé la caution dans un délai convenu, la dette est devenue exigible par l'échéance du terme ;
- quand la dette est devenue exigible par déchéance du terme.

Aux termes de l'article 21 de l'Acte uniforme, la caution peut réclamer au débiteur principal toutes les sommes qu'elle a versées à l'issue des poursuites dirigées contre elle. Elle peut, en outre, lui réclamer des dommages et intérêts en réparation du préjudice subi du fait des poursuites du créancier.

5.2. LA SUBROGATION

L'article 20 de l'Acte uniforme énonce le principe de la subrogation de la caution dans tous les droits et garanties du créancier.

Lorsqu'elle cautionne un codébiteur solidaire, elle est subrogée dans tous les droits de ce créancier contre les codébiteurs, ce qui lui permet de réclamer la totalité de la somme due à l'un quelconque d'entre eux.

Lorsque les débiteurs sont conjoints, la caution doit diviser ses recours.

6. EXTINCTION DU CAUTIONNEMENT

Conformément aux dispositions des articles 25 et 26 de l'Acte uniforme, l'extinction du cautionnement peut intervenir par extinction de l'obligation principale objet de la garantie ou par extinction de l'engagement personnel de la caution.

6.1. L'EXTINCTION DE L'OBLIGATION PRINCIPALE OBJET DE LA GARANTIE

Toute extinction partielle ou totale de l'obligation principale éteint partiellement ou totalement, dans la même mesure, l'engagement de la caution.

- ***Extinction par dation en paiement***

Lorsque l'obligation est éteinte totalement ou partiellement par une dation en paiement (la remise, à titre de paiement et de l'accord des deux parties, d'une chose différente de celle qui faisait l'objet de l'obligation) effectuée par le débiteur principal, elle libère la caution, même si le créancier est évincé par la suite.

- ***Extinction par novation***

La novation de l'obligation principale par changement d'objet ou de cause, c'est-à-dire l'extinction de l'obligation principale remplacée par une autre, la modification des modalités ou des sûretés dont elle est assortie, libère la caution à moins que celle-ci n'accepte de reporter sa garantie sur la nouvelle dette. Toute clause contraire stipulée avant la novation est réputée non écrite.

L'article 25 de l'Acte uniforme précise que les engagements de la caution, simple ou solidaire, passent à ses héritiers uniquement pour les dettes nées antérieurement au décès de la caution.

6.2. EXTINCTION DE L'ENGAGEMENT PERSONNEL DE LA CAUTION

Aux termes de l'article 26 de l'Acte uniforme, l'engagement de la caution disparaît indépendamment de l'obligation principale lorsque :

- la caution peut opposer au créancier la compensation pour une créance personnelle qu'elle a à son encontre ;
- la caution a bénéficié d'une remise de dette personnelle de la part du créancier ;
- s'opère la confusion entre la personne du créancier et celle de la caution.

ACTION EN RESPONSABILITÉ CIVILE CONTRE LES DIRIGEANTS SOCIAUX

L'Acte uniforme sur le droit des sociétés commerciales et du GIE (ci-après l'Acte uniforme) prévoit que les dirigeants sociaux sont responsables civilement des fautes qu'ils commettraient dans l'exercice de leur mandat et, en conséquence, qu'ils pourraient être condamnés, individuellement ou solidairement, à réparer les préjudices qui pourraient en résulter pour les tiers (condamnation à des dommages et intérêts).

Rappelons que sont dirigeants : les Gérants, Administrateurs, Présidents-directeurs généraux, Présidents du conseil d'Administration, Directeurs généraux adjoints, Administrateurs généraux, Administrateurs généraux adjoints.

Pour obtenir la réparation des préjudices subis, les tiers ou un ou plusieurs associés peuvent intenter selon le cas, soit une action individuelle, soit une action sociale.

1. L'ACTION INDIVIDUELLE

1.1. DÉFINITION

Aux termes de l'article 162 de l'Acte uniforme « l'action individuelle est l'action en réparation du dommage subi par un tiers ou par un associé, lorsque celui-ci subit un dommage distinct du dommage que pourrait subir la société, du fait de la faute commise individuellement ou collectivement par les dirigeants sociaux dans l'exercice de leurs fonctions ».

De cette définition, il ressort trois critères :

- Une faute commise par les dirigeants de la société ;
- Un dommage subi par un tiers ou un associé ;
- Et un lien de causalité entre la faute et le dommage.

1.1.1. Une faute commise par les dirigeants de la société

Dans le cadre d'une action individuelle, la faute dont il s'agit doit être le fait individuel ou collectif des dirigeants sociaux.

À cet égard, et sans préjudice de la responsabilité éventuelle de la société, chaque dirigeant social est responsable individuellement des fautes qu'il commet.

La faute ne sera déclarée que sur la base d'une faute prouvée et elle consistera, par exemple, des agissements destinés à léser frauduleusement les tiers.

Seraient constitutives d'une faute :

- le fait pour un administrateur de détourner les dividendes destinés à un actionnaire ;
- la tenue à l'écart systématique des assemblées générales d'un actionnaire ;
- ou encore la présentation des comptes inexacts par un administrateur afin d'empêcher la distribution de dividendes.

Mais il convient de préciser que les faits dont il s'agit doivent trouver leur source dans la gestion de l'entreprise.

Par conséquent, tout fait extérieur à cette gestion serait irrecevable devant les tribunaux.

1.1.2. Un dommage subi par un tiers

Le dommage résultant de la faute commise par le dirigeant doit causer un préjudice à l'encontre d'un tiers à la société.

Par tiers, il faut entendre non seulement toute personne physique ou morale étrangère au contrat de société, mais aussi les associés ou les actionnaires eux-mêmes pris individuellement.

1.1.3. Lien de causalité entre la faute et le dommage

La responsabilité civile du dirigeant est soumise au principe classique du Droit selon lequel il est impératif de constater que le préjudice subi trouve bien son origine dans la faute du dirigeant poursuivi.

Cette constatation étant laissée à l'appréciation des juges, il appartiendra aux dirigeants mis en cause d'apporter la preuve contraire des faits qui leur seront reprochés.

1.2. MODALITÉS D'EXERCICE DE L'ACTION

1.2.1. Le demandeur à l'action individuelle distincte

Le tiers ou l'associé ayant subi le dommage est seul habilité à exercer l'action devant les tribunaux.

Cela pourrait ainsi concerner un créancier de la société, étranger au contrat de société et qui se trouverait lésé ou subirait un dommage du fait de la négligence ou d'une faute de gestion d'un dirigeant.

1.2.2. Cumul d'actions et de responsabilités

L'action individuelle, ayant pour objet la réparation d'un préjudice personnel, sera distincte de toute autre action que pourrait mener la société.

En effet, l'exercice de l'action individuelle ne s'oppose pas à ce qu'un associé ou plusieurs associés exercent, par ailleurs, l'action sociale en réparation du préjudice que la société elle-même pourrait subir.

Un associé peut, par conséquent, intenter simultanément l'action individuelle s'il subit un préjudice personnel et l'action sociale puisqu'il est, en sa qualité d'associé, partie prenante dans le préjudice que subirait la société.

Par ailleurs, si plusieurs dirigeants sociaux ont participé aux mêmes faits, leur responsabilité est solidaire à l'égard des tiers.

Toutefois, dans leurs rapports entre eux, il appartiendra au tribunal de déterminer la part contributive de chacun dans la réparation du dommage.

1.3. JURIDICTION COMPÉTENTE

La juridiction compétente pour connaître de cette action est celle dans le ressort de laquelle est situé le siège de la société.

Par conséquent, il ne saurait être question d'engager une quelconque action devant la juridiction de résidence du dirigeant défendeur ou du demandeur.

1.4. PRESCRIPTION

L'action individuelle se prescrit par trois ans à compter du fait dommageable ou, s'il a été dissimulé, à compter du jour de sa révélation. L'action individuelle se prescrit par dix ans pour les actes qualifiés de crimes.

2. L'ACTION SOCIALE

2.1. DÉFINITION

L'action sociale est intentée en réparation du dommage subi par la société du fait de la faute commise par le ou les dirigeants sociaux dans l'exercice de leurs fonctions.

Deux critères doivent être réunis :

- une faute commise par les dirigeants de la société dans l'exercice de leur fonction ;
- un dommage subi par la société.

2.1.1. La faute commise par les dirigeants de la société

Si le principe de la faute demeure le même qu'en matière d'action individuelle, il convient de préciser que la faute pourrait se matérialiser :

- Lors de la constitution de la société par le défaut d'une mention obligatoire dans les statuts ou l'accomplissement irrégulier d'une formalité légale ;
- Lors de la gestion de l'entreprise par une négligence, le silence ou des décisions hasardeuses finalement préjudiciables à la société.

En outre, les dirigeants sociaux dont il est question doivent avoir agi dans le cadre de l'exercice de leur mandat social.

Bien évidemment et dès lors qu'il n'y a pas encore prescription, les dirigeants qui ne sont plus en fonction par suite de démission, d'expiration de leur mandat ou de révocation peuvent être poursuivis pour des fautes antérieures à leur cessation de fonctions.

2.1.2. Le dommage subi par la société

Ce critère détermine fondamentalement l'action sociale puisque ce n'est plus le tiers qui est en cause mais la société elle-même en tant que personne morale.

À cet égard, une société dépourvue de la personnalité juridique (société en participation ou société de fait) ne pourrait pas intenter l'action sociale.

2.2. MODALITÉS D'EXERCICE DE L'ACTION

2.2.1. Exercice de l'action par les dirigeants ou les associés

Aux termes de l'article 166 de l'Acte uniforme, l'action sociale « est intentée par les dirigeants sociaux, dans les conditions prévues par l'Acte uniforme pour chaque forme de société ».

Or, l'Acte uniforme ne prévoit rien de particulier à ce sujet, si ce n'est qu'il détermine les dirigeants sociaux qui disposent des pleins pouvoirs pour agir au nom de la société en toutes circonstances et qu'il prévoit les conditions dans lesquelles ces pouvoirs peuvent être, le cas échéant limités de manière interne, ou partiellement délégués.

Mais, a priori, ce sont les dirigeants sociaux qui devront intenter l'action sociale contre eux-mêmes ou contre l'un d'entre eux.

Toutefois, on peut légitimement imaginer qu'ils aient quelques réticences à le faire.

Pour pallier ce compréhensible manque d'enthousiasme, l'Acte uniforme a prévu qu'en cas de défaillance de ces dirigeants, un ou plusieurs actionnaires peuvent intenter l'action sociale après une mise en demeure des organes compétents non suivie d'effet dans le délai de trente jours (action sociale *« ut singuli »*).

Les actionnaires peuvent aussi se grouper pour exercer l'action sociale en chargeant un ou plusieurs d'entre eux de les représenter.

À cet égard, les articles 331 pour les sociétés à responsabilité limitée et 741 pour les sociétés anonymes disposent en outre que ces actionnaires doivent pour pouvoir agir, détenir 25 % des parts dans la société à responsabilité limitée et 20 % dans les sociétés anonymes.

Toutefois, les dommages et intérêts qui pourraient être attribués à la suite de l'action sociale doivent obligatoirement revenir à la société et non aux associés qui auraient intenté ladite action.

Par ailleurs, les frais et honoraires occasionnés par l'action sociale, lorsqu'elle est intentée par un ou plusieurs associés, sont avancés par la société.

2.2.2. Pluralité de responsables

Si plusieurs dirigeants ont commis ensemble la même faute, leur responsabilité envers la société n'est pas solidaire dans tous les cas, contrairement à celle prévue par l'article 161 en ce qui concerne la responsabilité envers les tiers et les associés.

La part contributive de chacun devant être déterminée par le tribunal, conformément aux dispositions contenues dans l'Acte uniforme selon la forme de la société considérée.

Or, l'Acte uniforme ne contient aucune disposition particulière à ce sujet, hormis en ce qui concerne les sociétés à responsabilité limitée (art. 330) et les sociétés anonymes (art. 740) pour lesquelles il est prévu que les gérants ou les administrateurs sont, selon le cas, responsables ou individuellement ou solidairement.

Ces articles stipulent qu'en cas de concours de plusieurs dirigeants à la réalisation de la même faute, c'est le tribunal qui doit déterminer la part contributive de chacun.

2.2.3. Protection du droit d'exercer l'action sociale

Est réputée non écrite, toute clause des statuts subordonnant l'exercice de l'action sociale à l'avis préalable ou à l'autorisation de l'assemblée, d'un organe de gestion, de direction ou d'administration ou qui comporterait par avance renonciation à l'exercice de cette action.

Par ailleurs, est inopérante toute décision de l'assemblée générale ou d'un organe de gestion ou d'administration qui aurait pour effet recherché d'éteindre une action en responsabilité contre les dirigeants sociaux.

C'est en particulier le cas des résolutions accordant aux gérants ou administrateurs un quitus pour leur gestion ou pour l'accomplissement de leur mandat.

Rien n'empêche donc, malgré ce quitus, de poursuivre les dirigeants en responsabilité, tant par une action individuelle que par une action sociale.

En revanche, rien ne s'oppose à ce que l'associé ou les associés qui ont intenté une action puissent conclure une transaction avec la ou les personnes contre lesquelles l'action est intentée pour mettre fin au litige.

2.3. COMPÉTENCE DE JURIDICTION

Comme pour l'action individuelle (art. 164), l'action sociale ne peut être intentée que devant la juridiction du siège de la société.

2.4. PRESCRIPTION

La prescription abrégée de trois ans est applicable. Elle est de dix ans pour les fautes qualifiées de crimes.

TABLE DES MATIERES

Structures éditoriales du groupe L'Harmattan

L'Harmattan Italie
Via degli Artisti, 15
10124 Torino
harmattan.italia@gmail.com

L'Harmattan Hongrie
Kossuth l. u. 14-16.
1053 Budapest
harmattan@harmattan.hu

L'Harmattan Sénégal
10 VDN en face Mermoz
BP 45034 Dakar-Fann
senharmattan@gmail.com

L'Harmattan Cameroun
TSINGA/FECAFOOT
BP 11486 Yaoundé
inkoukam@gmail.com

L'Harmattan Burkina Faso
Achille Somé – tengnule@hotmail.fr

L'Harmattan Guinée
Almamya, rue KA 028 OKB Agency
BP 3470 Conakry
harmattanguinee@yahoo.fr

L'Harmattan RDC
185, avenue Nyangwe
Commune de Lingwala – Kinshasa
matangilamusadila@yahoo.fr

L'Harmattan Congo
67, boulevard Denis-Sassou-N'Guesso
BP 2874 Brazzaville
harmattan.congo@yahoo.fr

L'Harmattan Mali
Sirakoro-Meguetana V31
Bamako
syllaka@yahoo.fr

L'Harmattan Togo
Djidjole – Lomé
Maison Amela
face EPP BATOME
ddamela@aol.com

L'Harmattan Côte d'Ivoire
Résidence Karl – Cité des Arts
Abidjan-Cocody
03 BP 1588 Abidjan
espace_harmattan.ci@hotmail.fr

L'Harmattan Algérie
22, rue Moulay-Mohamed
31000 Oran
info2@harmattan-algerie.com

L'Harmattan Maroc
5, rue Ferrane-Kouicha, Talaâ-Elkbira
Chrableyine, Fès-Médine
30000 Fès
harmattan.maroc@gmail.com

Nos librairies en France

Librairie internationale
16, rue des Écoles – 75005 Paris
librairie.internationale@harmattan.fr
01 40 46 79 11
www.librairieharmattan.com

Lib. sciences humaines & histoire
21, rue des Écoles – 75005 Paris
librairie.sh@harmattan.fr
01 46 34 13 71
www.librairieharmattansh.com

Librairie l'Espace Harmattan
21 bis, rue des Écoles – 75005 Paris
librairie.espace@harmattan.fr
01 43 29 49 42

Lib. Méditerranée & Moyen-Orient
7, rue des Carmes – 75005 Paris
librairie.mediterranee@harmattan.fr
01 43 29 71 15

Librairie Le Lucernaire
53, rue Notre-Dame-des-Champs – 75006 Paris
librairie@lucernaire.fr
01 42 22 67 13

www.ingramcontent.com/pod-product-compliance
Lightning Source LLC
LaVergne TN
LVHW011141061026
849535LV00003B/560
* 9 7 8 2 3 4 3 1 7 7 0 3 8 *